邵逸夫先生一生热爱国家，关心民祉，慷慨捐赠，惠及多方。其爱国之情，其为国之志，人们将铭记在心。

——习近平

“逸夫楼”地图

《中华义士邵逸夫四部曲》编委会

百年逸夫　爱的讴歌

邵逸夫先生是一位影视大亨，慈善大家，华人楷模，其千秋伟业，道德修养，值得海内外中华儿女永远铭记，共同传承。邵先生家乡宁波籍企业家，宁波启润影视文化传媒有限公司董事长李启涵先生为了“弘扬逸夫爱国主义精神，传播民族百年影视事业”在一年前就开始大力推动和多方奔走，积极筹拍电影《百年逸夫》（暂名）并准备面向全球发行。这是爱的讴歌，情的升华，必将使海内外中华儿女心中的历史丰碑更加高耸，必将成为凝结全世界华人心声新的纽带。

影片《百年逸夫》以最大的虔诚，感恩最大的慈善，是海内外第一部关于邵逸夫先生生平事迹的传纪故事影片，反映邵逸夫先生传奇奋斗的一生，弘扬他在电影行业的开拓创新精神，表现他在影视文化、慈善公益、教育文化和营养健康等方面的卓越成就，为我们珍藏一份良知，传递一种情怀，营造一种力量，献给一切用梦想和仁爱追求功德圆满的人。

随着电影《百年逸夫》的开拍，目前邵逸夫文化研究会也在积极的筹备之中。邵逸夫文化研究会的成立，将面向海内外广大专家和学者，把专家研究和民间研究结合起来，共同把逸夫精神持续地推向深入。

品人生：

邵逸夫——中华首善的百年传奇

任 芳 编著

西安电子科技大学出版社

内容简介

本书从人生观的角度，以中华近世以来社会生活激荡和变迁为背景，采用史论结合、纵横比较的方法，全面探究邵逸夫的人生观念和百年功德，旨在揭示现代华人的为人之道，为我华人承前启后，做好自己，实现民族复兴提供有益借鉴和参考。

本书精心采撷邵逸夫百年人生的精彩片段和事迹光点，深入挖掘邵逸夫传奇人生背后的内外缘由和动因，深刻论述人生的目的与意义，激励当代人特别是青少年正确认识国情，认识社会，认识自己，树立健康正确、积极有为的人生态度，在波澜壮阔的时代洪流中实现自我价值。

出版说明

2014年1月7日，邵逸夫先生逝世的消息瞬间传遍神州大地、大江南北，习近平等党和国家领导人亲发唁电表示哀悼，社会各界人士、海内外传媒和广大民众也纷纷表达崇敬、思念和感恩之情。大家无不赞叹先生之奋斗成就，称颂先生之人格风范！有识之士甚至发出了“做人当如邵逸夫”的感叹！

我校作为接受邵逸夫基金会捐助的学校一员，广大师生深感先生爱国情怀和精神风范，一直对先生心怀感激。为表达对邵先生的永远怀念和追思，让全社会能了解和传承邵逸夫先生的慈善事业和精神，在学校领导的支持和鼓励下，我社组织相关历史、哲学、经济、法学研究人员，采用史论结合的研究方法，将邵先生一生置于中华近世以来的历史激荡与变迁下，放在古今中外成功人士的纵横比较当中，分别从人生观、财富观、价值观和历史观的角度进行全面的认识和研究。

我们深感邵先生并非简单企业家和慈善家所能概括，先生一生忘我奋斗，始终关切民族安危、国家兴亡，始终顺应世界潮流不断迈进，既能恪守传统美德和精神，又能与时俱进面向未来，可谓传统华人走向现代的成功典范！先生一生献身文化，始终高扬中华民族传统文化，用优秀文化作品打造全球华人精神家园，扩大中华文化全球影响力，是推动中华文化走向世界的重要推手！

为此，我们组织编写了《中华义士邵逸夫四部曲》——

义者，利在其次，舍己为人也。君子喻于义，仁义大于天。他人生百年，对家庭，对朋友，对社会，对国家，无不以诚相待，义字当先。他行胜于言，大爱无边，捐资为乐，誉满神州，以享誉世界的卓越成就和声誉，以创设“东方诺贝尔奖”——邵逸夫奖，把对人类的终极关怀做到“终极”的地步，真可谓义也。

士者，行己有耻，使于四方不辱君命也。在庙堂则美政，在下位则美俗，以知识、道德和勇力而著称，在上与下的交会处，虽非王侯将相，却是最高的百姓，代表了最高的修为。邵逸夫心系苍生，心怀天下，以大量影视作品弃恶扬善，教化万民，孜孜以求，永不停歇，奋斗百年，深得海内外赞誉，真可谓士也。

1. 品人生：邵逸夫——中华首善的百年传奇。从人生观的角度，全面探究邵逸夫的人生观念和百年传奇，旨在揭示现代华人的为人之道，为我华人承前启后，做好自己，实现民族复兴提供有益借鉴和参考。

2. 创事业：邵逸夫——浙商典范的财富哲学。从财富观的角度，全面探究邵逸夫的商业理念和财富哲学，旨在揭示现代华人的经营之道，为创业者追求基业长青和圆满人生提供有益借鉴和参考。

3. 修德性：邵逸夫——传统精神的现代诠释。从价值观的角度，全面探究邵逸夫的伦理心性和道德修养，旨在揭示中华传统精神的时代升华，为在新条件下继承发扬中华优秀传统美德和精神提供有益借鉴和参考。

4. 显智慧：邵逸夫——千古义士的永恒启迪。从历史观的角度，全面探究邵逸夫的命运追求和过人智慧，旨在揭示历史洪流中的个体担当，为我华人不断开辟人生新境界提供有益借鉴和参考。

“四部曲”不仅详细回望邵先生百年传奇奋斗的一生，系统总结先生大成大德的个人原因，更希望以邵先生为例，探寻脱胎于传统社会的中国人如何成功走向全球化的现代社会，在保持华人本色的同时取得世界的认可，探寻在中外文化的交流碰撞中，如何始终保持民族自信、文化自信，不断凝结全球华人的心声，增进全球华人的认同，不断将中华文化推向世界。

我们深知自己的能力有限，且掌握材料不足以深度考证和研究，工作中肯定存在不少缺憾和错误。但是，我们怀着最大的虔诚，感恩最大的慈善，衷心希望能够在纪念邵先生逝世一周年的特殊日子，以此丛书表达我们及国内民众的缅怀之情。

正是：

满眼风光逸夫楼，
万千灯火耀神州。
奋发图强传薪火，
四海同心中国梦！

致谢

在本书付梓之际，衷心感谢西安电子科技大学领导的亲切关怀和热情鼓励！感谢出版社领导的全力推动和各位同仁的全心付出！

最浓莫过乡情。特别感谢邵逸夫先生家乡人士——北京市宁波商会、深圳市宁波商会和西安市宁波商会企业家秉承邵先生勤奋创业、兼济天下的高尚情操，怀着对邵先生的无限敬仰和矢志追随，给予本书的大力支持与协作！同时，邵逸夫先生家乡人士——我校浙江校友会、宁波校友会也积极参与和支持本书出版，令人感动，在此深表谢意！

衷心感谢全国长江韬奋奖获得者，《浙商》杂志社社长、浙商全国理事会理事长朱仁华先生为本书慷慨代序，朱先生发出的“学习邵逸夫倡议书”，道出了我们工作的全部意义和感情！

衷心感谢各位作者以忘我的精神，满怀热情投入创作，感谢各位引用材料作者的先期成果和无私奉献！

真诚感谢我校人文学院院长漆思教授及学校港澳台办、党政办、宣传部、校友总会办公室、后勤集团、产业集团等部门领导和同志提供的宝贵支持与帮助！

学习邵逸夫倡议书

（代序）

朱仁华

《浙商》杂志社社长

浙商全国理事会理事长

2014年1月7日，出生于浙江宁波的著名爱国人士、企业家、慈善家邵逸夫先生在香港逝世，走完了他107年的漫长人生。到目前为止，还从来没有一位企业家像邵逸夫那样如此深入人心，他的离世引发了全民性的怀念。

邵逸夫先生是浙江的骄傲，浙商的典范。他的慈善精神、道德情怀、信仰追求、精神境界像一座座山峰，令后人高山仰止。邵逸夫先生的崇高风范，正是今日浙商书写新篇章的力量源泉。

为此，我们发出如下倡议——

勤勉敬业　创业不息

我们学习邵逸夫先生，就是要学习他勤勉敬业、创业不息的精神。

邵逸夫的一生就是创业的一生，是从挫折不断走向成功的一生，他创业不止、奋斗不息，精彩异常。他把工作当嗜好，他把工作当生命。

邵逸夫精明能干，用人独到，管理严苛，胆略过人。他在各个时期的不同节点上，都能走在时代潮流的前沿，从而不断谱写出人生一篇又一篇的精彩华章。

邵逸夫先生的经历，证明了成功没有捷径。浙商要始终保持创业创新的激情，不断攀登事业的新高峰，创造属于自己的更精彩人生。

胸怀家国　报国有道

我们学习邵逸夫先生，就是要学习他爱国、报国的情怀。

邵逸夫先生的一生，致力于打造一个品牌：那就是大爱！而这大爱的背后，就是他的赤子之心、爱国爱家情怀！

作为古今中外捐资助学史上当之无愧的第一人，他视教育为立国之本。“国家振兴靠人才，人才培养靠教育，培养人才是民族根本利益的要求。”爱国情怀彰显无遗。

爱国不是口号，浙商践行中国梦的最好路径，就是实业报国、产业报国、大爱报国。

修身养性　精神富有

我们学习邵逸夫先生，就是要学习他超越财富之上的信仰修为，传递财富正能量。

完美的企业家，要达到两层境界。第一层境界是物质的，停留在财富积累，第二层境界是精神信仰，人文关怀、灵魂追求。邵逸夫先生用一生为我们树立了两座丰碑。

邵逸夫先生为当代企业家转型树立了一个历史坐标。我们在事业发展的同时，应追求更高的精神信仰，拥有更高的历史使命。

善行天下　大爱无疆

我们学习邵逸夫先生，就是要学习他善行天下的高尚情操。

邵逸夫善行天下的慈善壮举，为我们留下一份沉甸甸的慈善大地图，中国大江南北随处可见。

“一个企业家的最高境界就是慈善家。”邵逸夫一直在践行他的慈善理想主义。他留下了一座慈善的富矿，提供了慈善的路径、方法、理念，激励着我们树立积极、高尚财富观。财富若水，上善若水，财富用到极致就是最高的善。

浙江是商圣之地，历来便有“商之大者，为国为民”的传统。今日浙商从邵逸夫身上看到，财富来自于社会，应当取之有道，散之有理。一大批浙商在完成了财富原始积累后，毅然扛起社会责任的大旗，积极投身社会公益事业。

我们要学习邵逸夫先生，就是要宣传他的精神，发扬他的精神，留住他的精神，让他的精神在中国大地上，如“红日初升，其道大光；河出伏流，一泻汪洋”。让一个个浙商乃至中国企业家“达则兼济天下”的“慈善盆景”，变成浙江乃至中国大地上四季竞放、永不落幕的“慈善风景”。

桑梓情　为国志

甬商典范，共同缅怀。怀着对邵逸夫先生的推崇和敬仰，邵先生家乡宁波籍企业家商会积极参与，大力支持本书出版，衷心希望以此学习传承先辈的足迹和精神，继往开来，再创辉煌！

北京市宁波商会　发扬“甬商”优良传统，做好三件事，发挥三大作用：一是联络北京宁波籍企业家，互相交流，增进乡情、促进合作、成就事业，发挥联谊作用；二是为北京宁波籍企业家在北京生活、工作、创业、发展提供服务，发挥服务作用；三是加强京甬联系，发动组织宁波帮，支持宁波经济建设，发挥桥梁作用。

深圳市宁波商会　坚持“面向企业，发挥桥梁纽带作用，更好地为企业和企业家服务”的宗旨，团结在深的所有宁波精英、企业家协会，组织及其他社会各界，大力开展智力服务，为经济社会发展做出了重要的贡献，取得了显著的成绩。

西安市宁波商会　坚持以为会员服务、为西安经济发展服务、为宁波经济发展服务的“三服务”为宗旨，围绕西部大开发，热诚服务甬籍企业家，传承家乡情缘，构建合作平台，大力促进企业发展，促进西安、宁波两地经贸合作。

天下宁波帮

前言

一幅流转指间的地图，点击它，红点叠满。那是同属一个名字的建筑。

一个萦绕心间的名字，念起它，暖流盈满。那是中国学子温暖的记忆。

一场未经商议的缅怀，加入它，大爱溢满。那是你我发自心底的感恩。

他，被称为“最熟悉的陌生人”。逸夫教学楼、逸夫图书馆、逸夫体育中心……他的名字陪伴几代学子，从小学到中学，再到大学，成为他们求学、求知的最好见证。

他一手缔造的电影帝国，支撑起中国人的文化地标；他精心打造的艺术产品，丰富着时代的集体印记。他，更以为善的担当，构筑起一座难以逾越的道德丰碑。他说：“培养人才是民族根本利益的要求。”他说：“我的财富取之于民众，应用到民众。”他还说：“宽容和做善事是一把健康的钥匙，是生活幸福的良药。”

他是邵逸夫，从富到贵，再到雅，107 年的生命演绎的是一段精彩绝伦的传奇。而他留给世界的，更是无尽的精神财富。

这是 2014 年 1 月 9 日，《光明日报》对香港大亨邵逸夫的一段评价。

2014 年 1 月 7 日，107 岁的香港大亨邵逸夫安然离世。作为香港的影视大王、娱乐教父、慈善大家，对很多人来说，他并不仅仅是位名人，更是享誉全球的华人，是华人的一张名片。他的名字与中国科教文卫事业紧密地联系在一起，与“邵逸夫奖”传扬于世界各地。邵逸夫，中华传统文化的践行者、彰显者、发扬者，兼于儒道释法间的达人。他一生秉持兼济天下，博施予众的至善情怀，是华人中的成功企业家，是企业家中真正具有社会责任感的慈善家。

古人言，人之为人，有三不朽——立德、立言、立行。立言上，古代圣贤早已好话说尽，后世大多述而不作，坐而论道，实在无法超越，难望项背。即便中国最后的大儒，也不过是古圣身后的影子，小小的学生。因此，我们今天才有崇尚空谈误国，实干兴邦的名训！在立德、立行上，除政治领袖、民族英雄，邵逸夫爵士则实可谓中华义士！

义者，利在其次，舍己为人也。君子喻于义，仁义大于天。他人生百年，对家庭，对朋友，对社会，对国家，无不以诚相待，义字当先。他行胜于言，大爱无边，捐资为乐，誉满神州，以享誉世界的卓越成就和声誉，以创设“东方诺贝尔奖”——邵逸夫奖，把对人类的终极关怀做到“终极”的地步。

士者，行己有耻，使于四方不辱君命也。在庙堂则美政，在下位则美俗，以知识、道德和勇力而著称，在上与下的交会处，虽非王侯将相，却是最高的百姓，代表了最高的修为。邵逸夫心系苍生，心怀天下，以大量影视作品弃恶扬善，教化万民，孜孜以求，永不停歇，奋斗百年。

看其个人——长寿，江山，美女，荣耀。他深得中华养生之真谛，107 岁仙逝，必有其过人修养。他穷其一生，叱咤风云，坐拥百亿江山，雄霸一方。他热衷捧月造星，平生美女环绕，却坐怀不乱，岂不快意？

他得英王册封，两岸四地嘉奖，世界尊崇，广受拥戴。

看其家庭——仁义，精诚，真爱，情长。他脱胎于华夏伦理，打虎亲兄弟，家业大如天，孝悌忠信之榜样。他术业有专攻，正心加诚意，情义事业两无双。他冲破世俗的羁绊，以道结缘，缔造人间爱情佳话。他始终以心换心，数十年如一日，终为世纪恩爱传奇。

看其事业——任势，择人，勤奋，创新。他紧跟世界趋势，审时度势，先由电影，后入电视，抢占先机，引领潮流。他虚怀若谷，知人善任，用人所长，天下贤能美丽之士尽皆效力。他崇尚苦干，争分夺秒，精益求精，止于至善。他精于巧干，出人不意，精彩纷呈，行业标杆。

看其境界——社会，国家，世界，永生。他历尽人间冷暖，扎根劳苦大众，取悦五湖四海。他行胜于言，大爱无边，捐资为乐，誉满神州。他文化穿时空，慈善无国界，必要华人感动全球。他创设东方诺贝尔，尽显生命终极关怀，超凡入圣，风范长留。

本书从大量资料入手，按照常识和公理的原则，采撷邵逸夫百年人生的精彩片段，以人生观的基本逻辑为序，以史论结合的方法，分析华人立世的人生意义和方法，努力窥探传统华人如何走向现代，中华文化如何走向世界。

目录

CONTENTS

第1章

立志："锦泰昌"家族的华丽转身

史圣司马迁曾说过：人固有一死，或重于泰山，或轻于鸿毛。2014年1月7日早晨，香港。一位107岁的耋耄老人默然辞世。这本没有什么大惊小怪，物化的岁月，生老病死，人们早已理解了人的一生如烟花一般转瞬即逝。可是这位高寿老人的仙逝，还是震惊了整个香港，整个亚洲，乃至全世界……

这位老人，在他有限的生命里，用自己的智慧和精明为我们打造了一个无限灿烂的光影世界。在那里，梦想闪耀着神奇的光影和美妙的声音，影响着我们，感受不同的生活，经历不同的人生。

这位老人，恒求善事，热心公益，华夏大地那一座座默默矗立的逸夫楼，成为无数中国人心中的永恒记忆。

这位老人，就是20世纪中国电影工业的开拓者之一、影业巨擘——邵逸夫。

邵逸夫先生的一生就像一部纪录片。纪录与电影的缘，纪录电影的盛与衰。1905年，中国第一部电影《定军山》在上海公开放映，由此开启了中国梦幻光影的百年之旅。就在两年之后，邵逸夫出生了，出生地正是中国电影的诞生之地上海。他的世纪人生随着中国电影从无声到有声，从黑白到彩色，起伏跌宕，最终走向灿烂辉煌。电影是邵逸夫一生挥之不去的迷恋，但是说起传奇邵逸夫，还是让我们回到20世纪初的上海，从他的父亲邵玉轩开始。

摩登上海滩

1907年，邵逸夫出生在上海一个名叫“锦泰昌”的颜料世家。

在中国东部，有一座既有悠久历史、灿烂文化，又充满活力和特色的城市——上海。这座中国中西文化的交汇点、著名的历史文化名城，有文字记载的历史可追溯到2500多年前。相传春秋战国时期，上海曾经是楚国春申君黄歇的封邑，故上海别称为“申”，也曾被称作“申城”。《南京条约》曾规定上海为通商口岸，自此上海开始了同世界交往的跌宕历程。

上海是中国最大的经济中心，也是国际著名的港口城市，素有“东方明珠”之美誉。上海优越的地理位置赋予了上海无限的发展机遇。1300多年前，就有船只载着东方的文明从这里扬帆启航，驶向世界各地。100多年前，上海开埠后更是万商云集，实业兴盛！人们被她的文化、历史、人文以及所表现出来的魅力与活力深深吸引。

上海无疑是中国最有智慧的城市。许多重大历史事件都发生在上海。上海目前还保存着相当数量的唐、宋、元、明、清各代的古建筑、古园林和文物古迹，如龙华塔、豫园等；上海还有许多近代历史人物在本地活动过的遗迹，如鲁迅故居、孙中山故居、宋庆龄故居等 90 多处。这些遗迹见证了上海的沧桑百年，也为上海赢得了“万国建筑博览会”的盛誉。

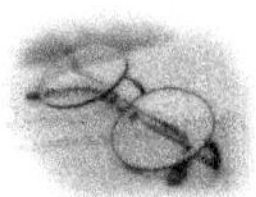

上海的外滩、老洋房、酒吧等都是上海的特殊标志。外滩是这座东方大都市最著名的景观。百余年前，这里是远东财富神话的发源地。酒吧是上海一道独特的风景线，规模不等、风格迥异的酒吧遍及上海的每个角落，就像繁星飘洒在夜空，将午夜的上海装扮得无比妖娆多姿。老洋房是老上海建筑中的极品。尖翘的屋顶，小巧的阁楼，饱经风雨的黑色铁栅栏。

百年沧桑、海纳百川、风韵犹存的上海，以她独特的地理、人文、风情和历史，以各种各样的方式潜移默化地影响了邵逸夫的家庭，影响了邵逸夫的成长，这是我们在解读邵逸夫成长过程中不可忽视的地域文化背景。

俗话说：一方水土养育一方人，一方山水孕育一方风情。不同地域上的人，由于环境不同、生存方式不同、地理气候不同、思想观念不同、人文历史不同、为人处事不同，文化性格特征也不同。任何个人都不是一座自成一体的孤岛，而是处于社会系统的各类层次环境之中。所以，每个人生活过的城市或者地区对自身的成长都具有深远影响。一个地区的经济、文化、历史以及该地区的风土人情都会从各个角度深深影响着每个人。尤其是青少年成长时期，很多时候，人出生以后的第一个发展平台就是所生活的环境，这个平台的大小高低也往往会关系到一个人今后事业起点的高低、发展速度的快慢。一般情况下，一个文明发达的地区更容易培育思想开放、见识多广、勇于创新的人才！

少年的邵逸夫从小就生活在上海这个充满智慧、被誉为中国经济中心的前沿城市，世界上最新的经济信息、教育、技术等，总是先传播到上海然后进入内地，这让邵逸夫能幸运地及时捕捉中国经济、文化的发展动向，为他在日后的成长开阔了眼界，打下了基础。

从宁波到上海

二十世纪初，许多人来到上海“掘金”，上海为此被誉为冒险家的乐园。他们从各个地方来到上海，甚至白手起家，一些人很快成为知名富商，至今说起上海的商界故事，他们都是不可忽略的主角。如今细数他们的发家史，无非是让那些可圈可点的经商理念再次呈现出来，对大家的人生有所启迪。邵逸夫的家族史也由此展开。

邵氏世代以商为业。邵逸夫的祖父在宁波镇海市朱家桥老邵村，开着一家颇有信誉的漂染行。镇海虽说是后来海外“宁波帮”的重要发源地，但当时的镇海却十分落后，人们穿用的衣服，大多是用手工把棉花织成棉布再缝制而成。把这些棉布变成身上穿的衣服，应该第一道工序就是要用颜料进行漂染。邵家的漂染工艺在当地还不错，首屈一指、人人称道。可是，那时的朱家镇偏远、闭塞、落后，老百姓生活十分艰苦，人们大多用素色棉布做成衣服，所以，前来漂染的顾客并不很多，慢慢的，邵家生意逐渐停滞和衰落。邵逸夫的祖父虽然没有把漂染事业做到朱家桥以外，但是他的诚信经商的家风给邵逸夫留下了较深的印象。

邵逸夫的父亲邵玉轩，在 18 岁第一次随父亲来到上海出售邵家自己研制的漂染颜料的时候，就深深地喜欢上了黄浦江边的这座日趋繁华的海边城市。十多年后，怀揣着 18 岁的梦想、遨游四海的雄心，却背离了父亲希望他在家乡靠自己的勤奋努力挣得一份家业，一辈子过安分守己的日子，稳守老家的遗愿，29 岁的邵玉轩与当时成千上万的宁波人一样，举家从浙江宁波搬到上海，开始了在车如流水马如龙，一派繁华热闹的大上海的打拼淘金生涯，开始了他人生的第一次冒险，1901 年他成功设

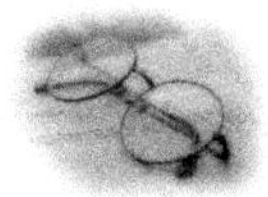

立了一家颇具规模的"锦泰昌"颜料号。

邵玉轩继承了邵氏家风，做生意讲信誉。虽然最初几年生意冷清，可是几年的功夫，名气越来越大。到邵逸夫出生时，邵玉轩已经是一名成功的商人。

邵玉轩为人谦和，不仅生意经营有方，还同情支持孙中山的革命活动，在当时的上海工商界颇为活跃。1920 年他病逝上海时，康有为、虞洽卿及曾任苏浙总督的卢永祥、民国元老谭延闿等晚清与民国风云人物纷纷为其题辞致哀。其影响可见一斑。虽然邵玉轩离开了人世，但是他的爱国热情和精明的经商头脑深深地影响了邵逸夫，使邵逸夫获得了巨大的精神财富。

从宁波到上海，这一地域空间的转变，充分地显示了邵玉轩的过人之处：经商不只是为一碗饭，不能让自己的后代局限在衣食无忧的细小利益上，要让子女读书受教育做学问，飞黄腾达，光宗耀祖，要像历史上孟母三迁，追寻有利的成长环境。正是有了这样一位父亲，才有了后来邵氏家族的辉煌荣耀，才有了娱乐教父邵逸夫的一生伟业。

苏联教育家马卡连柯说"家庭之所以是重要的地方，在于人从这里走向生活。"人一出生首先进入家庭生活，家庭是人最初接触生活和受教育的环境，人生第一个社会关系就是家庭。孩子从出生到进入社会，有近三分之二的时间是在家庭中度过的。在家庭环境中，不论父母有无意识，儿童在客观上都已接受着教育。

美国人泰曼·约翰逊认为"成功的家庭教育造就成功的孩子，失败的家教造就失败的孩子"，从这个意义上讲，家庭教育是其他一切教育的基础，父母对于孩子的成长起着决定性的作用。家庭教育既是摇篮教育，也是孩子的终身教育。

父母及家庭重要成员的道德修养、个性特征、言谈举止都从各个方面影响着孩子，我们总是能从孩子的身上找到父母的影子，从父母身上推断孩子的特征及未来。很多人对家庭教育的重要意义认识不足，其实家庭教育的成功与否，直接关系到孩子能否健康成长。实际上，孩子的许多行为，都可以从家庭中找到某些直接或间接的根由，从这个意义上讲，孩子是家庭环境的产物。家族文化对个人成长的影响是深远的。邵逸夫之所以在后来成为影视界的大亨，与其家风分不开，与其父亲邵玉轩精明的经商头脑、开放的眼界分不开，与对影视执着追求的兄长的影响分不开。邵逸夫是幸运的！

一切成就缘于一个念头

邵玉轩一生育有八个子女，五男三女。1907 年，邵玉轩的第六个孩子出生了。邵玉轩并不知道，就是这个孩子，将完成并光大他进军电影业的宏大愿望。

邵玉轩为这个孩子起名邵仁楞。因排行第六，大家习惯叫他“老六”。后来声誉渐隆，人们仍然很少称呼他的名字和职务，都是尊称一声“六叔”。邵仁楞长到 18 岁，与父兄商量，为自己起了一个号：逸夫。从此，他以此号行走江湖。

曾有人问他，为什么取这样一个号，邵逸夫如是作答：宁波人从小就立志做大事，而这大事就是经商，注定了忙碌。我取名逸夫，就是想闹中求静，安安逸逸度过一生。

邵逸夫早年就读于家乡庄市叶氏中兴学校，与包玉刚、包从兴、赵安中等为前后届同学，后赴上海就学于美国人开办的英文学校“青年会中学”，为此练就了一口流利的英语。

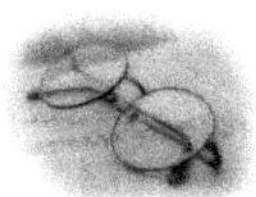

邵玉轩作为一名经营漂染、财务等多种生意的成功商人，他思想开明，求新务实、人脉广泛，在 20 世纪初的上海工商界颇为活跃，当时应该是十里洋场极有影响力的商界人物。头脑灵活、善于观察和独立思考让他在一次看似偶然的闲玩中，燃起了新的商机。

邵玉轩跟电影初次结缘，是在一次跟朋友的游玩中。当时电影作为一个新兴的产业，刚刚传入中国，还处于无声的默片时代，但已是那个时代的高科技。在当时的老百姓眼里，电影是如此的神奇诱人，很快就引领流行文化成为当时社会主要的娱乐方式。

一天，邵玉轩和朋友闲来无事出去玩，顺便一起看了场刚传入中国的虽然是"伟大的哑巴"的双无电影：无声音、无色彩的黑白默片，没有任何配音、配乐或与画面协调的声音。只见墙上挂一块普通的大白布，关灯黑屋再打开机器，顿时白布上就有了动人的影像画面——各类人物的喜怒哀乐、自然世界的鲜花绿草、松柏树木、飞禽走兽、和煦阳光、风雨雷电等等，这些生活中美好瞬间的定格重现让电影实在太神奇了，观众们对这一新鲜事物充满好奇皆惊叹不已。

相信大多数人只会沉浸在看电影所带来的快乐和视觉震撼中。但是，善于经商的邵玉轩的关注点却与众不同。凭借着敏锐的商业"嗅觉"，他感到电影这个新兴的行业必将会有一个十分广阔的市场前景。于是，就当别人还在从娱乐的角度"看电影"，对电影这个新奇的事物充满着种种猜测的时候，邵玉轩已经捷足先登，他开始从商业的角度"看电影"，打起了电影的"主意"。他开始多方探询拷贝的价格，认真计算一部影片可以放映多少场，一场大约多少观众，放映场所的多少，利润空间有多大等等。终于，邵玉轩脑海中闪过一个大胆的念头：这是个赚钱的项目，把电影当做一门有利可图的行当去干！

正是邵玉轩的独到眼光，由一场电影萌生了一个念头，看到了未来的事业，开启了邵氏家族搏击商海的崭新领域。

耳濡目染之下，邵氏家族的其他兄弟们也对电影娱乐行业产生了浓厚的兴趣，这当然也包括少年邵逸夫。1920 年邵玉轩去世，虽然他没能亲自挂帅进军电影业，但却用自己独到的商业眼光对邵氏家族日后电影事业的发展，起了极其重要的方向引领和基础支撑作用，邵玉轩无疑是最会看电影的人，他从有限的黑白银幕看到了无限的五彩斑斓的未来世界，把电影看成了商品，这是一个商家的大智慧。

曾几何时，成大事者必要有敏锐的眼光，大胆的行动，勇敢的拼搏。机会就像小偷，来的时候无影无踪，走的时候损失惨重。20 世纪初的上海充满风险与挑战。这座著名的移民城市，尤其 1843 年上海开埠以来，随着西风东渐、洋务运动、中外贸易、上海国际大都市地位的形成和城市建设的发展，让上海像一个巨大的磁场，吸引了天南海北无数勇敢的淘金者和冒险家来此拼搏，演绎了无数从无到有、白手起家、出生入死、跌宕起伏的创业传奇。邵玉轩来到上海，不光是躯体走进了大上海，最关键的是他的思想渐渐融入了这个大世界、大舞台。

美国钢铁大王卡内基曾说过："一切的财富，一切的成就，最初都只是一个念头而已。"美国新自由主义经济学家弗兰克·奈特认为，一个人是穷人还是富人，主要取决于"出身、运气和努力"，而且他着重指出，"这些因素中最不重要的因素就是努力"。虽然很残酷，但我们不得不承认，有时这是事实。

机遇造就成功者。机遇之于成功者，就像蛋之于鸡。没有蛋就没有鸡，有了鸡又生出更多的蛋，如此循环下去，穷人变为富人，富人变为更富的人。关键是抓住最先那个机遇。富人的第一桶金都是辛酸的。而

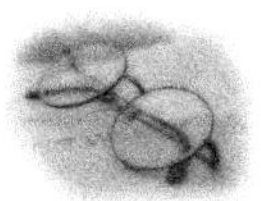

且往往带着偶然性。邵玉轩虽然生前并没有实现从颜料商向电影商的转变，但萌发在他心中的这个"做电影"的愿望是邵氏家族真正发达的最初机遇，就是那宝贵的一闪念。

邵家老大出场了

纵观邵氏家族的电影事业：发源于邵逸夫父亲邵玉轩的一个敏锐想法，崛起于邵逸夫大哥邵醉翁的身体力行，成功于邵氏兄弟的齐心协力，鼎盛于邵逸夫辉煌的电影王国。其中，半路出家的邵醉翁作为邵氏影业开路者，这个带头大哥功不可没。

邵醉翁，1896 年出生于浙江宁波镇海的朱家桥镇。作为制片人、导演、编剧，是最早接触电影的邵家人，是影响邵逸夫最关键的人物，也是邵氏兄弟的引路人。他原名邵仁杰，字人杰，别号醉翁。邵醉翁自幼聪颖过人。随父亲到上海的第二年，就进了洋学堂读书，英语尤为突出。1914 年，邵醉翁以优异的成绩毕业于上海神州大学法律系，很快谋得当时上海地方法院及会审公廨律师的职位。1921 年转入金融界，任中法振兴银行经理。同时在上海、天津、宁波等地与人合股经营商号，但时运不济，最终经营的工厂关门倒闭。

经商不顺的打击并没有让他一蹶不振，相反，继承了父亲不安于现状、不服输精神的邵醉翁，逐渐清醒意识到经商并非自己的强项，遂决定弃商从艺，另辟蹊径。机会来了，上海法租界一家娱乐场所"小舞台"由于地理位置缘故，加之经营不善，已经负债累累，正准备抵押出卖。在父亲邵玉轩的支持下，邵醉翁和上海演艺圈的几个朋友张石川、郑正秋等人一商量，决定合伙收购。

正式接手后，邵醉翁开始了一系列变革。首先，改"小舞台"为"笑舞台”。同音不同字的一字之改，突出了娱乐性、大众性。其次，及时调整经营方式，重新进行市场定位，突出自己的新特点：以演文明戏、放映电影为主，争取档次较高的市民观众，为他们服务。当时的文明戏，就是话剧，一种以对白和动作为主要表现手段的戏剧，在20世纪初由外国传入中国，深得上海观众喜爱，笑舞台生意竟然火了起来。这极大振奋了邵醉翁的信心，坚定了走下去的决心。思路大开，灵感也就来了。1922年邵醉翁集股经营笑舞台，演出文明戏，并创办“和平社”剧团，演出自编讽世剧本。聪明的他还亲自动笔编写了剧本《梁祝痛史》。

1923年，邵家已趋败落，所有家业中只剩下一幢房子和笑舞台一家剧院。邵氏兄弟毅然卖掉房子，举家搬进笑舞台，破釜沉舟，成败在此一举。

邵氏家族奋斗历程从此艰难开始了。20世纪初的上海滩，电影业已风生水起、方兴未艾，出现了“明星”、“长城”等十几家大大小小的电影制片公司。特别是1923年底，“明星”影片公司推出的长篇正剧《孤儿救祖记》引起的空前盛况，巨大的赚钱效应，让邵醉翁再也不能等了，他感觉到电影比话剧更有魅力，电影这个新颖的艺术形式将是未来流行的大趋势。于是他和几个弟兄商量，决定邵家也要办一家影业公司，也要拍电影，

1925年6月，以“和平社”演员作班底，与邵家兄弟们联手创立的“天一影片公司”，在上海闸北的横滨桥正式挂牌成立。神采飞扬的邵醉翁在隆重的开业典礼上，向所有来宾大声宣布：“我的影片公司取名为‘天一’，就是要敢为天下先，争做天下第一，绝不做第二！”显示了他的勃勃雄心。

从放映电影的笑舞台到拍电影的天一公司，从市场到工厂，邵醉翁

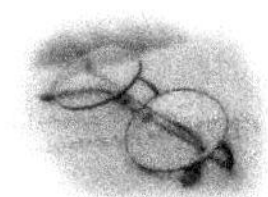

敏锐地抓住了创造利润的关键环节，走出了创业的制胜一步。从此，开辟了邵氏兄弟的电影新天地，邵氏影业的历史从天一公司开始了。

邵家的天一公司是个典型的家族影业公司，邵家兄弟联手上阵：大哥邵醉翁任总经理兼导演，二弟邵邨人任会计兼编剧，三弟邵山客任发行部经理。虽然，此时的六弟邵逸夫还是一名中学生，但是，家庭的耳濡目染，早已让邵逸夫迷恋上了电影，而且，在技术方面几乎一学就会，甚至无师自通，成为邵家的后起之秀。

家族企业是一种古老的企业组织形态。它在私有制时期就已经存在了，是历史最为悠久的一种企业形态。直至今天，它在世界经济中仍有着举足轻重的地位。在世界各国，无论是发达国家还是发展中国家，家族企业都在顽强的生长和发展着。如国外的松下、惠普、福特、迪斯尼、华仑天奴等知名企业；我国的方太、格兰仕等。

这种亲情联结体的家族企业，在创业初期，资金安全、劳动效能、创业热情、工作积极性、内聚力都很容易达到很高的水平，能够在很短的一个时期内获得竞争优势，较快地完成原始资本的积累。这在天一公司同样得到了成功的体现。

很快，天一公司拍摄了第一部故事片《立地成佛》。邵氏兄弟披甲上阵，邵醉翁任导演、邵邨人任编剧之一。影片说的是一个军阀在经丧子之痛后放下屠刀的故事：一个十恶不赦的军阀，在其爱子被打死后，得老僧指点迷津，遣妻妾、散钱财、救大众，放下屠刀立地成佛。邵醉翁力求指点人生，感化人心。这部邵氏电影处女作一炮打响，为他们掘得第一桶金。随后邵醉翁相继导演《梁祝痛史》、《白蛇传》、《孟姜女》、《七侠五义》、《乾隆游江南》等脍炙人口的影片，因为这些影片取材于民间故事、古典小说等老百姓耳熟能详的素材，所以深受大家喜爱。有些影片甚至达到万人空巷、争睹为快的地步。

在最烧钱的明星拍戏环节，邵醉翁也精打细算，他娶了很会演戏的陈玉梅，这样，一家人做电影，肥水不流外人田。

邵醉翁的太太陈玉梅，也是当时的影坛风云人物。在当时默片时代当选过几家上海媒体联合评选的“电影皇后”，是一代名伶。

陈玉梅，原名费梦敏，江苏省孟河人。1910年出生，15岁时进入邵氏“笑舞台”训练班，16岁进入天一影片公司，被力捧。陈玉梅从影较早，1923年，她13岁时，作为配角开始首登银幕，出演商务印书馆影片部摄制的《松柏缘》一片。但没能引起人们太大的注意，1926年，邵醉翁执导影片《唐伯虎点秋香》时，大胆起用了年仅16岁的新人陈玉梅扮演秋香一角。影片公映后，反应热烈，陈玉梅一举成名。

此时，陈玉梅已是天一公司排在胡蝶、吴素馨之后的一名“主要演员”。此后八年内，她主演了《生机》、《挣扎》等30余部电影，被评为“电影皇后”。1934年息影。

陈玉梅有个外号——“节俭明星”，据说她拍戏时，身为老板兼丈夫的邵醉翁，舍不得用名贵的布料为她制作戏装，所以她总是穿一些旧戏装凑合着演。尽管如此，陈玉梅凭借着出色的演技、众多的作品，仍频频在银幕上露脸，从1930年起，她已成为上海滩屈指可数的大明星。

陈玉梅在《芸兰姑娘》中，还演唱了插曲《花弄影》、《燕双飞》及《节俭歌》、《催眠曲》等插曲。由于她的歌声迷人，此后，每当影戏院放映她的影片时，放映前就在银幕上打出“俭约明星”、“催眠姑娘”等字样，并播放她唱的歌曲唱片，很受观众欢迎。

1933年，陈玉梅主演《生机》、《挣扎》等影片后，其思想也开始改变。她充满着前进意识，不再做封建势力压迫下的女性，而是奋斗抗争，

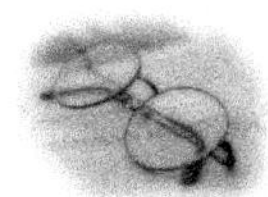

成为一个表现革命的新女性。

1933 年，《电声日报》举办了"中国十大男女明星"评选。女星以得票的多少排序——胡蝶、阮玲玉、金焰、陈燕燕、王人美、高占非、黎灼灼、陈玉梅、郑君里、黎莉莉，陈玉梅名列第八。

陈玉梅到香港后，即告别银幕，安心相夫教子。以后，她除了在邵氏的《丹凤朝阳》、《水晶心》等几部电影中担任过配音以外，在香港一直低调生活，就很少得到人们的关注，大陆的观众就更不知道她的信息了。1985 年，陈玉梅在香港去世，终年 75 岁。

人们对于老板邵醉翁与明星陈玉梅的婚姻，有种种世俗的遐想，当时有不少人认为，思想守旧的邵醉翁娶陈玉梅，纯粹是出于商业目的，功利思想。如果以后陈玉梅人老珠黄，失去了使用价值，便会被邵醉翁打入冷宫。但是，一直到了 20 世纪 70 年代，一家香港报纸刊出了一幅邵醉翁与陈玉梅的合影，人们似乎明白了：或许在初期，他们的婚姻有利益交换的商业目的，但他们毕竟相依为命过了好几十年，彼此相守，白头偕老，这在色彩纷呈的娱乐圈是不多见的。

抗日战争爆发后，天一公司结束在上海的制片业务，将全部资产运往香港分厂，改名为南洋影片公司。

1945 年 8 月，日本宣布投降后，邵氏兄弟重振雄风。邵醉翁因家住在上海，经常往返于港、沪两地，而此时的他已年过半百，留港时间逐渐减少，事业大权也就逐步移交给弟弟邵山客、邵逸夫二人。

1949 年上海解放后，邵醉翁就长住上海了。曾任上海市政协第三届和第四届委员会委员。1979 年在上海病逝。

邵醉翁是邵家的长子，是邵氏兄弟们的带头大哥。在中国式家庭组织中，长子是一个重要的角色。民间说，长子如父，可见长子的责任之重。在家庭组织中，长子因年龄、情感、经历等因素，最有条件成为父亲的左右手，成为父亲改变家庭命运的支持者和参与者，甚至主导者。在这方面，长子比其他弟兄承担着更多的家庭责任，分担着更多的家族使命，所以，长子难当。但邵醉翁，是邵氏家族称职的长子。

作为长子，邵醉翁是父亲愿景的实现者。他用自己的智慧勤劳将父亲的电影梦想一步一步接近现实；作为长子，邵醉翁是家族创业的带头人。一个家庭的延续，重要的是创业，不然就会坐吃山空。邵醉翁第一个闯进电影市场，为弟弟们搭桥铺路，起到引导的作用；作为长子，邵醉翁是弟兄们成长的示范者，他为人处世、行为习惯和行事风格，深深影响着弟兄们，他将自己的几个弟弟带进电影市场，培养弟弟们对电影的热爱，培养他们的电影素养，锻炼他们的能力，让邵氏家族不断壮大。

邵醉翁将邵氏家族做成了品牌，没有他，是不会有后来的邵逸夫，也就没有了邵氏电影。他用自己的行动诠释了长兄如父。他用自己过人的才智培养几个弟弟，合理地分工，步步为营，收购“小舞台”、开办“天一影片公司”、开拓南洋市场，用他独到的眼光在危机中力挽狂澜，为邵氏的发展奠定了基础，他像一根树干支撑着邵氏品牌，让其生根发芽，枝繁叶茂。

邵醉翁的奋斗经历告诉我们，一个家庭的兴盛，取决于家庭成员的和、勤、俭、礼。和是家庭兴盛最重要的元素之一，中国人的信念是“和为贵”，因此有“家和万事兴”之说。勤是家庭兴盛最重要的途径，勤劳才能致富，勤劳才能兴业。俭是家庭兴盛最重要的措施，节俭持家历来是中国人的优良传统，是创造良好家风的基础。礼是家庭兴盛最重要的标志，家无礼不宁，人无礼不立，事无礼不成。

当今时代的孩子，很多都是独生子女，特殊的生长环境，也许不太

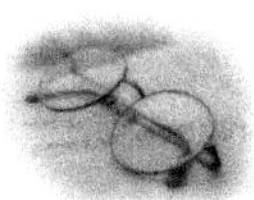

容易体会兄弟之间的情谊，也就不太容易理解邵醉翁作为长子的责任和难处。但作为独生子女，让自己安身立命，让家族得以延续，让父母能够安享晚年，依然是这一代人最大的责任和义务。不同的责任，同样的担当。长子也好，独子也罢，作为家庭成员，为了家族的兴旺、发达、延续，都应让自己更强大、更勇敢、更独立，都应扮演好自己的角色。所以，勤俭持家，创业兴家，这是家庭兴盛永恒的道理。

邵氏家族涉足银海

如果说邵逸夫的大哥邵醉翁，开启了邵氏影业的大门，那么，邵逸夫的二哥邵邨人则是邵氏影业重要的推手。邵邨人，原名邵仁标，1898 年 5 月 10 日生于江苏镇江。他做事不喜张扬、为人低调、谨小慎微，但同样幸运地在上海接受了良好的教育，聪颖过人，遗传了家族的优势，对经商有浓厚的兴趣。特别值得一提的是，邵邨人既是理财好手，同时还擅长编剧、写作，在天一影片公司，负责财务，兼任编剧。先后制片并编写了《立地成佛》、《新茶花》等 21 部电影剧本。

1937 年抗战爆发后，邵邨人来到香港，他将接替的天一公司香港分厂改名为南洋影片公司，并扩建制片厂，是香港当时生产影片最多的电影公司之一。此后，他扩展影片公司业务，经营片场出租，影片的海外发行，并收购了四家电影院。1950 年他与大哥邵醉翁、儿子邵维玫组成邵氏父子有限公司，兼管制片与发行放映业务，并主持该公司与邵氏兄弟公司联合体——邵氏机构的制片业务。1958 年退出影坛，1973 年去世。

邵山客，也就是邵仁枚，是邵逸夫三哥，这位邵家“三少爷”最大的优点是不怕困难、吃苦耐劳，不轻易服输、执行力强。1924 年，在天一公司担任电影编剧和发行。由于他头脑灵活，加之勤奋努力，因此对邵氏电影的发行起了积极作用，最大限度地缩短了发行周期，使邵氏电影具有很强的竞争力。

1925 年，邵山客单枪匹马漂洋过海闯南洋，开创新的市场。后来，带着邵逸夫开始了艰苦创业路。终于，1930 年与邵逸夫在新加坡成立“邵氏兄弟公司”，经营多家戏院及电影发行。到 1937 年抗战前夕，邵氏在新加坡、马来西亚、爪哇、越南等地已拥有 110 多家电影院和 9 家游乐场，并建立了完整的电影发行网，称雄东南亚电影市场。

1950 年，邵邨人收购南洋影片公司，建立“邵氏父子公司”（SS）。1958 年，与邵逸夫在香港成立邵氏兄弟（香港）有限公司（SB）。“邵氏兄弟公司”与“天一公司”南北呼应，分工协作，共同打造邵氏的电影王国。自此，“邵氏父子公司”经营戏院和影片发行，“邵氏兄弟公司”主管制片业务，制片发行一条龙，称霸香港电影市场二十余年。

1985 年 3 月 2 日，邵仁枚因病逝世。香港大学建有“邵仁枚楼”以纪念邵氏家族对大学的捐献。

应该说，拥有这些性格秉性不同，但才智过人，极富经商智慧的三位兄长，是邵逸夫的福气。从小受到家族的熏陶，兄长的帮衬，邵逸夫会做生意了，也会做电影了。后来他成立邵氏公司，出产邵氏电影，在香港影视业独当一面，创造了灿烂的光影传奇。1965 年，邵逸夫成为香港无线广播公司的股东。在随后的几十年中，邵逸夫塑造了市值 164 亿港元的 TVB 电视王国，奠定了 TVB 在华人心中的绝对地位。

邵逸夫是史上最年长的在任上市公司主席，拍摄影片 1000 余部，为中国所有电影制片厂之冠，拥有最多的影院，最高时期达 200 多家，为中国私人拥有量之首；同时，他建造了亚洲最大的电影拍摄基地，被誉为“东方好莱坞”，邵逸夫将邵氏影业推向了巅峰时代。

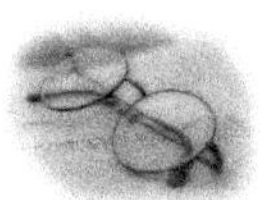

邵逸夫的两个儿子邵维铭、邵维钟两兄弟由在新加坡的伯父抚养长大。不过早在邵氏兄弟成立之初，邵维铭就已经加入公司任职执行董事。但自母亲黄美珍去世后，方逸华执掌邵氏基金和 TVB 后，邵维铭、邵维钟两兄弟退出董事会，后移居新加坡从事地产等业务，公开表示无意接手影视家业。

世间有些事真是轮回，可谓历史有时会有惊人的相似。邵逸夫的影视帝国按常理早该有家族接班人，但他几个子女的人生都与电影无关。这似乎也类似当年邵氏兄弟无人继承其父颜料行业转而打拼电影市场一样，不免让人感叹，却也不难看出，邵氏家族独立、自强的家族遗风。

邵氏家族上海滩创业的 20 世纪 20 年代，正是中国风云突变的时期，是一个充满着激流般的碰撞与动荡的特殊年代。邵玉轩的家族生意正是在这个时期来了一次华丽转身，奠定了日后的傲然崛起。邵玉轩固然没能亲眼看到他的几个儿子在光影世界里各展身手，但他一定了却了当年举家迁往上海的愿景：让后代接受良好的教育、出人头地。

孔子曰：“温故而知新，可以为师矣”。邵氏家族的奋斗虽然没有在邵玉轩有生之年实现大红大紫，但作为宁波移民在上海的影响是巨大的，今天，我们解读这些奋斗者的足迹，无论成败，都会带给我们无尽的遐想。

敢创业、不守摊、求发展

一方水土养一方人，此话真不假。生活在那一方水土，人们形成了自己独特的文化，别致的乡风，醇厚的民俗，恪守的理念，造成了深远的影响。邵逸夫的人生成就与其家族渊源密不可分。

邵氏家族的根基起于宁波。这是我国东海之滨一个重要的港口城市，更是一个人杰地灵、人才辈出的传奇宝地。纵观历史，这里精英荟萃，藏龙卧虎，各类人才如群星璀璨、繁星闪烁。举世闻名的“宁波帮”——这个在晋、徽两大商帮之后势力最强的地缘性商人群体，在国内外商场上十分活跃，且成就卓著，甚至有人给予宁波帮“无宁不成市”的评价。邵逸夫兄弟四人便继承了这传奇宝地的经商基因，在电影行业各胜擅场。

理念是核心价值观，正确的理念带来正确的行动，正确的行动才会有正确的结果。宁波人具有“敢创业、不守摊、求发展”的开放理念，深刻影响了一代代后来者。在20世纪初期，不少宁波商人就知道创办新兴实业。他们起先多在家乡小打小闹，而一旦时机成熟就走出宁波，到上海及其他大城市寻求新的创业机遇。他们敢冒风险、善于经营，思想不保守，行为不守摊，这在中华传统文化中实在是难能可贵的。

邵玉轩把颜料生意做到了大上海，与虞洽卿、朱葆三、叶澄衷、周湘云、严筱舫、刘鸿生、俞佐庭等后来的各业名人一样，他们原先基本都是社会最底层的打工仔，有的是杂货店的小伙计，有的是学徒工，有的是黄浦江上的摇船工，有的是泥瓦匠，后来经过多年艰苦打拼，在上海空前大发展的时代，及时抓住了自己的机遇，终成上海工商界的领袖人物。

现代宁波帮更是涌现了娱乐大亨邵逸夫、船王包玉刚和原香港特首董建华之父董浩云等代表，均为世界级工商巨子，为宁波社会文明乃至中华民族的进步作出了不可磨灭的贡献。

纵观百年来邵氏家族从宁波到上海、自上海飘至南洋、又回落至香港的奋斗历程，是“敢创业、不守摊、求发展”的生动写照，成就了一个世纪的伟业，创造了后人无可企及的影业辉煌，也诠释了成功的邵氏人生。这一切正是当代青年志在四方，成就自我的成功范例。

第2章

奋斗：大梦初起　光影无限

让我们聆听一段成功者的告诫。林语堂说，梦想无论怎样模糊，总潜伏在我们心底，使我们的心境永远得不到宁静，直到这些梦想成为事实。钱三强也说过，古往今来，能成就事业，对人类有作为的，无一不是脚踏实地攀登的结果。可见，一个人把梦想和实干有机连接起来，就可功业有成。

年轻时，我们都应该有属于自己的梦想，当梦想的摇篮带着双翼飞向人们时，当人们迈出奋斗的第一步时，梦想的风筝便在蓝天中轻轻滑行，充满光明，无论它具体是什么，都让青春的我们甘愿倾其一生，得偿所愿。

青春是一个多梦的季节，更是一个追梦的季节。梦想像黑暗中的一道光，指引我们无所畏惧，勇往直前。既要仰望星空，更要脚踏实地。

年轻人邵逸夫的梦想是和那个时代、那个家族紧紧连接在一起的。他和邵家兄弟一起，为了梦想，脚踏实地地积累，敢为人先地拼搏，为了实现邵氏电影王国的家族梦想，19 岁的邵逸夫开启了银海征程……

海不择细流故能成其大

1922年，上海的法租界，一个叫做“小舞台”的娱乐场所，由于经营不善，换了新主人。接手的就是眼光独到且异常精准的大哥邵醉翁。随后，他立即将“小舞台”更名为“笑舞台”，一字之差，似乎预示了邵氏兄弟笑傲江湖的勃勃雄心，这次收购应该是邵氏兄弟涉足娱乐的起点。

旗开得胜，“笑舞台”开业后，邵醉翁排演的第一出舞台剧，居然出人意料地大获成功，并因此获得身边朋友啧啧赞叹：你是个写剧本、做导演的天才。邵醉翁收获第一桶金的同时，更重要的是收获了极大的自信，他欢欣鼓舞。

但好景不长，与邵醉翁联手创业“笑舞台”的两位骨干、中国电影史上被称为中国第一代导演的两位大家——张石川和郑正秋，离开“笑舞台”自立门户，创办了“明星影片公司”，推出《孤儿救祖记》。该片的上映让电影迅速占领了当时的娱乐市场，也奠定了“明星影片公司”在业内的龙头地位。此时的邵醉翁深受触动，也受到了启发：电影这个新兴行业果然如他父亲所料，有大利可图。

1925年6月，邵醉翁经过周密安排，和其他几个兄弟一起，在上海创办了中国电影史上赫赫有名的“天一电影公司”，这也是“邵氏兄弟”最早的前身。“天一”有着明确的商业目的、商业手段和商业机制，奉行的是娱乐观众的制片方针，观众定位是小市民群体。

关于“天一”这个名字，邵逸夫在后来接受采访时，曾解释道：“天一”就是天下第一、天下一家的意思。也有人说，比较相信风水的邵家人，觉得老胶片容易着火，按《易经》说法，“天一生水”，水能避火，

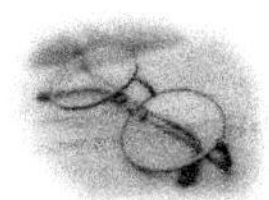

求得平安。

但天不遂人意，意外还是发生了。1936 年 6 月 29 日，这天上午 11 时，香港邵氏“天一港厂”的胶片库房里发生冲天大火，霎时，这间曾用来存放拷贝的黑房子烧起来了。幸好是白天工作的时间，人多势众，没多久就把这场大火扑灭了，好在这间黑房子当时并没有存放拷贝，所以损失不大。

事后得知，这场意外的大火，是有人纵火破坏，要烧他的胶片库！只是没有摸准目标，邵家侥幸躲过一灾。

然而，不幸还是降临了……1936 年 8 月 6 日深夜，在离第一次失火还不到两个月的时间，又一场大火终于酿成了大祸，这次把邵醉翁“天一港厂”的全部家当烧为灰烬。

深夜烧起来的这场大火，是从真正的胶片库房燃起的。邵醉翁惨淡经营了十余年的电影事业，就这样灰飞烟灭，付之一炬！望着这片毁于一旦的惨烈废墟，邵醉翁万念俱灰，不由得跪倒在地，放声大哭。如此看来，“天一生水”并没能佑护平安，只是人们的一种解读罢了。

时间再回到过去。当年“天一”公司摄制的第一部影片《立地成佛》制作完成。一经放映，即深受上海市民欢迎，结果赚得盘溢钵满。旗开得胜的邵氏兄弟们为之欢喜雀跃，随后新影片不断地从“天一”推出。

上世纪 30 年代，少年邵逸夫在他大哥邵醉翁的带领下，贸然闯进这方当时对绝大多数中国人来说，还是那样陌生和神秘的电影世界。当平地起家的邵醉翁干得热火朝天、风生水起的时候，邵逸夫还是个青年学生。邵逸夫七岁那年，开明的父亲送他到了美国人在上海办的一所教会学校学习英语。邵逸夫聪颖好学，特别是一口流利的英语非常地道，几年下来没有悬念，以优异的成绩考入美国人开办的“青年会中学”读书，继续接受洋学堂教育。

良好的教育让中学时代的邵逸夫眼界逐渐开阔，形成了中西融合的文化观。家庭、社会环境的耳濡目染，年轻人的好奇心、时尚感，使邵逸夫渐渐痴迷娱乐场所，无论是文明剧还是电影。但这仅仅是为了娱乐、兴趣，还没有与事业联系。

不久，刚开业的“天一”公司人手不够，需要帮忙。大哥邵醉翁便想到了邵逸夫。让他在课余时间来公司帮忙做兼职。虽然大哥邵醉翁很看好聪明的六弟，但并没有显露出来，只是告诉他：初到公司，只干后勤，除此以外，没有任何特权。

正是这绝妙的一步，锻炼了邵逸夫吃苦耐劳的品格，让他受益终身。也就在此时，对电影事业的激情在邵逸夫年轻的心中被点燃，对事业的激情正是他成功的第一步。

邵逸夫面对繁琐、辛苦的打杂工作，没有怨言，因为，他太喜欢电影了。他的态度是：不喜欢就不要做，要做就做到最好，所以每一分钟都努力地做。无论打扫卫生、管理道具、还是扛着摄像机抢新闻、跑片源，无论演员、摄影师大家都可以指挥他干活。邵逸夫把这些都当做是难得的锻炼机会，倍加珍惜，虚心向大家学习。

两年下来，邵逸夫几乎干遍了“天一公司”所有部门的工作，从普通员工干起，后勤、打杂、放映、摄影乃至发行，做得都很出色。通过这个过程他对电影的运作了如指掌。悟性极好的他抓住了探寻电影业的机会，很多技术方面的问题，几乎一学就会，很快上手，甚至无师自通。正因为如此，日后在技术上谁也难不倒他。有了基层工作的锻炼，有了“吃苦”这人生第一课的磨练，邵醉翁感觉六弟成熟了，特别是摄影技术可以独当一面挑大梁了。于是告诉他：从今以后，你就做摄影吧。

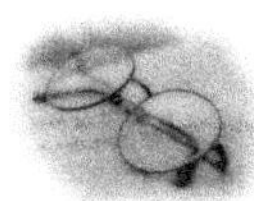

得到大哥的肯定，邵逸夫的干劲更足了，邵逸夫在当时天一公司的头牌摄影师徐绍宇的指导下，尽心尽力，拍摄了一部上下集大片《珍珠塔》，这是一部天一公司重点推出的大片，耗资巨大，演员阵容强大，大牌红星蝴蝶、吴素馨等联袂出演，邵醉翁亲自任导演，影片一经推出，大获成功。

邵逸夫的名字第一次出现在银幕上、宣传海报上的演职人员表上，终于，邵逸夫完成了从普通员工到专业工作挑大梁的转变，努力终于获得回报。随着《珍珠塔》的旗开得胜，邵逸夫正式成为了天一公司的摄影师，能独当一面了。

邵逸夫从最卑微的底层职位做起，一步步脚踏实地奋斗，最终成为电影公司的大老板。他熟悉电影制作几乎每一个方面和环节的工作，从剧本、摄影到导演、演员的选聘以及化妆、剪辑，他样样在行。

邵逸夫的成长经历告诉我们，凡事从小事做起，做精，做实，才能做强，做大。“海不择细流故能成其大；山不聚细壤方能就其高。”正视开端，任何大的成功，都是从小事一点一滴累积而来的。没有做不到的事，只有不肯做的人。我们只有从身边每一件小事做起，这样才能成就大事，从而获得成功。

“自古英雄多磨难，从来纨绔少伟男，”纵观古今中外，多少名人志士的成长经历告诉我们，凡是少年时期勤勉立志吃苦耐劳者，总会孕育出不畏艰难的拼搏精神；又有多少平庸之辈，终因少年时期受宠安逸，而成为软弱怠惰者。归结到一句：勤勉出人才，恃宠出俗子。会做事的人，不论位置高低，都会成功。吃苦、敬业，这是成功的最佳秘诀。

人年轻的时候，有一种不怕输的性子，有一种世界那么大，任我闯天下的倔强，正是这种精神鼓励着年轻的邵逸夫一次次把梦想变成现实。

我们当今的很多大学生，在学生时代也有着属于自己的梦想，也怀着无限憧憬走进社会。只是刚刚步入社会的我们，和邵逸夫刚刚走进天一公司时一样，都是从最基层做起，刚开始的工作大多数是简单、枯燥的。一些年轻人难以接受这样的安排，他们觉得现实中平凡的工作和自己理想相距甚远，在懊恼与不满中，与自己最初的理想渐行渐远。另一些年轻人，像邵逸夫一样，迅速埋首在这些繁杂而琐碎的工作中，积累经验，获取知识，一步一步长成参天大树。年轻的你，要如何去实现自己心里最美的梦想，你，准备好了吗？

山不转水转

激烈的竞争开始露出端倪，电影《立地成佛》原本打算在中央大戏院隆重上映，但却与明星公司的排片档期发生冲突，首映不得不推迟进行。这是“天一”与“明星”结怨的开始。同时，也因为“天一”制作的一些影片影响了电影业的大市场，得罪了其他电影界同仁。

从1927年开始，越做越大的“天一”公司终于遭到上海同行的联合压制，爆发了上世纪20年代末那场声势浩大的“六合”与“天一”之争，即“六合围剿”。这是中国电影史上第一场大规模“商战”。当时“明星”与“大中华百合”、“民新”、“友联”、“上海”、“华剧”五家电影公司组成的发行机构组成“六合影片营业公司”，为挤垮“天一”和其他小公司，建立自家公司的垄断地位。掌握“六合”实权的明星公司大老板周剑云制定了一条规定：任何发行商如与“六合”签了合同，就绝对不准购买“天一”出品的影片，以此控制片商，封杀“天一”。

然而，事物总是一分为二的，正所谓“失之东隅，收之桑榆”，或许邵醉翁回忆往事的时候，还要感谢当时年轻气盛的周剑云，正是他的无

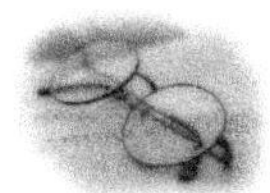

情逼迫，才使得“天一”寻找新的转机，从而走出国门，远赴南洋发现了一片“新大陆”，建立起“邵氏影业”这个东方电影帝国；同时，开赴南洋，也为躲避日后的战争影响，开辟了新市场。

但现实，“六合围剿”杀伤力不小，同时造舆论说“天一”粗制滥造，败坏了民族电影业，“天一”果然损失了在上海的部分市场。是隐忍负重，甘愿受损，还是奋起反击，杀出重围。进与退，如何选择？

邵醉翁把兄弟几个召集在一起，商量对策。他们创业初期的艰辛、收获成功的喜悦，一幕幕如同电影浮现在眼前，邵氏家族此时的全部家底、主要事业都放在电影上了，他们已没有了退路。况且，事业已经有了基础、招牌已经打了出去，此时就这么拱手让人，半途而废，也绝不甘心。

果然，他们选择了反击，最后商量的结果——山不转水转。别出心裁，另辟蹊径，走出国门，毕竟天无绝人之路。事实证明，他们的选择是正确的。

走出国门，但是到哪里去呢？他们弟兄商量的结果——目标：南洋。

南洋是明、清时期对东南亚一带的称呼，是以中国为中心的一个概念。包括马来群岛、菲律宾群岛、印度尼西亚群岛，也包括中南半岛沿海、马来半岛等地。

邵醉翁不愧是精明的职业商人，他的选泽实际上是基于深层考虑的——

第一，这是摆脱目前“六合围剿”的最佳手段，以退为进，另辟蹊径，这是以弱胜强的法宝。

第二，在新加坡、马来西亚等东南亚国家，华人比例都很高，很多地方都可以看到中华文化的影子。他们说中国话，看中文报刊，喜欢中国戏，中国影片在这里很受欢迎。况且，在南洋，天一公司的电影有基础，开辟市场的风险小。

第三，国内的战火一旦由北向南蔓延到上海，南洋就是唯一退路，如此以来，可以保全邵氏家业，减少损失。

1926 年，大哥邵醉翁独特的眼光再次让邵氏影业转危为安，甚至拔得头筹。在大多数的电影公司还在上海竞争激烈时，大哥邵醉翁已经把眼光放到了国外。1928 年的春天，邵氏为分散公司风险，邵山客也就是邵仁枚独闯南洋寻找商机。不久，一封来自南洋的电报改变了邵逸夫的命运。刚刚中学毕业准备考大学的邵逸夫受大哥派遣，应三哥之邀，前往新加坡协助三哥邵仁枚开展发行工作，开拓南洋电影市场。

从此，邵逸夫的命运从这里改变，注定其一生与电影业的不解之缘。

21 岁的邵逸夫正式出山，不再是兼职，而是以一个堂堂男子汉的壮志，跟随哥哥们一起开始闯入 20 年代的中国电影业。

那是一段充满挑战、充满辛酸、也是无比欣然的岁月。邵逸夫和三哥邵山客开始了南洋的电影创业生涯，在南洋打拼出的深厚情谊一直保持到三哥离世。

那时候，在新加坡和马来西亚的乡间地头，邵氏兄弟俩带着一架破旧的无声放映机和“天一公司”出品的影片，在举目无亲的南洋乡村巡回放映。他们几乎跑遍了新加坡和马来西亚的角角落落，冒着被毒蚊叮咬的危险，挑着放映电影的担子，转战在割胶场等华人聚集地。无论酷暑、寒冬，骄阳、风雨，坚持深入到每一个华侨众多的农场、地头，走村串户去放露天电影。那时的电影放映设备很落后，要用手工一格格地摇片子，一场电影放下来，常常累得腰酸手痛。但他们坚持了下来。邵逸夫一格格地摇着影片，也摇出了自己在南洋的电影天地。

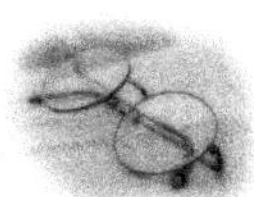

邵逸夫在南洋一待就是 30 年。两兄弟可谓艰苦创业，他们不仅走遍了新加坡和马来西亚的大小乡镇，不辞劳苦奔走乡镇做流动放映的小生意，在南洋华人聚集地“打一枪换一个地方”，专门放映“天一”出品的电影，让“天一公司”在南洋渐成名气，更为可贵的是，他们还学着开设并运作电影院和游艺场，丰富了电影业务，终于由露天放映到经营戏院、发行，再至设立制片厂专拍马来西亚电影，后来又拓展到做游乐场和舞厅的生意。

他们历经磨难，备尝艰辛，艰苦的穷乡僻壤留下了他们辛勤创业的身影，使“邵氏”成为当地首屈一指的发行商。期间虽经日军侵袭战乱，总算熬过难关，终于在 50 年代，新加坡的“邵氏兄弟”有限公司达到鼎盛。在邵氏兄弟齐心协力共渡难关的时候，“六合”却因内部纷争而解体，邵氏兄弟赢得了最终的胜利。

这段酸甜苦辣的日子深深印在了邵逸夫的脑海中，多年以后，他回忆起这段经历依然是感慨万千，他说：在那样的生活中，我学到了许多东西，这些东西让我一辈子受益。如果我不经历这一段生活，不会有今天，现在的年轻人，心很高，学问也很深，但是不能够吃苦，是一大缺陷。

也许那时的邵逸夫，也会抬起头，看见南洋上空漫天的繁星，他清楚地知道，夜空中最亮的那一颗，就是照亮他梦想的一颗，唯有坚持不懈，不断奔跑，才有可能靠近它的光亮，才有可能让梦想的光辉照进现实。

成功的道路上，那些为梦想奋斗，锲而不舍的追求者，总留给我们太多的感动。同样在电影界，在大洋彼岸，一位出生在美国贫民窟的穷困潦倒的年轻人，也在为自己的梦想苦苦挣扎着。在他把口袋全部的钱加起来，都不够买一件像样的西服的时候，仍然执著地坚持着心中的梦想——他想做演员，想拍电影，想当明星。

当时，好莱坞有500家电影公司，他根据自己的路线与排列好的名单顺序，带着自己写好的，量身定做的剧本前去一一拜访。但第一遍下来，所有的500家电影公司竟没有一家愿意聘用他。面对百分之百的拒绝，这位年轻人没有灰心，从最后一家被拒绝的电影公司出来之后，他又回去从第一家开始，继续他的第二轮拜访。

在第二轮的拜访中，他仍遭到了500次的拒绝。他又回到原点，第三轮的拜访结束仍与第二次相同。这位年轻人咬牙开始他的第四轮拜访。

这次，当他拜访完第349家后，终于，第350家电影公司的老板破天荒地答应他留下剧本先看一看。几天后，年轻人获得通知，请他前去详细商谈。在这次商谈中，这家公司决定投资开拍这部电影，并请这位年轻人担任男主角。

这部电影名叫《洛奇》。这位年轻人叫席维斯·史泰龙。

1977年凭借电影《洛奇》，史泰龙获得第49届奥斯卡和第34届美国金球奖最佳男主角和最佳编剧奖提名。今天，翻开任何一部电影史，《洛奇》与这个日后红遍全世界的巨星史泰龙都榜上有名。1849次的拒绝终于迎来了最终的成功，这就是锲而不舍，它告诉我们，谁都不能随随便便成功。

正如丁玲所言：人，只要有一种信念，有所追求，什么艰苦都能忍受，什么环境也都能适应。吃苦是一种财富，总会兑现。

第一次取经：有声电影

美国最负有盛名的管理学大师托马斯·彼得斯有一句名言——距离已经消失，要么创新，要么死亡。创新就像是一个企业的生长素，没有

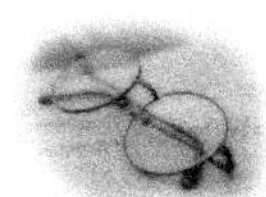

它，企业就无法走向更高的巅峰。

1930 年，邵氏兄弟在新加坡成立“邵氏兄弟公司”。那一年的邵逸夫只有 23 岁，但他勤奋又肯钻研，对电影制片业务的各个环节了如指掌，甚至可以自编自导。

20 世纪 30 年代，有声电影已成为一个全球现象。其美妙的音画同步带来的震撼，为电影的发展创造了无限的良机。有声电影实际上在美国发明 4 个月后就传到了中国，1926 年 12 月，上海百星大戏院和虹口大戏院首次放映了有声短片并展览了有声电影器材。第一家装有有声电影放映设备并公开放映有声电影的是上海夏令配克大戏院。1929 年 2 月 4 日，该戏院放映了美国电影《飞行将军》。

而此时美国的经济危机冲击到了南洋，不少影院倒闭，邵逸夫在南洋的生意受到波及。生意日渐冷清，观众渐渐稀少，危机在临近。

邵逸夫清醒意识到，尽管已经在新加坡、马来西亚建立起邵氏影业基础，但与欧美国家的有声电影相比，自己的无声电影肯定会受到冲击，迟早会被淘汰，要想继续做大盘活邵氏电影，必须紧跟潮流，不断创新，跟上时代步伐。但仅仅放映有声电影还不够，初期美国有声片技术尚不成熟，声音模糊、质量低劣，给人不良印象，必须自己拍摄自己的有声电影！但这是个高投资的冒险计划，需要进行设备更新、开发新的技术力量等。

面对萎缩的市场，邵逸夫的想法是：“现在大家都困难，舍不得拍有声电影，我们正好乘虚而入！”于是，他向三哥提议去美国好莱坞取经。邵山客十分高兴，邵醉翁也称赞六弟有气魄、脑子活。事后证明，邵逸夫的远见卓识，在后来的商战中屡建奇功。

法国大文豪雨果曾经说过：进步，意味着目标不断前移，阶段不断

更新，它的视野总是不断变化的。

1931 年，24 岁的邵逸夫启程前往电影的天堂——美国好莱坞，去这个电影业最发达的国家购买有声电影器材。之所以他要亲自去，当然不仅是购买有声器材，更重要的是学习技术、经验，开阔眼界。

远渡重洋，在那样交通还不发达的年代，是需要魄力的。因为很多人或许去了就不一定能回来。

谁也不曾想，在邵逸夫的创业路上一开始就这般艰难曲折、惊心动魄。

在轮船即将驶入美国西海岸时，“轰”的一声巨响，轮船触礁了，海水排山倒海般涌入船舱，轮船迅速下沉，人们都慌乱地挤出舱外，水不断地涌了进来，整条船上都是尖叫一片，无数的生命顷刻间消失在苍茫海水中。邵逸夫瞬间意识到，他遭遇了所谓“深海魔鬼”的浩劫——海难。

邵逸夫无疑是幸运的，落水的邵逸夫幸运地碰到了一小块木舢板，正是凭借着它，邵逸夫大难不死。海明威在《老人与海》中写道“一个人可以被毁灭，但不能被打倒”。邵逸夫紧紧抱着这块小舢板，在冰冷得令人窒息的茫茫大海上漂泊一夜后终于死里逃生，获救生还，创造了他人生的第一个奇迹。

“天降大任于斯人也，必先苦其心志，劳其筋骨，饿其体肤，空乏其身，行拂乱其所为，所以动心忍性，增益其所不能。”或许真的如此。

有非常之人，然后有非常之事。有非常之事，然后有非常之功。邵逸夫在美国大开眼界，好莱坞电影基地的现代化设备，庞大的阵容极大震撼了他，他下决心要在中国开创一座像好莱坞一样的属于东方人的“电影梦工厂”。

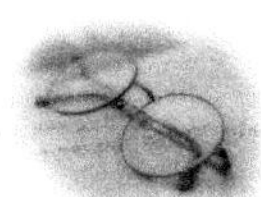

从死神中逃离回来的邵逸夫，不负兄长所托，从美国好莱坞买回所需的全套有声设备——“讲话机器”，马不停蹄地回到新加坡后，即刻开始改造影院，安装设备，开创南洋地区有声电影新时代。

1932 年，邵氏兄弟在香港摄制完成第一部有声片《白金龙》，由粤剧名伶薛觉生担任主演，邵逸夫自己担任制片和导演。《白金龙》开创了中国电影从无声进入有声的新时代。这部电影为邵逸夫大规模进行电影制作闯开了道路，邵逸夫成了中国电影史上有声电影的开山鼻祖。那时，邵逸夫才二十几岁，而他在电影方面的才华已开始逐渐显露出来。

《白金龙》放映时曾轰动一时，据说有一次放映时，观众硬是想把留声机砸开，要看看是不是有人藏在里面。

邵逸夫大胆地尝试了有声电影，做了第一个吃螃蟹的人，用自己的勇气和智慧，推动了中国电影的发展。试想如果没有《白金龙》的大胆尝试，也许我们永远没有机会看到邵氏兄弟后来的辉煌灿烂。前人栽树后人乘凉，今天我们在享受电影饕餮盛宴的时候，是否还会记起这位曾经让我们的光影世界充满美妙声音的大师呢？

创业需要勇气，而创新则更需要独到的眼光和智慧。艺术创新更是延续生命的永恒主题。因为不断创新，让齐白石老人五易画风。他永不满足，不断汲取历代名画家的长处，改变自己作品的风格。他 60 岁以后的画，明显地不同于 60 岁以前。70 岁以后，他的画风又变了一次。80 岁以后，他的画的风格再度变化。正因为白石老人在成功后仍然马不停蹄，所以他晚年的作品比早期的作品更为成熟，最终形成独特的流派与风格。

勇于创新的邵逸夫无疑开创了中国电影从无声进入有声的新时代。经过他们的不懈努力，1937 年抗战前夕，邵氏在新加坡、马来西亚、爪哇、越南、婆罗洲等东南亚各地已拥有 110 多家电影院和 9 家游乐场，并建立了完整的电影发行网，称雄东南亚影业市场。当时“天一”在上海，邵氏兄弟在南洋，他们南北呼应，分工协作，共同打造邵氏家族的电影王国。

再次取经：彩色电影

邵逸夫在南洋拼搏30年，他和三哥把“邵氏兄弟公司”的制片发行业务搞得热火朝天，使邵氏公司成为南洋首屈一指的大发行商。但此时，邵逸夫真正的辉煌事业还没有开始。

1948年，邵逸夫二哥邵邨人与儿子经营的“邵氏父子公司”在香港成立。这是由其前身南洋影片公司改组而来的。邵邨人虽有踌躇满志、大干一番的气势，但个性上锱铢必较的吝啬性格，让他失去了良机，失去了市场。他被当时的电影业龙头“电懋”公司打击得无还手之力，只能在夹缝中求生。

为此，邵逸夫忧心忡忡，邵氏在香港的最后一块地盘，怎么守得住？他陷入了深思……

电影的发展和市场需求密不可分，无论从无声到有声都是技术进步的结果。现在，之所以陷入被动，除了同行打压之外，自身管理经营理念存在问题才是根本原因。要紧跟时代潮流、洞悉市场变化，不断追求高质量，提升电影竞争力。邵逸夫意识到，彩色作为一种电影元素的出现，为电影的表现提供了广阔的天地。电影由黑白到彩色将再次引爆观众的热情。

自己原来购置的电影器材已经大都陈旧老化、落伍了，要想在竞争中站稳脚跟，真正地发展壮大，必须率先购置世界上最先进的拍摄机器。

古人云：“工欲善其事、必先利其器”。意思是，工匠要干好自己的

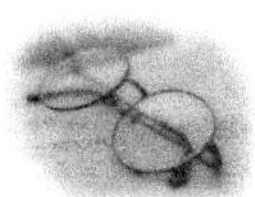

活儿，一定要先修整好工具。用“工欲善其事、必先利其器”，来描述邵逸夫的竞争发展思路可以说恰如其分。对邵逸夫而言，更是在实践中得到过成功印证。

邵逸夫和三哥商量得到赞同之后，1950 年，他又一次远涉重洋，第二次劈波斩浪到大洋彼岸购置电影器材。时光匆匆而过，这一次距离第一次去美国已经快 20 年了，邵逸夫已经走近中年了。

毫无疑问，这一次的远征与第一次相比，邵逸夫收获得更多。这一次，他不仅去了依然是盘踞世界电影老大地位的美国，还去了欧洲、去了澳大利亚，他贪婪地学习着国外先进的经验和技术，一切新观念、新思维、新方法都让他耳目一新。

两次欧美之行，让邵逸夫深受震撼，让邵逸夫大开眼界，增长了见识，也对电影行业有了进一步的认识，也明白了构建电影工业蓝图的诸多要义。有了先进经营观念的武装，带着先进的电影器材，邵逸夫又一次站在了发展的新起点。有声有色、再创辉煌！

时年已经 50 岁的邵逸夫在 1957 年来到香港，接替他二哥邵邨人的位置，全面主持“邵氏父子公司”的制片业务，以抵抗“电懋”的步步紧逼。

邵逸夫接掌“邵氏父子公司”之后，实施了一系列的重大举措，他首先斥资 700 万港币在清水湾兴建邵氏片场，先后花重金从“电懋”等公司挖取名角儿，还四处网罗人才，壮大邵氏的内部力量。1958 年，邵氏兄弟（香港）有限公司成立，邵氏此时下大资本拍大片，投重资拍彩色影片，观众趋之若鹜。《江山美人》就是在这种情况下产生的，成了那一年香港最卖座的中文电影。

随着邵逸夫开创了有声有色的电影事业，香港电影也迎来一个全新的时代。

人生由你打造

任何事业的发展，从来都不是一帆风顺的。随着邵氏有声电影在中国和东南亚取得的巨大成功，邵氏兄弟接二连三地遭遇了竞争对手的阴险破坏，无论是在九龙片场发生无因大火，还是在无人敢入内的重地——电影拷贝的片库被人纵火，再后来，邵逸夫被日军抓去成为囚徒差点儿送命，这些打击虽然中断了邵氏电影事业蓬勃发展的脚步，但邵逸夫始终没有放弃对电影事业的执着！即使在最困难的时候。

邵逸夫曾经说“邵家的电影绝对不能败在我们这一代人手上，不仅香港电影公司不能名存实亡，就是南洋好不容易发展了 30 年的电影业，也要把大旗扛到底才行，不然将来怎么对得起死去的父亲和在上海的大哥呢？”这就是邵逸夫成功的核心——自我奋斗和永不言败！

邵逸夫是和他的兄弟们一起白手起家，从最基层的电影放映工作慢慢走进电影市场的。人生在创业初期，总要经历些筚路蓝缕，总要体会些人间冷暖，从最微小的分子开始，像一颗小苗一样积蓄自己的力量，慢慢开辟属于自己的天空。为什么要努力奋斗？因为它可以激发我们的最大潜能，让我们认清自我，告诉我们自己能够成就什么，有什么可以奉献给他人。

吃苦、打拼，邵逸夫对创业、成功的认识和历尽波折的奋斗历程，给了当今中国刚刚成长起来的“富二代”们再好不过的借鉴。正如陶行知说过的，滴自己的汗，吃自己的饭，自己的事自己干，靠人，靠天，靠祖上，不算是英雄好汉。

父母留给子女最珍贵的财富，不是巨额现金与豪宅，而是让他们学

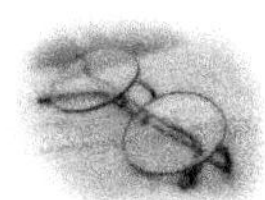

会独立、奋斗和坚强。具备由奢入俭的勇气与胸怀，人生才有可能精彩！才不会陷入“豪华的家境，贫乏的人生”之窘地。

年轻的一代创业，不仅要有梦想，有动力，有智慧，有真知，更需要有勇气、有担当，敢吃苦、能吃苦。很多像邵逸夫先生一样的成功人士，他们都是从最简单最辛苦的工作开始打拼自己的事业的。

放眼全球，国外不少顶级富豪的后代却有着很不一样的人生。他们或不屑以老爹为靠山，或不愿生活在父辈的光芒之下，走一条迥然不同的属于自己的路。那些看上去庞大的巨头企业，在他们后面也有着属于自己的成长故事，他们从事的行业虽不尽相同，但吃苦、勤奋的精神是相同的。这些成功者的人生经历，今天细细品味，依然感动人心。

股神的儿子不拼爹。颇有成就的音乐家和作曲家，美国知名音乐制作人、美国电视界最高奖项艾美奖的获得者彼得·巴菲特在他的《人生由你打造》一书中，以亲身经历告诉人们，即使他的爸爸是“股神”沃伦·巴菲特，他依旧“流自己的汗，吃自己的饭”。他说，这是父亲留给他唯一“真正的东西”。

彼得生于1958年5月，当时巴菲特已经事业有成，家境优裕，家里有丰富的藏书，还有钢琴等乐器。小彼得六七岁时，就对音乐如痴如醉。他的乐感非常强，音乐是他的心情。心情不佳时，弹奏一曲，于是，轻快的旋律被他弹得像哀乐，家人因此常常用音乐判断他的心情。

小学四年级时，学校举办了一次飞机模型比赛，为了参赛，彼得到父亲的公司做了15天“清洁工”，用这笔收入为自己购买了一架飞机模型。

19岁那年，彼得得到一笔不算多的财产。这是来自于出售一处农场的收益，并转换成了他父亲旗下公司的股份。他变卖了手里的股票，得到了约9万美元。彼得退了学，用这笔钱开始了他的音乐之路。

他至今记得挣到第一笔钱的感受："第一次配乐，不知道自己能否成功，内心很焦虑、苦闷。当我拿到100美元的稿费时，我哭了。我将这100美元放在镜框里，挂在墙上，每天看到它，就给了自己一种动力。"

1991年，彼得导演的影片《与狼共舞》，获得了第六十三届奥斯卡最佳音乐和最佳音响奖。

2008年，巴菲特第一次在公开场合听了儿子的音乐会。他只说了一句话；"我是来看看我(给儿子)的钢琴课投资，得到了什么。"台下掌声雷动。

只有通过自己的努力才能获得真正的满足感，这是父母的财产无法给予的。经济浪潮起起伏伏，唯有人的价值观是最稳定的货币，它永远不会贬值、破产，并为我们带来最丰厚的回报。

巴菲特的教育观发人深省。对富家子弟而言，生活就像是一次使用无额度限制信用卡的漫长购物之旅。然而，这真能无所顾忌吗？假如富贵家庭却身也有很多劣势，假如富家子弟花钱如流水而又不谙生财之道，假如取款机有朝一日空空如也……再好的外界条件也无助毫无自身动力的人成功。所以，富豪的子女也要学会挣钱！更要有社会责任感！

保•特纳在美国是一位颇有影响力的环境保护人士，然而他的爸爸比他的名气更大：CNN（美国有线电视新闻网）创始人、前总裁坦德•特纳，福布斯财富榜上有名的亿万富翁。本来可以在父亲的荫庇下子承父业，但是他没有这样做，而是选择了一条与父亲截然不同的道路：充当环保教育先锋。他的梦想就是让所有的孩子都能够聆听自然的声音、亲近自然。

他成立了"特纳青年环保中心"，并且和"佛罗里达鱼类以及野生动

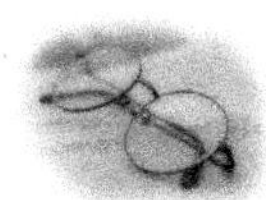

物保护协会”结成同盟。这个环保中心的宗旨是通过课程、活动培养青年的户外生存技能，向他们灌输尊重自然的意识，然后教会他们有关生态系统的知识，让青年们掌握保护生态环境的技术。这个机构的职员透露，保·特纳从组织成立伊始的每一步都亲力亲为，甚至还免费为青年学员们讲课。这个中心举办的活动包括在池塘里钓鱼、提供剑术课程、学习用来福枪射击、观察野生动物等等。

不仅仅是保·特纳，坦德的五个孩子都为环保事业作出了贡献。“特纳青年环保中心”现在已经具有了示范作用。但保·特纳透露，这只是他宏伟计划的其中一步。他还计划利用它的影响力在全国范围内甚至在南美洲地区成立更多的环保教育机构。《纽约时报》将保·特纳称为美国最有影响力的环保人士。

如今的中国，富人家的孩子多是在“泡沫优势”中长大的一代，面对竞争日益激烈的就业市场，这些孩子尚未做好准备。他们成不了优秀的投资者，缺乏竞争高级职位的杰出能力，与出身一般家庭的孩子相比，他们缺少强烈的必胜信念，没有对成功的强烈渴求。如果不有所改变，这些富家子终将消耗祖辈创下来的家业，坐吃山空。正如历史验证的那样，美国大部分被继承的财富终将回到真正勤劳致富的人手中。也就是说，财富传承最后都是动态的，而非世袭的。

眼下，中国有一个词很盛行：“拼爹”。社会进入了病态的拼爹时代，一些青年在上学、找工作、买房子等方面比拼的不是自己的能力，拼的是各自的父母。在教育资源有限的前提下，既得利益者从不公平中获得好处，就等于剥夺贫困者受教育的机会，有家庭背景的学生靠权力、金钱获得择校机会，就等于让下层家庭学生失去接受更好的教育的机会，在一加一减之中，埋下了学生将来在就业、生活方面的种种不公，且这种不公平不断被固化。一个人不是依靠个人的努力，而是依靠“拼爹”，获取本不该自己获得的东西或机会。难怪社会会发出这样的哀叹：学好数理化，不如有个好爸。

放眼当下，我们年轻的一代，大多不是吃苦的一代。从小成长的优越环境，让年轻人虽有着大大的梦想，却缺少坚实的臂膀和勤奋的双手。我们不缺乏发现机会的眼睛，却似乎总是缺乏把握机会的勇气。邵氏家族和这些睿智的成功者的奋斗历程是我们宝贵的人生励志教材，应当引起青年一代的思考。

人生起点不重要

起点不重要，比起点重要的是梦想以及如何实现梦想。只要够努力，低起点也同样可以获得成功。

中学毕业的邵逸夫，在自己家族企业里虽然有大哥的关照，但开始做事时只是片场中一个跑腿的普通员工，而且，在这个底层岗位一干就是两年。这段时间里，他几乎干遍了天一公司所有的部门职位，无论是打杂还是从摄影、编剧到导演，正是有了这两年的积累，邵逸夫对电影制作的每个环节都非常熟悉，从此打下了他后来事业腾飞的坚实基础。有谁能想到，这个普通的年轻人能成就其一生辉煌的资本竟是最基本的下基层式吃苦打拼、埋头苦干的精神。

沧海桑田，时代在变，但追求成功的心不变，成功的精髓不变。当然，那些站在职场低起点的人，并不都能获得更多的关注和鼓励，甚至遭受种种非难与歧视，因此，他们的成功虽不易，但一定更精彩。

今天，当我们透视一个个低起点成功的经典案例，无论是邵逸夫、李嘉诚还是宗庆后、曹德旺、李书福、马云，这些人在不同的时代、不

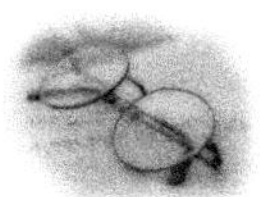

同行业领域用辛勤的汗水为我们诠释了成功的秘籍。人生起点的高低不是成功的必然要素，人生的成功其实是由一系列的平凡铸就的。

下面我们看看这些例子——

他刚上初中的时候，父亲因劳累过度不幸染上肺病，他一边照顾父亲，一边拼命温习功课，然而父亲还是没能熬过去。作为长子，他不得不无奈地结束学业，挑起赡养母亲、抚育弟妹的重担。他的第一份工作是在舅舅的中南钟表公司当泡茶、扫地的学徒。他每天总是第一个到达公司，最后一个离开公司。他坚信，力求更好的自己，才能创造更好的未来。后来，他的名字被世人熟知，他是全球华人首富李嘉诚。

他小时候家里很穷，很长一段时间家里一天只能吃两顿，即使是两顿，还都是汤汤水水，根本填不饱肚子。他九岁才上学，念到十四岁，因为家境实在太艰难，不得不辍学回家。母亲向生产队申请领养了一头牛，于是他开始了他的第一份工作——当放牛娃，他一天能挣两个工分。他知道唯有知识才能改变命运，于是他一边放牛，一边如饥似渴地读他能借到的所有图书。后来，他创办了福耀玻璃集团，成为中国第一、世界第二大汽车玻璃制造商，他叫曹德旺。

他初中毕业以后，为了减轻家庭负担，在舟山马目农场当起了挖盐工，每天的工作就是在海滩上挖盐、晒盐、挑盐。单调的生活让他很失落，他总想着要出人头地，可是现实却给了他狠狠一击，为了排解心中的苦闷，他就四处找些书来看，希望能从书里找到出路。一起挖盐的工友瞧不起他，工作累得要死，还装什么清高看书。工友的挖苦激起了他对成功的强烈渴望。后来，他成为了娃哈哈集团公司的董事长，他是宗庆后。

1993 年的盛夏，他提前修完学分，成为当年复旦大学十八名提前毕业的学生之一。然而，满怀抱负的他却被分配到陆家嘴集团公司做幻灯放映员，他的工作就是每天在一间小房子里放映有关集团情况介绍的录像片。这么简单的工作，只要不是傻子都能胜任，他的才智和抱负无法施展，理想和现实的巨大落差让他在心里憋足了劲，发誓一定要改变这个现状。后来，他成为中国网络游戏产业的奠基人和领军人物，缔造了一个白手起家的创业神话，他就是陈天桥。

他在浙江台州的一个偏僻落后的小山村长大，19 岁高中毕业后，父亲给了他 120 块钱让他自谋生路，他就买了一个小照相机，骑着一辆破自行车满大街地问别人需不需要照相。开始的时候，大家都用奇怪的眼神看他，要照相不会去照相馆？而且这小伙子这么年轻，技术到底牢不牢靠？但他敢闯敢拼，又豁得出去，不惜赔上胶卷让别人免费试拍，半年后就赚够了正式开照相馆的钱。他就是现任吉利集团董事长李书福。

从小到大，他的功课都不是特别好，小学和中学上的都是三四流的学校，初中考高中的时候考了两次才考上，第一次参加高考，数学才考了 1 分。高考失利后，瘦弱的他做起蹬三轮车的工作。这份工作既辛苦又赚不到钱，可是他还是很满足，认为能养活自己就已经很好了。直到有一天，他拉着客人到金华火车站，无意间捡到了一本书，是路遥的《人生》，拉客的间隙他看完了这本书，认为自己的人生不应该这样度过，于是他费力千辛万苦考入了杭州师范学院。后来，他先后创办了阿里巴巴、淘宝网，他叫马云。

这些成功人物，他们人生中的第一份工作，有些还不如我们，但最终我们却被远远地抛在了后面。在人生的道路上，起点固然重要，但比起点更重要的，是梦想，以及为梦想付出的努力。

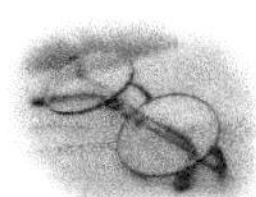

我们无法选择自己的出身，但可以选择自己的人生。现代社会提供了越来越多的相对公平的机会，如果我们想要活出自我，没有人能够阻拦。我们不必自卑，抱怨出身，也不必嫉妒富人，对于一个充满理想和激情的人，全世界都会为他铺路。

年轻的邵逸夫把青春留在上海天一公司的台前幕后；留在南洋一片片农场上的简易放映设备旁；也永远印在中国电影史上。无数曾年轻过的成功人士，最愿意回忆的不是功成名就之后的光鲜亮丽，而是那段有些酸涩，有些无奈，甚至算不上光彩的青涩岁月。那里留着他们奋斗的影子，在那里他们真实的活过，在实现梦想的同时，也实现了自我。

年轻的我们，或者正在变得不再年轻的我们，趁我们还拥有生命，就让我们为最初的梦想，再好好地努力一把吧。别嫌弃自己现在所处的环境，别在意我们曾经历的不公和酸楚，把梦揣好，即日启程，好好地拼搏一回。在奋斗的路上，不要未来，只要现在。

邵逸夫的成功正在于他不在乎起点的高低，不计较工作的贵贱，不怨天尤人，而是以积极的心态，无比的热情投入每一项工作中，他人生事业的起点只是普通片场的跑腿工，他以平凡勤杂工的身份，锻炼了自己坚韧的个性，不怕苦的意志，为后来商海搏击打下了坚实的根基。

年轻，是每个人的资本，是一份筹码，是我们去拼搏、去闯荡的最好的理由。让我们用邵逸夫的奋斗精神激励自己，追逐自己的梦想，无论今天的你身在何处，相信明天的你，会收获灿烂的人生。

第3章

情爱：百年姻缘　爱的神话

婚姻是人生最重要的投资，起码石油大亨洛克菲勒是这样忠告世人的。股神沃伦·巴菲特也说过他一生中最重要的投资并不是买了哪只股票，而是选择了跟谁结婚，因为“在选择伴侣这件事上，如果你错了，将会让你损失更多。而且，损失不仅仅是金钱上的。”

那么，怎样的婚姻才算是成功的投资？这就跟“一千个人心中有一千个哈姆雷特”一样，没有标准答案。虽然婚姻作为建立基本家庭关系的契约形式，永远无法摈弃物质，婚姻必然具有功利性，但婚姻是投资不是投机。“与谁结婚”影响着夫妻双方一生的幸福。擦亮你的眼睛，做对了这门投资，理好这门财富，才可能收获超级回报的人生。

窈窕淑女，君子好逑。这种喜爱，首先是生理上的需要，上升到心理层面的爱情则是另外的事情。再要升华至谈婚论嫁，那更是一种理智的选择。富人之所以成为富人，其智商一定不低，情商肯定不俗，财商更是超凡。他们是一定能把性爱、情爱和婚姻分得清清楚楚。

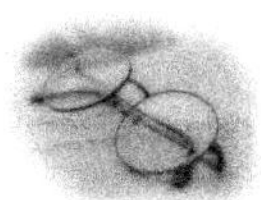

初恋黄美珍

爱不需要解释，却又可以解释一切。

被誉为娱乐大亨的邵逸夫，因为他的职务人们似乎习惯了这样的画面：被港姐簇拥着，被美女包围着，偎红倚翠。但实际上，邵逸夫超过百年的一生共有过两段姻缘，正如邵逸夫所说，风流不下流。他现实生活中的爱情故事，也像其制作的电影一样充满了浪漫，且更具传奇色彩。可谓事业有雄心，生活有大爱！一切让爱做主。

邵逸夫的第一次婚姻，是与前辈女友、新加坡富商之女黄美珍，一见钟情，之后冲破世俗，结为连理的。

1937年，30岁的邵逸夫与年长他5岁的黄美珍在新加坡结婚，两人育有四个儿女：两子两女，长子邵维铭、次女邵素雯、三女邵素云及幼子邵维钟。这段婚姻走过了50年、半个世纪，直到1987年，黄美珍85岁时于美国洛杉矶病逝。

人与人的偶然相遇真的很奇妙，茫茫人海中，相遇是缘起，相识是缘续，相知是缘定。邵逸夫的两段婚姻都缘于人生美好的相遇。

那些年，邵氏兄弟凭借他们的勇气在新加坡的打拼已小有名气。当时，新加坡最著名的富豪余东璇先生十分赏识邵氏兄弟，经常邀请他们到家中做客聊天。

一天，他们应邀来到余府，余东璇亲自出门迎接，这次，身旁还站着一位端庄大气的高贵典雅的美貌女子，只见她身着白色连衣裙、清新脱俗，温婉娇羞。这便是黄美珍小姐。

这位女子让邵逸夫心头一震，一见钟情。

吃过饭后，余东璇邀请邵山客在书房谈业务，商量合作意向，就让黄美珍陪暂时无事的邵逸夫到花园中游玩。

两个年轻人心情大好，在美丽花园中边走边天南地北地聊了起来，有创业的甘苦，有成功的喜悦。他们聊得最多的是电影。在淡淡的倾诉中埋着刻骨的柔情，一席忘情的畅叙，融合着心灵的回声。彼此都觉得有很多共同话题，大有相见恨晚之感，邵逸夫的心里是满满的的温柔。美妙的感觉让两个年轻人的心走到了一起。

第一次会面，在邵逸夫和黄美珍的心海中都泛起了涟漪。离开余府之后，黄美珍的倩影在邵逸夫眼前不断浮现，剪不断，理还乱，这种别样的滋味，让他第一次体会到了恋爱的感觉。思念成为两人抹不去的思绪，思念如微风吹拂脸面，如洪水滔滔不断，如寒冬阳光遍洒，如久旱甘霖浇灌。

后来，在余东璇的鼎力支持下，邵氏兄弟在新加坡挂牌成立了邵氏机构。不久，邵仁枚见弟弟的才干已能独当一面，便把新加坡的事业托付给邵逸夫，自己到马来西亚去开辟新市场。

邵逸夫每日忙于事业，黄美珍则被才华横溢、锐意进取的邵逸夫深深地吸引了。热恋中的人，一日不见如隔三秋，为了见到他，黄美珍经常借故到邵氏机构看望邵逸夫，不时还带一些礼物分发给员工，了解到哪个家里有困难，就想方设想为他们排忧解难，帮助邵逸夫积攒人脉，解决了不少问题。

初见为你倾心，再见为你痴心，两个人的心越来越近，一种超乎知己的莫名情愫在两个人心底不断升腾，如果有时间，两人就到公司属下的戏院看一场电影。散场后，邵逸夫总是主动送黄美珍回家，黄美珍不喜欢坐车，两人就边走边聊散步回去。从公司到余府的这条路上，留下

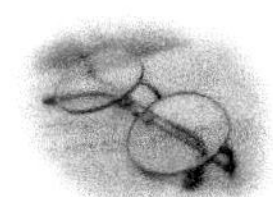

了不少这对年轻人爱情的足迹。

但这时邵逸夫却陷入了难解的纠结与愧疚中。

相知是缘定

邵逸夫一面享受着爱情萌芽的甜蜜，一面却又为这洪水般汹涌而至的感情深感不安。因为，黄美珍是余东璇的女友，而余东璇既是前辈，又对自己有恩。没有余东璇，邵氏的发展会出现很多麻烦，难道自己真是要忘恩负义、横刀夺爱？

三哥邵仁枚得知此事后，力劝邵逸夫放弃这段感情，而且指出黄美珍大他 5 岁，不合适。但邵逸夫并不认为年龄是什么障碍。“我爱黄美珍，我不想放弃”，邵逸夫坚定地说。

邵逸夫和黄美珍关系暧昧的闲话最终还是传到余东璇的耳朵里，余东璇却置之一笑，说：“美珍喜欢电影，有逸夫这个懂电影的行家陪着，这是好事。”余东璇的宽容让黄美珍心怀窃喜，她更多地参与邵氏机构的内部事务，并积极地出谋划策。1930 年，邵氏兄弟公司成立。

今天，我们无从探究当时余东璇的内心，但一样可以体会到，对干大事的人来讲，结交朋友，是一种储蓄；树立敌人，是一种透支。在浩瀚的时空里，能彼此相遇便已够幸运，我们不妨宽容，不妨豁达，因为人与人之间的芥蒂与私怨，在时间与生命面前，都渺小得如同大海中的浪花。有包容力的人才是生活的智者。

1931 年，邵逸夫决定尝试拍有声电影，他的这个大胆想法立刻得到了黄美珍的认同。在黄美珍的支持和鼓励之下，邵逸夫决定到美国考察。几个月后，当邵逸夫从美国带着大批器材回到新加坡时，黄美珍早已等候在码头。看着邵逸夫瘦了一圈，她心疼得说不出话来，两行清泪禁不住流了下来。这一刻再也不能等待，一对相思的恋人，情不自禁，紧紧地拥抱在一起。

1932 年，邵氏兄弟终于在香港摄制完成了中国第一部有声电影《白金龙》，开创了中国有声电影的新纪元。这部影片让邵逸夫赚了一大笔，并声名鹊起。尽管备受争议，邵逸夫和黄美珍却越来越感觉彼此再也分不开。

相守是缘满

终于有一天，邵逸夫鼓起勇气亲自来到余府，坦白地向余东璇倾吐了他和黄美珍相爱的事。余东璇听罢，沉默了片刻，哈哈大笑说："你们的事我早有察觉，君子成人之美，老弟既然和美珍真心相爱，就不用顾及这么多，难道让美珍一辈子陪着我这个老头吗？"邵逸夫对余东璇深深鞠躬！世上最难求的是爱情，最难还的是人情，最难得的是友情。

1937 年，30 岁的邵逸夫冲破世俗的种种陈见和约束，与黄美珍在新加坡举行了婚礼。那天，余东璇还送来了 50 万元的大礼表示祝贺。每次提起余东璇，邵逸夫就热泪盈眶，对这位宽厚仁慈的前辈心怀感激。结婚后，邵逸夫与黄美珍都十分珍惜这来之不易的婚姻。

1937 年，第二次世界大战爆发后，邵氏影院被摧毁殆尽。邵逸夫自己更因为"拍摄反日电影"被日本人关进大牢。黄美珍一边独力支撑家业，一边托关系找到原来在邵氏兄弟公司做事的日本人山本和中野，花重金请他们赶到日本宪兵部，替邵逸夫说话，才将他救出。

黄美珍伴随着邵逸夫走过了他事业和人生中最波折、动荡的时段。这份岁月磨砺出来的真情让邵逸夫深深感怀。

即便日后，身处娱乐圈的邵逸夫身旁不乏千娇万态，美女如云的诱

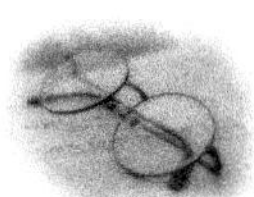

惑，他也会气定神闲、淡定从容，看似过眼云烟。黄美珍在他心中的地位从未曾动摇过：你是我的全部，一生的赌注。为你艰辛受苦，为你终身忙碌，我义无反顾，这些都是我的甜蜜和幸福！

创业之初，老婆是最好的同盟。黄美珍一心在家相夫教子，为邵逸夫生育了两男两女。他们走过了金婚，直到 1987 年黄美珍于美国洛杉矶病逝。虽然因为邵逸夫奔忙于事业，闲暇时间少，与妻子相守的时间并不多，但邵逸夫是长情的人，妻子在他心目中的地位无可替代。为了追忆亡妻，那一年，邵氏公司停业一年。

他们用 50 年风华灿烂的半世情缘兑现了：执子之手、与子偕老，执子之手、夫复何求的美好境界。

方逸华的出现

邵逸夫的第二次婚姻，是自发妻黄美珍逝世 10 年后，直至 1997 年，才与“同声若鼓瑟，合韵似鸣琴”的方逸华，在美国拉斯维加斯正式注册结婚，当时邵逸夫 90 岁，方逸华 66 岁。

谁是谁生命中的过客，谁是谁生命的转轮，前世的尘，今世的风，人生遇知己岂非幸事。方逸华，邵逸夫的第二任妻子，用了 45 年的爱情长跑，在人生 66 岁时嫁给了 90 岁的邵逸夫，创造了邵逸夫人生再一次奇迹。

他们的结识结缘要追溯到 1952 年的香港，一天夜晚，忙里偷闲的邵逸夫来到邵氏戏院楼上的夜总会听歌。在看得他昏昏欲睡，毫无兴致，正准备离开时，忽听主持人说：“下面请红遍南洋的女歌星方逸华小姐演唱。”

听了“方逸华”三个字，邵逸夫觉得相当耳熟，他挥手招来侍者问询。侍者告诉他：这位方小姐是最近红遍南洋的歌手。而此次，她就是

应新加坡演出商的邀请来港表演。

果然，一曲《花月佳期》终了，掌声雷动，一片叫好。邵逸夫特意让侍者送上一大束鲜花表示祝贺。演唱结束后，方逸华也特意换上一套素雅的旗袍，专程下来向邵逸夫道谢。两人一曲结下情缘，很快成为知己。

两人来到一间环境清静的酒楼，一起边吃夜宵边聊天。邵逸夫这才知道，方逸华比邵逸夫小了整整 24 岁。方逸华，原名李梦兰，又名方梦华。1931 年出生于上海，方逸华的母亲是 1930 年代上海的夜总会艺人方文露，而她自小就跟随母姓。遗传了母亲的窈窕身姿和美妙歌喉的她 17 岁就登台谋生，主要在香港高级俱乐部表演。

方逸华非常聪明，喜欢的歌听过一遍就朗朗上口、字正腔圆，俏丽的外表加上美丽的歌声，让她的名气越发高涨。

那一晚，两人交谈甚欢，似乎有缘的人就会相遇，他们遇见了彼此人生最美丽的意外：如春风带来清新，似阳光阴霾逐去。上天竟如此垂怜，令我都无法言语。在最需要的时刻，遇到了最美的你。

此后，因为选影片的工作原因，邵逸夫时常进出香港。每次来港，只要时间允许，他就会到方逸华的夜总会捧场。俩人在一起无话不谈，方逸华对邵逸夫谈起童年在上海的种种趣事，以及在南洋演出的种种见闻。邵逸夫入神地听着，偶尔一阵爽朗的笑声，一句睿智的话语，令方逸华感觉坐在眼前的不是一个高不可攀的电影大亨，而是一位亲切的兄长、一位和蔼的老师和一位幽默的朋友，可谓亦师亦友亦兄，此时的邵逸夫绝对是方逸华崇拜的偶像。

而随着交往的深入，邵逸夫惊喜地发现方逸华不仅人长得美，歌唱得好，而且颇有见的，更将她视为红颜知己。

有人说，红颜知己是绝顶聪慧的女孩，因为她们心里明白：一个女

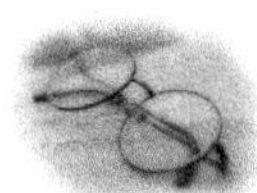

人想要在男人的生命里永恒，要么做他的母亲，要么就做他永远得不到的红颜知己。如果说老婆是太阳，情人是月亮；那么，红颜知己就是星星。而太阳和月亮虽然耀眼温柔，主宰白昼，但都有疲倦的时候，星星却没有，它不张扬自己，闪闪烁烁若即若离，甘于寂寞而又灿烂长久。

事实上，她理解他，愿为他默默分担，让他的心灵不再孤寂，令他欣慰。在她面前，男人可以是倦鸟也可以是浪子，可以疲惫、孤独、无助、逃避、懒惰，而她是能接纳他的黑夜，给他安静，做他恢复能量的加油站。

一个男人，假如生命中有一个刻骨铭心爱你的女人，又能有一个心有灵犀懂你的女人，夫复何求？

同时，她很感激命运，感谢上苍给了她这样一个人：一个让她在这个世界上不再孤单，不再寂寞的人，即使是痛苦，也胜过麻木和苍白。哪怕，他不会永远地陪伴在她的身边。

虽然，她不曾要求他为她做些什么，她却希望他能过得很好，同时她也知道他一样希望她过得很好，他希望她能天天快乐得像个蹦跳的兔子，他们都当对方的幸福是自己的幸福。这样一位豁达开朗而不存私心的红颜知己，那应该是生命的一道美丽的风景线，是一种金钱难以衡量的财富。

幸得人生一知己

1955 年，已经占领东南亚电影半壁江山的邵逸夫发现，影人没有摄影棚，等于工人没有工厂，邵氏要想在激烈的影业竞争中发展，必须建立自己的电影制片厂，便有意在香港建设“邵氏影城”。而这需要一大笔钱，因此他的想法遭到了邵氏在香港主持工作的二哥的强烈反对。对电影业无心恋战二哥写信，希望邵逸夫来港主持邵氏电影业。

1957年的初秋，邵逸夫离开了奋斗了30年的南洋，与合作了30年的三哥分手，从狮城来到了香港。这一年邵逸夫正好50岁，是孔子所说的“知天命”之年。邵逸夫却以万丈雄心进军香港，再图霸业。

来到香港之后，邵逸夫做了一件对他来说意义非凡的事情：向方逸华发出了邀请，请她来邵氏兄弟公司工作。

当时，方逸华的歌唱事业如日中天，是去是留？该如何选择？当时许多人都劝她不要离去。但她还是不顾一切地退出了歌坛，退出人们的视线，追寻这个发现她，让她认为值得相守、相付一生的男人邵逸夫。从此，方逸华与邵逸夫相伴40多年，无怨无悔将一个女人最宝贵的光阴、聪明才智和深情统统付给了邵逸夫和他的事业。

这里我们不得不佩服方逸华的勇气。思维的定势让我们失去太多的梦想和希望。自我设置的安全感让我们失去了梦想的翅膀。有时世俗成为人们无法逾越的山脊，没有胆量翻越，就难以发现山那边的奇妙，如同我们每个人都在自己的思维中设置了许多的围城，自作困兽，或作井底之蛙，在自己的意识中去思考别人，寻找所谓的安逸。

方逸华的这次选择是她人生成功的新起点。因为她知道：山懂水的缠绵；云懂风的洒脱；风懂花的妖娆；花懂雾的朦胧。一份难得的懂得，是微雨红尘外的那一抹嫣红；是杏花影间的那一份尘缘；是青山绿水旁的那一份等待；是驿外断桥边的那一眼回眸；是高山流水遇知音的心灵相通；是十八相送的依依别情；是牛郎织女的隔水相望；是你许我柔情几许，我许你两心不忘的永恒；是能够抵挡时光之厚重的无悔；是人生初识的相看两不厌。不言不语间，已是彼此心中今生来世的永远，人生跟定了你。

果然，聪明的方逸华没有让邵逸夫失望。自从进入邵氏公司之后，她全身心投入到工作中，每天是邵氏公司最早一个上班、最后一个离去

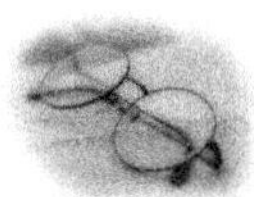

的人。她从邵氏企业采购部小职员做起，逐渐做遍公司的每个部分，对内调停，对外交际样样精通。方逸华的不辞辛劳和聪明、睿智让她很快成为邵逸夫在事业上的智囊与最得力的助手。

1957年，在方逸华的极力推荐下，邵逸夫动用了100万港币，大胆起用年仅30岁的李翰祥担任导演。年轻的李翰祥不负众望，以《江山美人》创下当时香港电影票房的最高纪录，并且囊括了第五届亚洲电影节五项大奖。之后，邵逸夫不惜重金，把《杨贵妃》、《梁山伯与祝英台》搬上了银幕。这两部巨片在香港、台湾以至东南亚一带掀起了中国片的狂潮。邵氏电影公司20多年间所摄制的影片达1000余部，旗下电影院达200家，每天观众大约100万人。邵氏影城全盛时期，员工超过1300人，被外国传媒誉为“东方的好莱坞”。

正当邵氏影业全盛之时，电影受到电视的挑战和威胁。这时方逸华又独具慧眼，建议邵逸夫花了一大笔钱去竞投无线电视的经营权，结果一举获得了巨大成功。也因此，奠定了邵逸夫在香港影视界无人可及的“教主”地位。

方逸华并不是那种攀附于树木的藤蔓，她以自己的行为证明了自己的能力和衷诚，也赢得了邵逸夫的怜惜与尊重。所以，虽然邵逸夫坐拥的王国中不乏出众的红粉佳人，但真正能让邵逸夫将公、私事都放心交代的，却只有方逸华一人。

发妻黄美珍病逝后，尽管大家默认邵逸夫和方逸华的结婚是迟早的事，但保养有佳、依旧健硕而且精明的邵逸夫面对记者的一次次追问都笑着以：“没打算”为由搪塞。而方逸华则表示，她敬邵逸夫为老师、老板、父亲、朋友和知己，以亦师亦友的方式相处，她十分珍惜这难得的缘分，不求更多。方逸华曾说过“结婚不结婚没有区别”。

因为在方逸华心中，邵逸夫就像是一本内涵丰富的书，她一直用心地读他，把最精彩的篇章珍藏在心底，他那深沉的爱，那温暖的呵护，让她倍感幸福，从来不把爱挂在嘴上，可他是她心中最爱的人：从来不曾告诉你，你是我心中最美丽的风景，一道让我深感幸福的风景，一道让我牵挂在心间的风景，我很幸运，我的生命中有一个你，因为有你，我的人生变得丰盈美丽，我知道在人生的路上，会遇到很多的风景，而你，永远都是我生命中，最美的，唯一的，那一道风景。

夕阳恋黄昏

对于方逸华的默默奉献，邵逸夫一直心存愧疚。虽然方逸华从未向他提出过结婚的请求，但他知道这是她多年的梦想，而他不愿意负了这个痴情的女人。于是，1997 年，在妻子黄美珍逝世 10 年后，邵逸夫终于决定再婚，迎娶已将女人最宝贵的 40 多年时间奉献给了邵氏的方逸华。

1997 年 5 月 6 日，90 岁的邵逸夫与 66 岁的方逸华在美国拉斯维加斯正式注册结婚。原来，在拉斯维加斯注册结婚，无须预约，只要付出 35 美元便即时成为夫妻。而且，香港政府是承认的。

此时年过 60 的方逸华与 90 岁的新郎老翁手挽着手，虽是一贯的香奈儿套装配上利落的短发，但脸上却有着属于新嫁娘的娇羞，心里到底是欣慰的吧。面对记者的惊诧和不解，邵逸夫毫不含糊地高声说：“我同方小姐做了多年朋友，又一起工作了 45 年，结婚不单带来了正式的名分，也确定了方小姐日后的幸福。”

对于这场婚礼，香港著名评论人查小欣这样说：方逸华需要的并不是庇护，而是尊重和认同。她追求的不过是在高大橡树旁边长成挺立的木棉：“她对他倾慕、感激、钦佩，而不是依赖、乞宠。一个真正高尚的

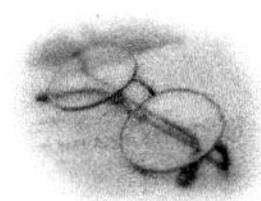

男人，最终会给她名分。”

崇拜始于爱，婚姻生活中对丈夫的崇拜就是一种爱的方式，它们不像电影情节一般夸张，也没有那么浪漫，只是一些生活的细节。比如邵逸夫与方逸华结婚后，他们原有的生活没有什么改变，不像普通夫妻那样长相厮守，邵逸夫和方逸华依旧住在各自的家，方逸华生活依然简朴，与两个妹妹和一只宠爱的小猫住在一座小洋房里。平日，两人一起在电视城上班，周日方逸华才会到邵家，和邵逸夫共进午餐，每次她大概逗留 3 小时，而其实他们的居所相隔只有 5 分钟车程。

崇拜之爱，需要时间的验证。因为你崇拜他，正说明你在乎他，还爱着他，而哪一个男人又会辜负崇拜着他的女人呢！

活到老干到老的邵逸夫在百岁高龄后，决定将这个他花费毕生心血创建的、市值 164 亿港元的电视王国交给了妻子方逸华打理。半个多世纪的风雨走过后，方逸华依旧是这位传奇人物心中最值得信赖和倚重的对象，一如当年他来香港创业时的选择一样。

岁月为证：他们的爱，洗尽铅华，洗净了浮躁与世俗，洗净了人生的波折与坎坷。

如今，邵逸夫已经离开了这个世界，留下了孤独守候的方逸华。

歌星潘美辰在一首歌中唱道：“爱情总是在一开始最美”。当这样的爱情一旦融入到“油盐酱醋”之中，所谓的纯与善也就渐渐变了味。其实变味的并不是爱情，而是爱情在生活中发酵，只有经受住那种考验，我们才能品尝到爱情的醇香。

因此，最美的爱情并不是在一开始，而是历经生活的锤炼并被岁月所验证的爱情。这样的爱情，哪怕不着一字，没有一言，平凡守候的静静等待，仍然灿烂如花，芳香无尽，一世相守不觉长。有些故事是不会随着人的离去而消失的，像这样真情的、守候的、珍贵的故事，一定会流传下去。

邵逸夫的婚姻告诉我们，对富人而言，选择婚姻就是制定一项长远投资战略。美女提供漂亮华丽的外表，富翁出钱获得美色，赏心悦目，看似一场公平的交易，但如果美女仅仅拥有美貌的话，跟美女结婚就绝对不是一项值得的投资。因为美女的美貌会随着时间慢慢地消失，就像买一辆豪车，车的价值在到手的瞬间就已经贬值了，而富人的钱往往会越来越多。

因此，从经济学角度讲，美女拥有的是贬值资产，不但贬值，而且会加速贬值！而富人拥有的是增值资产。如果美貌是美女拥有的唯一资产，10 年以后她的价值可能归零！那么，婚姻对于富翁来说还是一个公平的交易吗？

所以，美女们不要苦苦寻找嫁给有钱人的秘方，而是多想想如何使自己不断地增值，这才能保持长久的婚姻。

爱情的位置

丰富多彩的人生，难免会遇到很多选择题，比如，爱情与事业，谁放第一？如果必须放弃一样，你会放弃哪一个？其实，放弃与选择都是基于不同的价值观。

有人说，这个世界上没有比功成名就更重要的，雁过留声，人活在世上，就是为了留下一世功名，就算是叫他放弃一切来达成目的也在所不惜，包括爱情、亲情。在他的一生中，事业高于一切，事业重于爱情，成功的人生是以事业为基础的。

也有人说，爱情是人生最重要组成部分。真正的爱情能给人以鼓舞，给人力量，给人带来精神上的激励、情绪上的欢愉、生活上的充实，给人创造出工作上、学习上的良好条件和有利环境，是学习、工作的能量加油

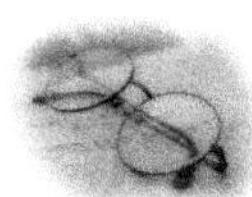

站，不断推动事业的顺利发展。只有那些有着幸福家庭的成功人士，他们才是真正成功的人，而相反那些为了追逐名利，丢掉了家庭的人，没有了人性的光辉，人生是有缺憾的。人生中如果缺少爱，就会显得荒凉和孤寂。

还有人说；爱情和事业都是构成生命的重要环节，爱情和事业都如人的生命一样重要，选择爱情放弃事业，就失去了自己的根基，失去了自我的一半；但是放弃了爱情选择事业，就失去了生命的精髓，生命没了颜色，拥有了事业又有什么意义呢？有了事业失去了爱情生活会变得空虚。爱情和事业的关系，从普通逻辑看来是并不矛盾的事情，能找到两者之间的平衡才是成功。

到底该如何选择，很多人应该都有自己的答案。托尔斯泰曾说：“真正的爱情，不应该吞噬一个人的事业和理想。相反的应该是成为鼓舞人们向上的力量。所以，成功不排斥爱情，成功应该是全方位的，不仅是事业成功，你还必须家庭幸福、身体健康。在为社会服务的同时，赚很多的钱，实现自我价值。

事业与爱情，本质上就是人生的主旋律和副旋律，只有将二者配合得当，才能奏出和谐美好的生命之歌。因而罗素说：为了爱情而牺牲事业是愚蠢的，但为了事业而完全牺牲爱情同样是愚蠢的。关键在于我们能否做到让双方发挥互助的正能量。

爱情能够激发人类无限的创造力和想象力，也能够使人成为天才。凭借这一点走向成功的政坛领袖、商界巨子、科学精英，数不胜数。邵逸夫的爱情在事业发展中起到了良好的助推器作用，两段婚姻都成就了事业的成功。他们凭借爱情战胜了一切。

黄美珍在邵逸夫闯荡南洋，创业初期，与他同甘共苦，风雨同舟。第二次世界大战爆发后，邵逸夫落到了人生最低谷，邵氏影院被迫关门倒闭，邵逸夫本人还被日本宪兵关进了大牢，打得皮开肉绽，生死难料。关键时刻，黄美珍不惜重金，想办法托关系，费尽周折，终于救出了邵逸夫。邵逸夫第一次赴美途中，遇到惊险，船翻落入太平洋，是黄美珍的爱情在支撑邵逸夫的顽强意志，是他拼死活下来的决心，最终，邵逸夫幸运地与死神擦身而过。他们的婚姻经历了生死考验，历尽艰辛磨难，琴瑟相合半个世纪。

黄美珍病逝后，邵逸夫在90岁时，迎娶方逸华。此时，双方已相识近50年。方逸华是邵逸夫在天命之年，回到香港在“东方之珠”打造“中国好莱坞”的关键时刻，默默奉献的知音，她用自己的才华和真情，证明了自己的能力和忠诚。独立自强的方逸华，无怨无悔地站在邵逸夫的身后，为他排难解忧，铸造邵逸夫的辉煌。

美满的爱情和婚姻是人生最重要的结盟，是心灵、身体、魂魄和经济的联系纽带，幸福的家庭，是帮助人走向成功的最佳“智囊团”。爱情在左，事业在右，相伴在生命的路上，用智慧去经营。当一对夫妇心灵与肉体一致，奋斗目标一致，思想行为一致，这个结合就可以让他们飞向无限的高峰。

有一句广为人知的谚语说：“每一个成功男人的背后，都有一个聪明的女人。”无论是黄美珍还是方逸华，她们的经历成功诠释了一个成功的男人背后，一定有着不平凡的女人。但这句话反过来说，也照样成立。成功的男人和不平凡的女人，究竟是谁成就了谁？

爱情是永恒的话题。对于这个人类永恒的话题，只有树立正确的恋爱观，摆正爱情在人生中的位置，端正恋爱动机，树立正确的择偶标准，明确爱的责任，遵循爱的道德，才能使爱的情感得到培养，爱的品质得到塑造，爱的境界得到升华，才能使人生因爱而更加充实和丰富。

////////////////////////////// 第4章

兄弟：闯荡世界　笑傲江湖

恋家是一种情结，有人说中国人恋家在世界上是出名的。尽管如此，从古至今，始终活跃着大批敢于离家走南闯北、闯荡世界的中国人。他们在异乡异国的土地上拼搏、奋斗，用勤劳智慧向异域的人们展示着自己的聪明才智。也许，成功与地域无关。与其说恋家，不如说缺少一颗闯荡的心。所以，没有一颗闯荡世界的心，才是我们实现梦想的最大障碍。

邵逸夫是一个出生在上海，有宁波地域色彩及南洋香港打拼历史的传统又传奇的商人。20世纪，邵氏电影几乎独霸香港影坛数十年，缔造了香港影视的黄金时代。在香港的文化史上，邵逸夫是一个不可被忽略的标杆性人物。邵逸夫的创业成功，纵然有很多因素，但他们邵氏兄弟的团结一致，这种血缘和亲缘的关系，形成的强大合力是不可忽略的重要因素。俗话说："兄弟齐心，其利断金"。商战中尤其如此。

邵家兄弟，他们是典型的宁波奋斗帮。一门四杰：邵仁杰、邵仁棣、邵仁枚、邵仁楞，也就是改名后的邵醉翁、邵邨人、邵山客和邵逸夫。

让我们在四个飘逸的名字之下，解读他们联手闯荡电影圈，演绎出开创于上海，转战东南亚及香港，分别经营戏院和电影制作，最终成就一个邵氏影视帝国的全景一幕。

时局骤变

穿过岁月的风雨，追寻历史的沧桑，20 世纪 30 年代初的中国电影，进入了第一个黄金时期，但却只有短短的 7 年。

中国版图上的东北是一个美丽传奇的地方，那里山水秀美，土地广袤，物产丰富。辽阔富饶的黑土地上，满山遍野的大豆高粱。白云在蓝天上飘，大地静静地，一个世纪、一个世纪地默默奉献着，为那些不息的江河，为那些生息的生灵。

1931 年的一个夜晚，爆炸声摧毁了这一切。9 月 18 日晚 10 时许，日本关东军岛本大队川岛中队河本末守中尉率部下数人，在沈阳北大营南约 800 米的柳条湖附近，将南满铁路一段路轨炸毁，嫁祸于人称是中国军队破坏铁路。日军独立守备队第二大队，随即向中国东北军驻地北大营发动进攻。次日晨 4 时许，日军独立守备队第五大队，从铁岭到达北大营加入战斗。5 时半，东北军第七旅退到沈阳东山嘴子，日军占领北大营。战斗中东北军伤亡 300 余人，日军伤亡 24 人。这就是震惊中外的“九一八事变”。

“九一八事变”后，日军开始大规模入侵东北地区，并试图扶植前清朝皇帝溥仪建立伪满洲国。但这一行动刚开始就受到了以国际联盟为代表的国际社会的普遍反对，于是日本决定在上海这一国际性的大都市制造事端，以转移国际视线，使日本对中国东北地区的侵略与控制行动能够顺利进行，并为进攻中国内地作准备，借此逼迫南京国民政府屈服。

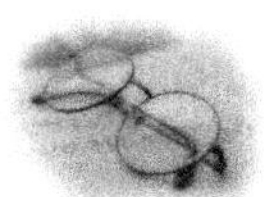

日本要在国民政府首都南京的门户——上海，建立侵略桥头堡。

1932年的上海，这个中国最大的城市和经济中心，依然繁华而忙碌。日本和上海的距离只有二十四小时水程，往返一天即可到达，不需要花费太多时间和金钱，因此很多日本人都跑到上海这个远东最大城市淘金。虹口是当时日本侨民集中居住的地区，在上海的日侨人数早已超过其他外国侨民的总数，仅虹口一地，就居住有大约3万日本侨民。

1月28日夜里，在距离南京不足200公里的上海，突然传来的枪声划破了城市的宁静，火光映红了北边的夜空。子夜时分，日军兵分五路从闸北突然向驻守上海的十九路军阵地发动袭击。随后又进攻江湾和吴淞。十九路军在军长蔡廷锴、总指挥蒋光鼐的率领下，奋起抵抗。

蔡廷锴，一个典型的军人形象，他身材魁梧、精神抖擞，一双坚定而敏锐的栗色眼睛里闪烁着怒火。这位早年曾追随孙中山先生的将军，讲起话来威风凛凛："我们跟东北张学良的部队不一样，我们不打算请国际联盟来拯救我们，我们要自己来打这个仗！"由于十九路军的顽强抵抗，日军驻沪司令官监泽幸一"4小时可占领上海"的预言落空了。

1月29日，战争的第二天，日军的空袭使整个闸北顿时陷入一片火海之中。商务印书馆被炮火击中，大火瞬间吞没了整座大楼。这座远东最大的出版社，连同五楼的东方图书馆中几十万册孤本、善本古籍全部毁于一旦。后来有人这样回忆当时的情景："火焰熊熊燃烧，被烧毁的纸在二月的东北风中向市区漫天飘来，像黑色的雪片。黑色的纸灰整整落了一天，南京路上把衣服晾在外面的人家，衣服上落满了纸灰。"

2月6日是农历壬申年的第一天，但伴随而来并不是福音，在苏州河以北，战争还在继续。这一天，《申报》发表了一篇时评描述着铁蹄下的上海：惨变自上月二十八晚爆发，迄今日屈指已近一旬，在这期间，炮声枪声终日可闻，但见尸体狼藉遍地，难民拥挤于途，东亚第一大市场已沦为恐怖的屠场。

上海“一·二八事变”的发生，对当地的民众产生了重大的影响，激发当地民众的民族意识和爱国意识。文化艺术领域面对战争危机的紧张感、冲击力，爆发出巨大活力，纷纷起来声援抗战。

中国流行音乐的奠基人黎锦晖，领导明月歌舞剧社组织了一系列义演，将演出的收入全部捐赠给十九路军。在一次演出中，一位叫周小红的小女孩登台演唱了一首《民族之光》，其中有一句歌词“往前进，和敌人周旋于沙场之上”，她唱得特别投入，慷慨激昂，观众的掌声经久不息。黎锦晖兴奋地说“周旋，了不起！”，周小红从此有了一个艺名——周旋。

此时，大众观影心态也产生了重大变化，日本的侵略，民族危机日益加深，爱国意识高涨，观众需要反映现实矛盾和民族精神的影片，对那些“处处惟趣味是尚”的神怪武侠、鸳鸯蝴蝶电影逐渐产生了厌倦，迫切需要能够反映人民现实生活和愿望的、有爱国意识的影片，左翼电影兴起。不合时宜的“鸳鸯蝴蝶派”的电影卖座大受影响，而上海当时是中国电影主要的生产基地，因此，观众对电影喜好的改变，让电影制作者也必须改变拍摄电影的风格，左翼电影充分发挥了电影快速复制生活的特质，使30年代激化的民族矛盾在银幕上得到了充分的反映。

日军侵华战争给中国电影业带来很大损害，东北沦陷，失去很大放映市场，而“一·二八”战火的破坏，直接摧毁了上海虹口等多家电影院和摄影场，30多家电影公司停止营业。上海当时39家电影院中有16家被炮火摧毁，不能复业。再加上随之而来的世界性经济萧条，使中国电影陷入低潮。电影公司倒闭后重新组合，形成新的格局。

20世纪30年代，左翼作家大量进入私营电影公司，创作、拍摄了

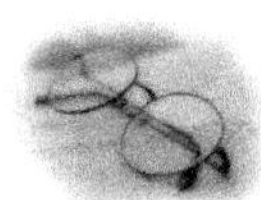

一些反映时代情绪的影片。在这些进步电影工作者的影响下，明星公司在1933年就拍摄了二十多部具有进步倾向的影片，其中有夏衍编剧的《狂流》、《春蚕》、《上海二十四小时》、《脂粉市场》、《前程》；阳翰笙编剧的《铁板红泪录》；沈西苓编剧的《女性的呐喊》；洪深创作和改编的《压迫》、《香草美人》；夏衍、阿英、郑伯奇合编的反映时代知识青年的《时代的儿女》等作品。

“明星”的成功转向也使得其他一些电影公司开始寻求与左翼文艺家合作，田汉为“联华”公司写了《三个摩登女性》、《母性之光》，为“艺华”编写了《民族生存》、《肉搏》等抗日主题的剧本，这些影片的拍摄放映，对人们了解现实中国，激发人们的抗日情绪起到了推动作用。

邵氏天一公司也想改变从前的电影风格，以便适应现实民众的欣赏要求。他们及时调整了市场策略，吸收了沈西苓、司徒慧敏、吴印咸、汤晓丹等“左翼”文化人加入创作队伍，拍摄了《东北二女子》、《生机》、《飘零》、《挣扎》、《吉他》、《王先生》、《海葬》等一大批反映现实的、有积极意义的影片。但由于时局的动荡，无情的现实是“天一”的市场在极度萎缩。兵荒马乱的上海，邵氏电影是走还是留？

迁往香港

1933年11月12日，上海的艺华电影公司正加紧摄制《烈焰》、《中国海的怒潮》等以反帝抗日和阶级斗争为内容的影片，国民党特务组织指使暴徒三十多人，以“中国电影界铲共同志会”的名义，冲入艺华公司，进行打砸和破坏。第二天，“上海电影界铲共同志会”向上海各电影院发出了“警告信”：对于田汉、夏衍、卜万苍、胡萍、金焰等所导演、所编剧、所主演之各类鼓吹阶级斗争、贫富对立的反动电影一律不予放映，否则必以暴力手段对付，如艺华公司一样，决不宽假……

这就是中国电影史上的“艺华被捣毁事件”。

邵醉翁拍摄所谓左翼电影，原本就与政治立场无关。“艺华被捣”事件之后，他立即决定回到商业片的老路，并萌生念头，避开上海这个政治风暴中心。邵醉翁以商人的眼光看待这件事，趋利避害。他想，若继续拍左翼影片，得罪当局，恐招致意外之灾，会使公司损失惨重。

于是，邵醉翁冷静思考，留在上海已无太大市场，便和二弟邵邨人商量，决定把公司的主要人员和设备南迁到香港，邵邨人继续留守在上海，静观时局的变化，见机行事，搞一些发行工作，以图风平浪静之后卷土重来。

南迁香港，确是邵醉翁的明智之举，不仅化解掉了“天一”在上海的危机，还为日后发展打下了基础。香港地理位置独特，是亚洲重要的航运中心，与海外尤其是东南亚地区联系紧密。在这里生产影片，可以很方便地发行到国外去。

而香港市民接受西方文化比较早，注重物质享受与身心娱乐。所以，电影这种艺术形式，很受香港市民欢迎。影院观众千百成群，如果放映名片，更是座无虚席。

也就是说，立足香港，就会拥有本地与海外两个市场。邵醉翁早有打算：“天一”的港产片，进可攻入南洋，退可杀回上海。即使依靠本地市场，亦可维持。所以，香港作为“天一”的生产基地，真是再理想不过。

1933 年，邵氏兄弟联合拍摄的第一部国产有声片《白金龙》在天一港厂问世了。这是我国有史以来独立拍摄的第一部有声片，也是我国自行拍摄的第一部粤语片。其掀起的粤语片热潮一直持续到了 20 世纪 60

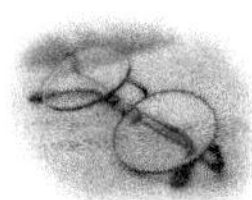

年代初，奠定了香港电影业的基础。同时，《白金龙》的问世也标志着我国电影史上默片时代的结束，宣告了国产有声片时代的开始，具有划时代的意义。《白金龙》成了我国30年代最卖座最叫好的粤语片，一连几个月下来，创下了票房价值突破百万元的奇迹。随后，《大路》、《渔光曲》、《夜半歌声》等一大批有声片在上海脱颖而出。

《白金龙》的成功，更坚定了邵醉翁对“天一”战略做出的重大调整：南迁香港，以拍摄粤语片为主。1934年天一公司的绝大部分人员和设备移往香港，成立天一影片公司香港分厂（简称天一港厂）。南迁香港后，就完全回到通俗与娱乐的老路上了。

邵逸夫协助大哥在香港站稳了脚跟，就和大哥商量，再回南洋和三哥开拓南洋大市场，毕竟，弹丸之地香港还是小了些，发展空间有限。大哥同意了他的想法，认为他有商业眼光、有目标。邵逸夫再次踏上南洋的征程。在那里，他和三哥再度联手出击，共同作战。这时期，他们发挥有声电影的优势，争取观众。一方面大量收购转让出售的戏院，一方面扩大发行网络。

到1937年，远在南洋的“邵氏兄弟”已经拥有自己的戏院50多家。到其鼎盛时期，邵氏的院线竟然发展到100多家，几乎遍及整个南洋。30岁的邵逸夫和三哥成了南洋的“影院大王”。

莫望浮云遮望眼，风物长宜放眼量。应该说，邵逸夫正一步一个脚印地实现着他的愿景，把邵氏影业做大做强。他已经有了宝贵的独立思考，不依附哥哥们派遣调任，而是有自己的目标，不恋栈功劳，勇于挑战。

但邵醉翁在香港，接连遇到了无妄之灾。

1936年，天一港厂的片库接连发生两次大火，几乎将之前所拍影片的母片全部烧毁，飞来的横祸让邵醉翁病倒在床。备受打击，万念俱灰，他的心在流血。闻讯赶回来的邵逸夫和大哥商量，让大哥返回上海疗养，让留守上海的二哥邵邨人速来香港救急。邵逸夫和三哥继续回南洋发展。

天一港厂的这把大火，烧出了江湖的险恶，也烧毁了邵醉翁的事业心。邵醉翁的创业历史画上了句号，从此退出电影界。邵氏影业面临危机。

1936年，邵逸夫的二哥邵邨人从上海到香港，接替大哥邵醉翁掌管天一港厂，决心重振昔日雄风，在香港再创出一番邵氏的宏图大业。很快，公司走出火灾造成的混乱，重新步入正常运行的轨道。

新掌门人邵邨人点燃了振兴邵氏家业的三把火工程。

首先，改公司名字。把“天一港厂”改名为“南洋影片公司”。从此，在上海起家、在香港发展的天一影片公司告别了历史。新名字是否隐含着告别过去，重新开始；彰显气势，志向宏远，与邵逸夫、邵山客在南洋遥相呼应，这些我们不得而知，但足以显露出邵邨人的雄心壮志。

其次，严格规章制度。邵邨人以谨慎的性格规范工作，他要求一切按章办事，奖罚分明，特别要节约成本，提高效率，杜绝草率的决定。这些规定对刚刚经历灭顶之灾的公司，无疑起到了及时雨的作用。

第三，坚持通俗路线，拍商业片。20世纪30年代的香港，是英属殖民地。深受西方文化影响的普通百姓对国内政治不太感兴趣，香港市民普遍接受电影这种休闲娱乐方式，电影生产呈现出初步的繁荣。黎晋伟在其主编的《香港百年史》中有一段描写：“香港接受西方风气较早，故香港居民，多注重于物质之享受与身心之娱乐，对于文化上，能差强人意者，厥为电影一途，十里洋场，影院林立，每日观众，千

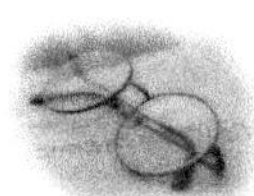

百成群，放映名片座无虚席”。所以，极其浓厚的商业色彩是香港文化的主要特点之一。

邵邨人正是看到了香港的特殊性，坚持走大众通俗之路，实践证明，他是正确的。这三把火又点燃了邵氏影业的创业激情，邵邨人在危急关头，力挽狂澜把行将破产的邵氏影业重新振作起来，这让在新加坡的邵逸夫和邵山客十分兴奋，从 1937 年邵邨人在香港创立南洋影片公司，到 1941 年香港沦陷前夕，邵邨人在香港的业绩几乎独霸港岛，重拾天一公司霸业。

这时期，邵氏兄弟在南洋的事业也进入鼎盛期，在泰国、新加坡、马来西亚、印度尼西亚、爪哇、越南、婆罗洲等地拥有 110 多家电影院和 9 家游乐场，几乎覆盖了整个南洋地区，并称雄东南亚影业市场。就这样，“天一”在上海、香港，“邵氏兄弟”在南洋，他们南北呼应，共同书写了邵氏家族的电影传奇。

然而，好景不长，就在邵氏三兄弟在香港、南洋辛苦打拼，频频传来喜讯的时候，一场灾难又降临了……

日本帝国主义的罪恶入侵打乱了邵氏影业的发展进程。

非常时期

1937～1941 年，中国内地战火蔓延，许多地区处于日军的侵略之下，而香港却像一个“世外桃源”，远离战火，保持着表面上的安定，依旧一派歌舞升平的享乐氛围。

茅盾曾写道：黄昏时候，皇后大道中段开始排演着每个星期日晚上照例的繁华节目。血一样鲜艳的霓虹灯管，配着苍白色的日光管，还有磷火似的绿光管，不但不觉得有一些不大调和，而且好像非此便不足以显示都市之夜的美丽。各色各样娱乐的机构，已经开足了马力。各路巴士和电车一批一批载来各色人等；娱乐戏院和皇后戏院门前挤得满满的，似乎那钢骨水泥的大建筑也饱胀得气喘了。

但这一切表面的安定在1941年12月8日彻底改变了。

1941年12月8日凌晨，日本偷袭美国太平洋海军基地珍珠港。太平洋战争开始了。几乎在同一时间，日军主力在炮兵、空军、海军的立体配合下，向香港发起了猛烈进攻。不到三个星期，18天后，英军战败，香港沦陷。

日本空军首先轰炸了香港启德机场和停泊在香港海面的英军舰船，摧毁了香港英军薄弱的空军力量。日军步兵随即向九龙要塞发起攻击。英军瓦利斯准将指挥的大陆旅疏于防范，九龙要塞被日军轻易攻占，英军被迫转守香港岛。

12日，日军向英军发出通牒，要英军投降，遭到拒绝。

18日深夜，经过5天的彻底炮击后，日军分别在北角、不莱玛、水牛湾完成了登陆。英军反攻，未能成功。

19日，英军西部旅旅长罗松准将战死。

20日，英军被日军完全分割在东、西两个地区。

21日，东部旅向黄泥涌山峡反攻，西部旅向尼克松山反攻，均未能成功。24日，日军再次对英军劝降，但仍被拒绝。

25日，日军飞机及炮兵集中火力对仓库山峡、湾仔山峡、歌赋山、扯旗山、西高山的英军阵地狂轰滥炸，迫使守港英军放弃抵抗，无条件向日军投降，香港沦陷。

这一天因而被称为“黑色圣诞”。香港从英国殖民地变成日本占领区，拉开三年零八个月沦陷噩梦的序幕，到1945年日本投降时，香港的

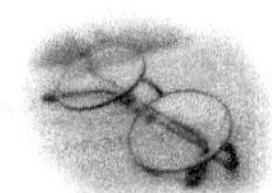

人口由1941年的161万人，跌至仅剩60万，整个港岛，一片萧条。

1941年底，日本占领香港之后，相继攻陷南洋各地。一度兴盛的电影业在炮火中亦告终止，邵氏影业在劫难逃，遭受到了重大的打击：苦心经营的南洋的百余家影院在战火中几乎全部化为灰烬，邵氏兄弟的事业处在了生死存亡的关口。

在那个血雨腥风、兵荒马乱的岁月里，他们兄弟骨肉分离、天各一方、远隔重洋，音信杳然。那时的商人是挣不上钱的，惨淡经营，难以为继，最终只得被迫关门了事。

真是屋漏偏逢连阴雨，船迟又遇打头风。1942年2月，日军占领新加坡，邵逸夫因放映抗日纪录片、散发抗日传单，被日本宪兵队抓走。邵逸夫后来回忆“当时我以为我死定了，所以就照实说，我是放抗日电影，但是那都是真实的纪录片。”幸运的是，经过家人多方营救，他两周之后被释放了。

邵逸夫从生意场上的影业大亨到生死不保的阶下囚，邵逸夫陷入了一生中最为艰难的境地。庆幸的是，灭顶之灾没有消融邵逸夫的希望，反而磨炼了他的意志。对于邵氏兄弟来说，任何困难险阻，都不能削减他们对电影的热爱和振兴家业的坚定信念。他们默默等待着，等待着战争结束、雨过天晴，等待着重整邵氏雄风的那一天。

天命之年

正当邵逸夫与三哥在新加坡邵氏兄弟的戏院、发行越做越红火的时候，主营制作、提供片源的二哥邵邨人任董事长，儿子邵维瑛任总经理的香港“邵氏父子”，却因观念保守，发展缓慢。邵氏产业链遇到了危机，兄弟们决定兵分两路出战，三哥邵山客依然坐镇新加坡，在

后方与国泰竞争戏院、发行生意，保证产业链下游通畅；邵逸夫则返回香港，督阵电影制作，与国泰的香港制片公司“电懋”前线交锋，保证产业链上游发展。

一切源于偶然，一切又都是必然。谁也没想到，三十年后，邵逸夫重返香港时，人亦到中年，但在此却成就了他的辉煌。他开始创立属于自己的电影事业并一跃成为邵氏电影的新一代领军人物。

1957年，年届50的邵逸夫告别了合作30年的三哥邵山客回到香港，开始了他另一段人生历程。有人说，人到中年，心如止水，不再有少年的狂妄，青春的浪漫，奋斗的激情，但邵逸夫的中年是激情燃烧的岁月，是人生承前启后的黄金阶段。带着在电影界打拼多年的经验，穿越了战火纷飞的年代，踩着一路风雨的艰辛，邵逸夫从新加坡来到香港，想接掌“邵氏父子”制片业务，以稳定片源。但邵邨人认为要“多建戏院，增加收入”，而邵逸夫则倾斜到发展电影制作，因此兄弟俩在经营理念上有了分歧，最终分道扬镳。

如果说，30年前邵逸夫下南洋是去协助三哥当助手，这次回香港则是接替二哥当主角。邵逸夫的智慧才能在几个兄弟之间逐渐脱颖而出。1958年，邵逸夫成立“邵氏兄弟（香港）有限公司”。自此，“邵氏父子”只经营戏院及影片发行，“邵氏兄弟”则主管制片业务。邵逸夫和二哥邵邨人在“拍电影和放电影到底哪个重要？”这个问题上看法不一。一个有名的段子是这样说的：制片方道，没我们的电影，影院就是一堆没人坐的椅子；影院说，没我们的银幕，电影就是一堆没用的胶片。“椅子”与“胶片”说到底，是产业链的两翼，院线与发行唇齿相依，缺一不可。睿智的邵逸夫最终打造了影视业涵盖上下游的全产业链。

万事开头难。上任之初，精明的邵逸夫做了大量市场调研，他要尽

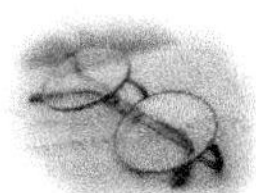

快找到制约发展的关键问题，随着研究的深入，思路逐渐清晰——要制作出质量高、数量多的满足市场观众的好影片，三大要素是保证。即必须要有一个独立的工作场地、一个像美国好莱坞那样的电影拍摄基地，其次，技术要跟上，要有齐全的、技术先进的拍摄配套设施，第三，人才是关键，要有专业的制作团队。总之，要有一套齐全的拍摄电影的软硬件条件，豁然开朗的邵逸夫说干就干。

邵逸夫决定首先兴建自己的影城。他大手笔化 32 万港元，买入九龙清水湾的 80 万平方英尺土地，大规模兴建气势恢弘的邵氏影城，从 1957 年年底开始动工，历时七年才宣告完工。影城仅常驻合约工作人员（编剧、美术等，不包括演员）就有 500 多人。这一片场，日后被誉为“东方好莱坞”，为邵氏以流水性作业生产、为邵氏日后事业腾飞奠定了坚实的基础。

邵逸夫当时实行边建设边拍摄影片的策略，一年之后，已经建起了四座摄影棚，摄影棚里配备了当时最先进的拍摄器材，这是他几年前再赴美国花巨资买回来的。现在，场地有了、器材有了，剩下就是网罗人才了。

邵逸夫大力培养自己的电影人才。他最早在香港推行电影明星制，名演员、名导演如繁星闪耀。胡蝶、阮玲玉、李丽华、林黛、张彻、李翰祥……无不出自“邵氏”门下，在华人世界引起巨大的反响，倾倒无数观众，风靡整个香港和东南亚。与此同时，邵逸夫电影事业渐入佳境，笑傲江湖，一个电影王国的时代从此开始。

出手不凡的邵逸夫正在为日后崛起谋篇布局。他知道，第一次亮相很重要，开头炮要响亮。想当年，邵醉翁建立的天一公司在上海被大家认识，正是凭借其第一部电影《立地成佛》的成功。今天，邵逸夫落户香港的奠基之作也一定要拍好。

1958年，邵逸夫的邵氏公司要正式开拍影片了。选剧本、选导演、选演员是决定成败的关键。几经考虑，最后确定第一部电影，拍摄历史古装彩色戏曲片《貂蝉》。由李翰祥导演、林黛主演。事实证明，这一次的选择是非常正确的。

中国古代有著名的四大美女，她们是貂蝉、西施、王昭君、杨玉环。她们都是由精彩故事组成的历史典故，都享有“闭月羞花之貌，沉鱼落雁之容”的美誉。貂蝉是其中唯一一位无史料记载，仅存在于小说戏剧中的美女，曾登场于历史小说《三国演义》。美女、英雄、爱情这样的电影题材在内容上符合民众心理，一直受到大众的追捧。

邵逸夫选择拍摄貂蝉，正是从商业角度考虑的，做商业电影就要尊重观众、尊重市场。邵逸夫必须要有自己的商业盘算，否则他是生存不了的。电影的背后支撑是资金，电影作为艺术产品同样具有商品属性，所以，必须遵循商业规律，这丝毫不会伤害电影的任何品质，相反，更能扩大电影的传播力量和影响力。邵逸夫曾经说；“我经营邵氏影城是做生意。如果我要拍一部纯艺术的电影，我不敢肯定这种戏会有多少人中意看！少人看的戏，就少人得益！所以，我就专门从大家都中意看的娱乐片着手。”

当时的香港影坛，“邵氏兄弟”的主要竞争对手，是当时的电影业龙头陆运涛执掌的“电懋”。陆运涛是新马首富之子，当时，电懋旗下明星有著名的林黛，更有张爱玲、秦羽等编剧助阵。比邵氏兄弟早两年登陆香港的“电懋”，财雄势大。

刚到香港的邵氏，独有女星乐蒂，邵逸夫是寸步难行。邵逸夫立即发挥自己在“天一”大量拍摄古装片的优势，主打大制作彩色古装片，提出“邵氏出品，必属佳片”的口号。当时，“电懋”还是以时装片为主，尚未大规模发展彩色片。后来，邵逸夫大胆起用年仅30岁的李翰祥担任

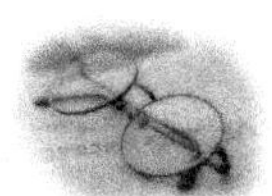

导演，拍摄《貂蝉》、《江山美人》，更重要的是，邵逸夫用重金从对手那里挖来了影星林黛，很快在香港站稳脚跟。

影星林黛，原名程月如，祖籍广西宾阳，1934 年 12 月 26 日出生，出身名门，为政界名人程思远先生长女。1965 年 7 月，程思远随李宗仁从香港回到北京定居。此后，程思远以无党派身份，活跃在中国政坛，成为繁忙的社会活动家和国务活动家，曾出任人大常委会副委员长。

林黛 1949 年随父移居香港，是香港历史上名头最响的国语片女演员，代表作有《江山美人》、《貂蝉》、《不了情》、《千娇百媚》、《蓝与黑》。是迄今为止唯一的四届亚洲影后，至今无人企及。四膺影后的佳绩，不仅为林黛个人艺术生命写下了光辉的一页，更是中国电影史上前所未有的成就。因此，林黛一名，蜚声国际。

就在林黛事业正如日中天之际，因家庭不和，她在寓所服食过量安眠药兼吸入煤气自杀，失救而死，终年 30 岁。林黛死讯传出后，震惊全球华人社会，出殡之日，万人空巷，遗体安葬于跑马地天主教坟场。

慧 眼 识 人

导演是一部电影的灵魂指导者。电影大师李翰祥，香港电影名导演，是对邵氏影业贡献最大的导演。他 1926 年生于辽宁锦州，上世纪 40 年代就读于北平国立艺术学校，专修油画。后在上海实验戏剧学校专修戏剧、舞台表演、电影。1948 年赴香港，先后从事演员、布景师、配音员、服装管理、编剧、副导演等工作。改革开放初期，上世纪 80 年代初率先回内地拍片，与北京电影制片厂合作《火烧圆明园》和《垂帘听政》，这是在真实场景中拍摄清宫题材，宏大场面再创事业高峰。随后又陆续拍摄《火龙》、《末代皇后》、《八旗子弟》、《西太后》等。为此台湾当局禁止他入台，两地片商也不请他拍片，沉寂多年。1997年1月14日，李翰祥在北京拍摄电视剧《火烧阿房宫》时，因操劳过度，心脏病发作，不幸逝世，终年72岁。

李翰祥有很好的美学素养和古典文学功底，他的艺术人生，在导演一职上发挥得淋漓尽致。都说李翰祥是天才，他的镜头语言，叙事的能力，演员的把控能力，现场的调动能力，工艺的熟悉程度，都是一流的。什么样子的演员到他手里都能够发挥到最佳状态。李翰祥生命中最辉煌的时代就是“邵氏”时期。先在邵氏父子公司当导演，邵逸夫组建邵氏兄弟公司后，发现李翰祥的才能大为重用。他拍摄第一部黄梅调电影《貂蝉》，既创造了30万港元的票房收入，又赢得了亚洲影展的五项大奖。当然，这也是一个颇具风险的决定，因为此前香港影坛的几部黄梅调电影都反应一般。

邵逸夫给予李翰祥充分的信任和充裕的资金，使他能够完全实现自己的美学构想。李翰祥也不负邵逸夫的期许，当宏阔华丽、美轮美奂的《江山美人》呈现在人们面前的时候，它那史诗式的演绎风格，给人带来了强烈的视觉冲击和心灵震撼。该剧由被称为“港台黄梅调第一功臣”的王纯作曲。王纯以黄梅戏唱腔为主体，糅合了江南小调和流行歌曲的元素，用单纯的曲调创造了一种醇厚婉转的意蕴，使得其中的一些唱段，如《扮皇帝》、《戏凤》等流传至今。

《江山美人》受到空前的欢迎，创下当时香港电影票房最高纪录，并且获得了第六届亚洲电影节“最佳影片奖”。“邵氏兄弟”在香港市场取得了初步的成功。

《貂蝉》、《江山美人》的热映，带动了五六十年代港台的黄梅调电

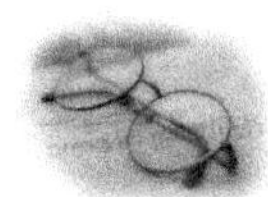

影热潮，黄梅调电影走红港台20余年，其中“邵氏”作品有30余部，占港台黄梅调电影总产量的五分之三，比较著名的还有《梁山伯与祝英台》、《武则天》、《杨贵妃》、《三笑》等。

邵氏的黄梅调电影不但成为黄梅调电影美学的塑型者，也直接定义了这个类型在电影史上的意义。其受欢迎程度还在电影史上留下不少风趣逸事。据说，《梁山伯与祝英台》在台湾上映的时候，一位老太太看了120遍。反串梁山伯的女影星凌波到台湾访问，万人争睹，人散之后，地上遗落了不少眼镜、发卡、鞋子。

回顾这时期的闯荡，大胆起用新人，是摆脱困境、创造业绩的重要举措，在此邵逸夫已显露出其与众不同的胆魄。敢冒风险的人，才有最大的机会赢得成功。机会常与风险并肩而来，有的人看见风险便退避三舍，再好的机会在他眼中都失去了魅力。如果因为怕风险连机会也不要了，无异于因噎废食。

张彻，当时是一个经常在《星岛日报》发表文章的青年作家，他对武侠小说的分析颇有见地，对当时红遍香港的金庸和梁羽生的作品的评价也非常老道。在常人看来，张彻只是个没有名气的年轻作家，但邵逸夫却视其为璞玉。为了培养张彻，他单独成立了一个新的机构——电影剧本编辑室，任命张彻为主任。

而张彻在上任后，也不负邵逸夫所望，十分尽力地在民间网络作者，一时间好的剧本层出不穷。张彻不仅能写会编，还在导演方面展示出了独特的才华，特别是在武侠片的执导方面的确颇有一些创想！在当时大多数人的反对下，邵逸夫力排众议，支持张彻导演电影。于是张彻用了一年的时间拍了一部他自己编剧的武侠电影《独臂刀》，仅在香港一个地方就取得了百余万的票房，从此青年导演张彻成了邵逸夫

麾下的一员虎将。

自古以来，得人才者得天下，邵逸夫的用人之道也恰好说明了这一点。当人到中年的他从南洋回到香港，百废待兴的时候，对于人才的选用成了首要问题。正是由于邵逸夫对李翰祥、张彻的选人得当，既成就了年轻的李翰祥、张彻，也为邵氏电影公司在香港的东山再起奠定了坚实的基础！

所以，在关键的时刻整合最合适的人才，才能不断提升事业的高度！正是由于用人得当，才使邵氏电影度过了一个又一个的危机！最终达到了事业的巅峰！

今天国内影视圈中有众多的“造星大师”，但他们一旦造星成功，就不喜欢再起用新人，就怕因此而给自己带来损失。有一个人却与他们的做法不同，他 1988 年凭借电视剧本《便衣警察》获得首届金盾文学一等奖、电视剧金鹰奖、飞天奖、金盾奖；2000 年凭借电视剧本《永不瞑目》获中国第二届人口文化奖；2004 年凭借电视剧本《玉观音》夺得第 22 届中国电视剧金鹰奖最佳编剧奖；2005 年凭借电视剧本《拿什么拯救你，我的爱人》获第十三届北京电视春燕奖“最佳编剧”。

这就是被誉为中国“现代言情剧教父”的著名作家海岩。关注他作品的人都会发现，每一次“海岩剧”的播出都会成就一些新人，“岩男郎”、“岩女郎”的称呼应运而生。不过海岩坦言：“每次起用新人，自己都承受着很大的风险”，但正是这种敢于冒险的风格，铸造了海岩的成功。海岩总在给新人机会，他说：“新人的成长需要有人来鼓励他们，扶持他们，如果一味地论资排辈，那么新人就永远没有用武之地，特别是那些有潜质的年轻人，需要给他们提供途径，让他们上大戏，尽管这要有一定的冒险精神。”

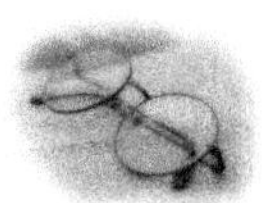

困境与选择

晚年的邵逸夫回忆自己的创业经历时，难忘岁月里有许多画面让他感慨万千：与兄长扛着放映机和影片，冒着酷暑严寒跑遍南洋异乡的农场放露天电影，终于打开南洋的电影市场的艰辛；在美国西海岸的汪洋中，抱着一小块木舢板坚持一天才等来救援船只，最终买回了有声电影的“讲话机器”，打开了电影制作新天地的生死大考验……

邵逸夫的奋斗经历告诉我们，人们都渴望成功，而成功的人士都有不平凡的经历，他们的成功都是从克服了一个又一个困难中走过来的。古今中外，几乎没有例外。所以一个人无论想过平静、简单的生活，还是想有所作为干一番事业，都应该树立正确地面对困难的态度。

拿破仑说：“最困难之时，就是离成功不远之日。人们所以遇到苦难，只是因为人们在向成功迈进。”

人在生命的历史长河中，难免会遇到一些困难，实际上，困难一直是与人为伴的，直到今天，还有人为温饱问题而挣扎，气候灾害、地质灾害和其他灾难也不时地发生。无论多么幸运的人也避免不了和困难打交道，最起码每个人都要面对生老病死“人生四苦”这一规律。

既然困难不可避免，那我们就不该逃避、不该抱怨，就应该以坦然、积极乐观的态度对待困难。面对困难还应该树立不怕吃苦、不畏艰险的精神，面对长期的困难，耐心和坚持不懈的精神就显得特别重要。

困难并不可怕，可怕的是不能以正确的态度面对困难，在困难中使人倒下的往往不是困难本身，而是消极悲观的态度，是缺乏战胜困难的勇气和信心，是没有坚强的意志。

在战胜困难的过程中，人的信念、人的精神起着很大的作用。曾经有过这样的例子，一位日本武士，有一次面对实力比他的军队强大十倍的敌人，他决心打赢这场硬仗，但是他的部下却表示怀疑。当他率领部队经过神庙时，他停了下来，说："我们在神庙前用硬币问卜，如果硬币正面朝上，那就表示我们能赢，否则就输，那我们马上撤退。"武士拿出硬币，当众投出。大家睁眼一看，正面朝上。大家欢呼起来，充满勇气和信心，恨不得马上上战场投入战斗。最后，他们大获全胜。一位部下说："感谢神的帮助。"武士说："这是你们自己打赢了战斗。"他拿出硬币，大家一瞧，原来硬币两面都是正面！

有一句名言："时间顺流而下，生活逆水行舟"。事物都具有两面性。困难使人痛苦，人们不愿遇到困难，但是通过困难的磨炼的确使人变得成熟，从这个角度讲，困难又不是坏事。"没有吃过苦就不知道什么是甜"，拜伦的一句名言"逆境是到达真理的一条通路"，说的就是这方面的意思。

造福桑梓

山一程，水一程，身向榆关那畔行，夜深千帐灯。风一更，雪一更，聒碎乡心梦不成，故园无此声。这是清朝词人纳兰性德的《长相思·山一程》。这首词自然真切地描绘了那些身漂异乡、梦回家园的游子的心情。

前面我们提到了宁波帮，邵逸夫是宁波帮中的杰出代表。邵氏家族是宁波帮在中国经营电影产业最久的私有企业。发源于杂耍戏院的邵氏家族，被邵逸夫和兄长们演绎成了一段百年传奇。

"闯荡世界、造福桑梓"是"宁波帮"的重要信条和特征。初步估

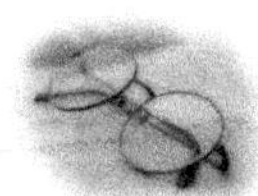

计，在全世界67个国家和地区大约活跃着30多万宁波籍人士。在中国的现代化历程中，宁波帮作出的特殊贡献是有目共睹的。其主要表现在大上海的崛起和香港的振兴。

据上海工商联宁波商会会长庄晓天透露的一份数据显示，新中国成立前宁波人创造了上海的三分之一财富，并创造中国第一家商业银行等50个中国第一。宁波人在中国近代金融、航运、外贸、民族工业等方面，都居于领先地位。

当我们今天漫步在浙江宁波三江口附近的广场上，一组醒目雕像便映入眼帘。仔细观察便会发现，雕像中的每一个人都是背上行囊，准备离家上路的样子。这组雕像的名字叫"三江送别"，正是为了纪念当年宁波帮的生意郎为了生存，外出经商的场景。

孙中山先生来宁波的时候曾给予宁波帮这样的评价：凡是我们国内有港口有商业繁华的地方，都不会没有宁波人的事业，即使在欧洲，遍地也有宁波人的足迹。由此可见，宁波人的影响力和巨大的力量。

毛泽东同志曾经也对宁波帮发表过指示，他要求要保护宁波帮大中小资本家房屋的财产。邓小平更是明确地提出要把全世界的宁波帮团结起来建设宁波。

邓小平曾说：宁波有两个优势，一是宁波港，二是宁波帮。1981年7月6日，邓小平在北京会见香港环球航运集团名誉主席，宁波帮人士包兆龙及包玉刚一行，邓小平握着他们的手说：我们早就应该见面了。

今天我们看宁波帮，一个重要的特点，是务实，就是实事求是，低调办事，不事张扬。务实的宁波人长期受浙东学派的熏陶，强调的是要实事求是。浙东学派的核心的思想是"经世致用"。务实就是这一哲学思想的充分体现。

对宁波人的务实，有很多历史人物给予了很高的评价和解释，“高帆斜挂夕阳色，急橹不闻人语声。”南宋诗人陆游到宁波时曾留下这样的诗句，诗中折射出宁波人从古就有的默默无闻的实干精神。“急橹”的意思是在大海中拼搏，出海以后划船的速度相当快，连话都说不成，真是默默无闻地干实事，按现在的话来说就是，埋头苦干。正是这种精神，激励了一代一代的宁波人。

邵逸夫是宁波帮精神的践行者。邵逸夫精神的产生根源于宁波七千年的历史的积淀和熏陶，有着深厚的历史底蕴，其中更透视出敢为天下先、善为天下先，屹立潮头、勤劳勇敢、自强不息的中华民族伟大民族精神。正是这种闪烁着历史与时代光辉的民族精神，造就了邵逸夫这样一大批具有顽强奋斗精神的杰出人物。他们用自己的辛劳和智慧闯荡世界，造福桑梓，挺起了坚强的民族脊梁，反映了整个民族的精神和力量。

第5章

朋友：曲直向前　攻守兼备

犹太经典《塔木德》中有一句话：和狼生活在一起，你只能学会嗥叫，和那些优秀的人接触，你则会受到良好的影响。华人首富李嘉诚说过："控制你的朋友圈，并提升你的朋友圈。"这句话说明结交什么样的人，就注定了什么样的人生。你所选择的朋友，决定你的命运。

邵氏电影公司是香港影坛上个世纪60～70年代的霸主，邵氏电影构筑了一个曾经的电影王国，邵逸夫就是这个王国中的国王。流年似水，岁月蹉跎，曾经那些熟悉的容颜，似乎也都在风雨中越去越远了，只余下一些记忆的痕迹，在似锦繁华的岁月里，散落成一地的斑驳。邵逸夫面对的是十面埋伏的江湖世界，其中既有朋友的倾力相助，也有旗鼓相当的竞争，甚至遭遇朋友反戈。使人成熟的不是岁月，而是经历。邵逸夫经历了岁月的磨砺和洗礼，纵横捭阖，终成霸业。

好运挡不住

1926年，19岁的邵逸夫刚从青年会英文中学毕业，放弃了到北京上大学的打算，赶赴南洋，增援三哥邵山客，从此走上了营造电影王国之路。

但毕竟这是在异国他乡，创业初期，他们一切从零开始。新加坡华人多，“天一”拍的华人影片《立地成佛》、《女侠李飞飞》、《珍珠塔》和《孙行者大战金钱豹》，深受当地观众欢迎，但邵氏兄弟当时没有影院，甚至现成的影院因为人为阻力，“天一”影片不能放映。为了让更多的华人看上自家的电影，邵逸夫建议租一块空地，搭帆布帐篷，作为放映场，灵活性强。再租借一辆卡车，把放映用具全装上。车子开到一个地方，就贴海报吸引观众。

于是，邵氏第一辆流动放映车和露天电影院在新加坡诞生了。他们在举目无亲的南洋乡村举步维艰，含辛茹苦，苦心经营。每天疲于奔命，甚至处处碰壁。历经风雨磨难，备尝人间艰辛。他们流浪般的放映生涯，苦行僧一般的创业历程，吃苦耐劳、赤手空拳打天下的奋斗精神，这一切似乎感动了上苍，他们有幸遇到了生命中的贵人——王竞成、黄毓彬、黄文达、黄平福、余东璇……从此，南洋不再是陌生的异国他乡，命运发生了逆转，好运连连。

人的一生碰到一个贵人相助是运气，碰到几个贵人帮扶那就是福气。

第一个大贵人，就是槟城首富王竞成。此人名字中暗含“有志者，事竟成”的喻义，也是一个能吃苦、肯实干的人。正是凭着这种精神，他最终成为槟城首富。

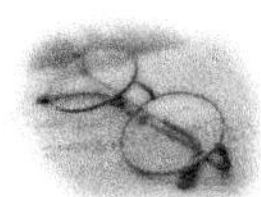

一样是凭实干起家的王竟成，早就注意到邵氏兄弟以新加坡为基地，向周边城市进军的行为。他暗暗佩服这哥俩的实干精神，也欣赏他们的头脑，认定他们必成大器。身为槟城首富的王竟成，主动找到邵氏兄弟，将他们约到茶馆喝茶。年轻的邵氏兄弟诉说着创业的艰辛和当初苦苦的坚持，特别是现在所遇到的困扰：因为“六合”设阻拦截，致使“天一”的影片在城中大戏院仍然难据一席之地。王竟成认真地听着，决定帮这两个年轻人一把。

王竟成亲自出面为他们摆平撮合疏通各种关系，结果，各大戏院终于不再拒绝邵氏的片子，都愿意自由接纳放映“天一”的影片。邵氏兄弟终于松了一口气。随后，不惜重金又包下了新加坡的“荣华戏院”、吉隆坡的“中华戏院”、怡保的“万景台戏院”和马六甲的“一景团戏院”。

至此，邵氏兄弟终于有了自己的戏院，安定下来，开始了自己在南洋的事业。也许，运气来了挡都挡不住。他们还不知道，接下来的一次偶然相遇，会给他们的生活带来新的变化。

这次偶遇的贵人叫黄毓彬，此人是邵逸夫冤家的对手。原来，邵氏兄弟的不屈不挠精神感动了狮城新来的这位大老板。黄毓彬原来是“明星影片公司”的股东，后因和“六合”有矛盾，不欢而散。一气之下，挟资远走南洋，自谋出路，决心与“六合”拼杀一场。邵逸夫和邵山客一合计，觉得这是一个难得的机会，所谓“敌人的敌人是朋友”，决定联合黄毓彬，反击“六合”。邵氏兄弟与黄毓彬一拍即合，决定在南洋组成一个电影发行网，和“六合”继续竞争。

这是一场没有悬念的博弈。黄毓彬深谙“明星”及“六合”的内部情况，他们组成了一个南洋的电影发行网，开始反击“六合”。黄毓彬只打要害招招致命，“六合”在这样的攻势下，彻底败下阵来，完全丧失了

南洋的市场。

邵逸夫兄弟俩所付出的一切辛劳开始不断收获补偿。好运一直追随着邵氏兄弟。时隔不久，和另外一个人的相识，又给他们提供了一个新的机会。

在一个高级社交场合，他们又结识了新加坡大富豪黄文达、黄平福两兄弟，并得到了他们的真诚相助。黄氏兄弟在新加坡商界影响力很大。他们不仅在商界举足轻重，在金融界锋芒毕露，就是在娱乐界也是独领风骚。他们在新加坡物业众多，不仅拥有多家银行、酒楼和航运机构，而且还拥有当年在南洋一带首屈一指的“新世界游乐场”，独占新马泰娱乐业之首。

新加坡当时有三个非常出名的娱乐场所，人称三个“世界”——“大世界”、“快乐世界”和“新世界”。它们代表了当时狮城娱乐场所的顶级水平。在三家中生意最红火，位居新加坡娱乐业魁首的是黄文达、黄平福兄弟经营的“新世界”。得地利人和之优势，加上黄氏兄弟财大气粗，经营有术，所以生意做得比其他两家都好。而“大世界”设施陈旧；“快乐世界”虽比“大世界”稍大一些，设备齐全，但由于地处偏僻，很少有人光顾，生意清淡一般。

自从结识邵氏兄弟之后，黄氏兄弟就认为这两个中国青年人非同一般。出于信任和佩服，他们便毫不犹豫地决定同邵氏兄弟合作，将“新世界游乐场”交给邵氏弟兄管理、经营。

接手“新世界”之后，邵氏两兄弟根据新加坡的地方特点，借鉴当年他们大哥邵醉翁经营“笑舞台”的成功经验，使出一连串的新招，真抓实干，把这家“新世界”经营得有声有色。只一年工夫，他们盈利的总收入就超过黄氏兄弟数年经营收入总和，这让黄氏兄弟笑逐颜开，信

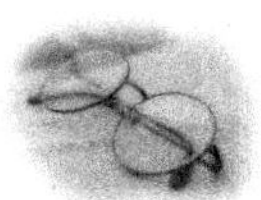

任有加。

由于这一连串的机遇，邵山客和邵逸夫弟兄俩在南洋过关斩将，崭露头角。现在，他们有了新的目标——成立自己的公司。1930 年，南洋“邵氏兄弟公司”正式挂牌成立了。从此，邵氏兄弟真正拥有了自己事业的一片天地。

有了自己的公司，邵氏兄弟的经营更加如鱼得水。伴随一系列收购，让他们在当地引起轰动，风光一时。

首先，斥巨资收购了“大世界游乐场”。这标志着新加坡游乐场的三分天下，邵氏公司已占其二了，具有绝对的优势。随着“大世界”的收购成功，邵氏兄弟公司便开始了一系列强大的收购攻势，收购了多家戏院。得手之后，实施市场细分经营，他们把这众多戏院组成连锁店，分别放映日本片、西片、国语片、粤语片和马来语片等，满足不同国家、不同层次、不同喜好的观众要求，扩大市场份额。这时的邵氏兄弟公司，终于打开了电影放映市场：拥有 15 家独资开办的戏院，还有多家与别人合资开设的戏院。到 1934 年，已经拥有 40 多家大小戏院。

任何事业的发展腾飞，战略规划很重要。特别是对资源的整合和对时局的把握，邵逸夫在关键的时刻，大胆收购了新加坡三家有名的娱乐场之中的两家，充分显示了邵逸夫驾驭时局和整合各方资源的能力。

反观现实中的中小型企业，在完成原始资本积累之后，往往会因为对时局不够清醒的了解，或者对资源的整合力度不够，会眼睁睁错失很多让企业腾飞的良机！邵氏兄弟的成功启发我们，要在企业腾飞的同时紧密关注大环境的发展态势，积极合理地利用时局变化带来的优势，加速企业的迅速发展，所谓识时务者为俊杰。

邵逸夫在南洋的成功还与另一个人有关，这个人就是余东璇——20

世纪 30 年代的马来西亚新加坡首富，广东佛山广府人。1877 年在马来西亚槟城出生，是东南亚闻名的“仁生堂”药店的老板，还在东南亚和国内发展房地产业务，1941 年去世时，堪称亚洲首富。据说会计师花了 50 年的时间，才理清他的资产。

邵逸夫和三哥初到新加坡创业时，幸运地得到了余东璇的鼎力相助。只要邵氏兄弟经营中的问题，余东璇都会出面为之化解，无论政界高管、还是商界巨擘大佬，都肯给余东璇面子。借助余东璇的力量，邵氏兄弟一路通畅，顺水顺风，不仅打开了新加坡的市场，还打开了马来西亚、菲律宾、泰国等这些华裔人口聚众的国家地区的电影市场。整个南洋几乎都有了邵氏天一影业公司的放映点，在随后邵氏兄弟的努力下，他们的事业蓬勃发展，终于成为新加坡娱乐业的大亨级人物。

邵氏兄弟在南洋这些年一连串的好机遇、好运气让人羡慕。但是，不是说有了运气，就不需要努力、不需要学习了，只要每天祈祷运气就好了。因为运气不会因祈祷而生，它永远只是为有准备的人而降临的。没有准备的人，他会得到，但也会失去；而那些准备充分的人，一旦得到，也许就成就一生。运气是成功之路的桥梁，是努力的希望。邵氏兄弟正是努力加机遇打拼了新天地。当然，遇到人生中的贵人相助时，要记得好好感激，因为他是你人生的转折点。

和谁绑在一起

人生关键时刻遇到的外力至关重要。如果能与一个注定要成为亿万富翁的人交往，那自己怎么也不会成为一个穷人。“你与之交往的人就是你的未来！”说的就是这个道理。邵逸夫的成功也与他在创业中遇到的朋友财富有关。这里，我们先看一位亿万富翁的故事。

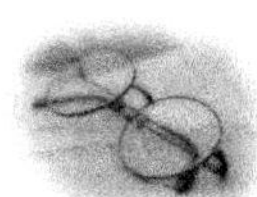

他喜欢音乐，同时也对天文学充满兴趣，一有空不是沉浸在音乐里陶醉，就是对着漫天星空发呆。因此，在同学眼里，他是个不善交际的人。如果不是遇到一个比他低两年级的一个男孩儿，他的人生或许在平凡中度过。

因为他父亲是图书管理员，男孩儿经常来找他，要通过他借一些最新的电脑书籍。在借书还书的过程中，他和男孩儿渐渐熟悉了起来，于是经常跟着男孩出入于学校的计算机房，一起玩编程游戏，临毕业时，他成了一个仅次于男孩的计算机高手。

1971 年，他考入华盛顿州立大学学习航天，隔了一年，那个男孩进入哈佛学习法律。不在一个学校了，但他们还是经常联系。男孩继续跟他借书，他继续跟男孩探讨问题。

1974 年，他在《流行电子》杂志上看到一篇文章，是介绍世界上第一台微型机的。他兴奋异常，因为听男孩儿说过，能放在家里的计算机造出来就好了。男孩儿当时正为是继续学法律，还是搞计算机而苦恼，在看到《流行电子》杂志上那台所谓的家用电脑后，他顿时兴奋地说“你不要走了，我们一起干点儿正经事儿。”

他真的没有走，而且一待就是 8 个星期。在这 8 个星期里，他和男孩儿没日没夜地拼命工作，用 Basic 语言编了一套程序，这套程序可以装进那台名为 Altair8008 的家用电脑里，并且能像汽车制造厂的大型计算机一样地工作。

当他们带着这套程序走进计算机生产厂家时，竟然得到了一个意想不到的答复：对方愿意给他们 3000 美元的基价，以后每出一份程序拷贝，就付给他们 30 美元的版税。

他和男孩喜出望外，再也没有回到学校。3 个月后，一家名为微软的计算机软件公司在波士顿注册，总经理比尔·盖茨，副总经理保罗·艾伦。

现在微软公司已成为世界上的一个巨无霸企业，比尔·盖茨早已成为人尽皆知的世界富豪。保罗·艾伦在比尔的巨大光环下，虽然有些暗淡，但在《福布斯》富豪榜上也名列前茅，个人资产高达数百亿美元。

这个故事让人们明白了一个道理：有什么样的朋友，可能就有什么样的未来和生活方式。你的朋友圈子决定着你的发展状况。近朱者赤，近墨者黑，跟什么人学什么人。人是环境的产物，时势造英雄，你身边的环境会对你的人生产生影响。你有什么样的朋友，就说明你是什么样的人，因为物以类聚，人以群分。

邵逸夫和三哥征战南洋，在异国他乡单打独斗，尝尽人间酸甜苦辣。有幸遇到了相助的朋友：王竟成、黄毓彬、黄文达、黄平福、余东璇……他们给予邵氏兄弟极大的支持帮助，在成功的道路上，起到了助推器的作用。我们得到的启示是，在人生的路上，我们都需要朋友的帮助，朋友是我们迈向成功的阶梯。所以，重要的是，我们是和谁绑在一起？

“谁是我们的敌人？谁是我们的朋友？这个问题是革命的首要问题。”这是《毛泽东选集》第一卷第一篇文章《中国社会各阶级的分析》中第一句话。重温经典，这不仅是革命的首要问题，而且也是今天处理人生发展问题时的首要问题或最重要的问题之一。斗转星移，时代在前进，道理却永恒。

面对挑战

日本的大松博文在其《魔鬼大松的自述》中写道，人生的每一天都在胜负中度过，一切都以竞争形式出现。每天都是为在竞争中取胜，或

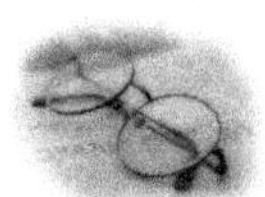

者至少为不败给对方而进行奋斗。因此，若有一天懈怠，便要落后，要失败。人生就是这样严峻。

20 世纪 50 年代后半期，香港社会经济开始转型，主导工业由港口贸易转变为制造业，香港也逐渐发展为工业化都市。同时，随着经济的发展，香港从多种文化激荡并存，到逐渐凝聚成本土特色文化。这时，一批有着南洋资金背景的大型电影制片企业开始登陆香港，使香港电影工业进入了新的发展时期。特别是邵逸夫 1958 年成立的邵氏兄弟（香港）有限公司，更是以其现代化和全球化的企业理念和经营模式，引领着香港电影工业的发展，开始建立本土电影的文化品格，香港电影进入了一个黄金时代。

为抓住这一良好的机遇，获得更大的发展空间，各个制片企业特别是国语片公司之间，竞争与变化异常激烈。其中“邵氏兄弟”和 1956 年在港成立的另一以生产国语片为主的大型制片企业——国际电影懋业有限公司（简称“电懋”）之间的竞争尤为突出。

“电懋”与“邵氏兄弟”有着极为相似的背景状况，都以扩大家族企业的电影业为最终目的；都在南洋地区拥有着庞大的电影发行院线，都致力于台湾市场的开发，力图在台湾获得更大的发展空间。这些相同的因素必然导致双方根本利益的冲突，两者势必成为市场上的竞争劲敌，掀起一轮又一轮的激烈厮杀，最终建构了五六十年代香港电影工业新的格局。

当邵逸夫和三哥邵山客，在南洋新加坡等地主理的邵氏院线的发行业务，风生水起、如日中天的时候，二哥邵邨人在香港经营的、负责制片的“邵氏父子”却仍停留在小本经营的旧理念上，面对竞争，日益萎缩，制片数量质量远不能满足新马地区庞大院线的需求，使邵逸夫发行业务严重受阻，邵氏影业危机出现。

当时，坐香港电影第一把交椅的是南洋商人陆运涛主持的电懋公司，邵氏公司被这个冤家对头处处紧逼，全无还手之力，二哥邵邨人被迫提前退休。邵逸夫就是在这个背景下于 1957 年来到香港，接替由邵邨人掌管香港的邵氏父子公司，主持公司具体业务。

邵逸夫来到香港，仿照美国成功经验，组建现代化大型电影企业，大规模摄制影片，希望通过对制片与发行重新整合，形成“垂直管理”的现代化电影工业模式，来挽救其发行院线的危机，以此达到邵氏电影业的更大发展，跟上国际电影工业的发展步伐。这是一种在商言商的纯商业目的。

在商场上，商人邵逸夫绝非文弱心慈手软之辈。邵逸夫和陆云涛的每一场角逐纷争都颇具传奇色彩。

陆运涛，电懋公司的老总，邵逸夫银海争霸的劲敌之一，祖籍广东鹤山，是新加坡及东南亚的电影制片人，非等闲之辈。陆运涛的父亲是新马首富，家族财富之巨非常人所能想象，年盈利过百万的电懋公司，在陆家看来不过是一单小生意而已。陆运涛不具有邵逸夫精明的商人气质，他更像是一名艺术家，他是鸟类学家及摄影家。可以为了艺术不惜一切工本。

邵氏与电懋当时都已经发展成为香港一流的大电影公司，都在不断地推出令人耳目一新的电影佳作。但论艺术质量，电懋的确要胜邵氏一筹。

问题的症结主要是人才和管理。邵氏缺乏大明星，票房号召力不够；前掌舵人邵邨人是主管财会出身，在公司管理上，很多事情都是以经济利益为主导，不考虑电影艺术，以至于破坏了很多导演优秀的艺术理念，

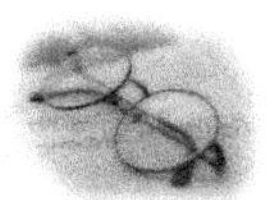

致使邵氏的电影质量平平。

邵逸夫的反击

面对劲敌，邵逸夫雄心勃勃地开始正面反击。他汲取二哥邵邨人的失败经验，从两方面下手：一方面不惜重金从对手电懋挖大牌明星，实施明星战略，这也是从大哥邵醉翁开始就贯穿整个邵氏家族经营战略的重要主题；另一方面建立自己的制片基地，从源头入手。

邵逸夫从美国之音电台挖来一个主持人担任公司的宣传经理，这就是日后成为邵逸夫左膀右臂的邵氏二号人物邹文怀。邹文怀加盟之后，带来了一帮志同道合的朋友，由他组阁宣传部。他找来《香港时报》采访主任何冠昌做“军师”，聘请梁风、汪晓高、黄握中、蔡永昌等人担任各种要职。就这样，“邵氏”公司的一个非常得力的宣传班子，就组建起来了。这个班子在后来果然为邵氏公司屡建奇功。

1958 年，“邵氏”和“电懋”之间的角逐已初露端倪。邵逸夫面临的处境，就是邵氏此时白手起家，没有一位明星。据说，当时他和邹文怀二人联手，制定了一份挖角名单，最经典的一战，就是把“电懋”的台柱子、香港的当红影星林黛给“挖”过来了。

早在二哥邵邨人经营的时代，邵氏父子曾不惜重金，聘请林黛主演过邵氏影片《乱世妖姬》、《梅姑》和《追》。不过，经验老到的陆运涛，早已师从好莱坞艺人的经营理念，用各种方式控制艺人私下跟其他影业公司接触，以防挖角。

邵逸夫决定亲自披挂上阵。因为电懋的防范，邹文怀始终得不到接近林黛果然的机会，最后还是用了最具中国特色的社交方式“吃饭”，才最后搞定。林黛果然答应赴宴，坐在了邵逸夫对面。据说当日邵逸夫亲自给林黛斟茶，答应高薪聘请，双方谈影论道，终成好事。

邵逸夫选择林黛做突破口是很有智慧的，可谓一箭双雕。林黛正处在职业生涯的鼎盛期，漂亮年轻，潜力巨大，前途无量。只要林黛加入了“邵氏”，既扳倒了“电懋”的台柱子打击了对手，又对当时香港其他公司的众多明星，是一种无形的号召，为以后招聘明星人才打下基础。

因此，“挖走”林黛，是日后扳倒陆运涛的关键一步。后来邵逸夫又如法炮制，没多久，“邵氏”就从“电懋”挖到了大批人马。一时间，林翠、陈厚、岳枫、陶秦等一批有影响的大牌明星和导演纷纷跳槽变换东家，投向邵逸夫的门下。在这次“挖角”战中，邵逸夫大获全胜。“电懋公司”人才流失，老总陆运涛防不胜防。

邵逸夫除了从“电懋”那里“挖角”，还不惜高薪重金，从社会上网罗人才。对那些凡是在香港影坛上有一定影响的人物，他都要不惜一切代价，把他们招聘到邵氏公司中来。没过多久，邵逸夫就把一大批大牌明星、导演“挖”到了自己的公司。

1958年，邵逸夫在九龙的清水湾买下一大片土地，削山建造邵氏影城。清水湾大型片场的落成为“邵氏兄弟”制片业务提供了更加完备的硬件设施，灵活务实又颇具现代化特色的制片体制为其提供了完善的制度保证，大量的艺术、技术人才的加盟为其提供了艺术保证，大大提升了的邵氏竞争力。

另外，邵逸夫还制定了“不单拼票房，还要比奖项”的竞争战略。大胆启用年轻的导演李翰祥，力捧他为邵氏一线大导演。李翰祥也不负厚望，为邵氏执导了《貂蝉》、《江山美人》、《后门》等力作，特别是黄梅调电影《江山美人》，这部影片在当年的亚洲影展上拼下了10项大奖，打得“电懋”毫无还手之力，并且《江山美人》在票房上的表现也是长

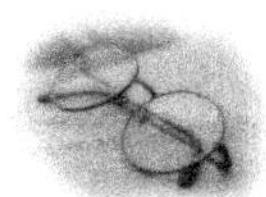

线飘红，成为 1959 年最卖座的影片。在与陆运涛的初次较量中，邵逸夫旗开得胜。

陆运涛当然不会认输，不断用大制作影片以对阵。为了竞争，两家公司纷纷推出相似甚至相同的题材来互相打压。《宝莲灯》、《月亮、星星、太阳》、《梁山伯与祝英台》纷纷出现双黄蛋，两家公司的较量也发展到了恶性竞争的阶段。

纵观双方态势，邵氏略占上风，但整体上各有千秋。经过多方的斡旋，邵逸夫和陆运涛也都是具有现代经商理念的企业家，这两位香港电影界的巨头不可能看不到这种恶性竞争将会给他们带来什么样的严重后果。实际上，此时的竞争已经变成了斗气，长此以往，双方便把注意力放在如何整跨对方，而无暇顾及如何提高影片艺术质量，从而引起观众的反感，市场的萎缩。结果将会是双方两败俱伤，使整个香港电影业遭受损失。因此，双方也一直在寻求和解。

1964 年 3 月，苦斗已久的“电懋”和“邵氏兄弟”终于握手言和，在当时的港九影剧自由工会主席胡晋康的主持下，双方签订了“君子协定”。宣布今后，第一、不拉对方公司的编剧、导演、演员或其他重要职员；第二、不再闹双胞案，每一月或二月，双方制片部门的负责人以茶叙方式会面交换意见。至此，邵逸夫和陆运涛终于停战，承诺将会带领各自的公司创造一个良性的竞争环境。

正当两家公司刚刚要在香港携手共创一片新天地之时，一场空难使双方实力失去了平衡。1964 年 6 月 20 日，在台湾参加完第 11 届亚洲影展之后，新婚的陆运涛夫妇受到蒋介石“总统”和夫人宋美龄的接见。会后部分与会代表到台中县雾峰乡参观雾峰故宫国宝，途中不幸飞机失事，机上全部乘客罹难，这对电懋公司来说，不啻一个绝命打击，陆运涛夫妇的逝世，造成港台两地极大震撼，年底金马奖也因此停办。电懋影业由妹夫朱国良继承，偃旗息鼓，声势大减。1965年，朱国良将电懋改组为“国泰机构（香港）有限公司”，国泰仍然是很大的财团，但电影相关的业务只剩下戏院和发行。

陆运涛的意外失事，“电懋”从此一蹶不振。这使邵氏兄弟失去了最为强劲的竞争对手，在1964年6月26日陆运涛的追悼会上，原本预定同行参观故宫国宝，但因临时有事而提前返港的邵逸夫沉痛地说：“我失去了对手，今后无人竞争，进步也很有限了。”有时候，武林中当你打遍江湖无对手时，自己的功夫实际上也到头了，因为你再没有用武之地，没有证明自己的机会。这一番话倒也流露出邵逸夫与陆运涛棋逢对手、惺惺相惜之情。

后来，在邵逸夫主持下的邵氏公司，无疑赢得了绝佳的机会，不断缔造票房奇迹。翌年，香港全年上映的34部影片，就有20部是邵氏出品。1965年，“邵氏兄弟”通过其官方杂志《南国电影》提出了“彩色武侠新攻略”，宣称邵氏要突破传统，推陈出新，要求以新的人，新的创造在武侠片方面一新观众耳目。“邵氏兄弟”开始从以文艺片和黄梅调影片为主的制片路线，转型为以武侠片引领的新的制片路线，从而带动了整个香港电影的转型。香港影坛出现了新的格局变化，六十年代后期的邵氏公司可以说是一支枝秀，开始了独霸香港影坛数年的辉煌历程，直到七十年代初嘉禾影业公司的崛起。

邹文怀之走

有人说，遇到曾经背叛你的人时，要跟他好好聊一聊，因为若不是他，今天你不会懂这纷扰的世界。

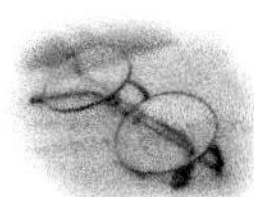

邹文怀，香港电影界一位重量级人物。与邵逸夫同被视为香港电影业的泰山北斗。从 1959 年正式加盟“邵氏”，前后在“邵氏”干了十一年。在这不算短的日子里，素有“宣传鬼才”之称的邹文怀成为公司名副其实的总管。邵氏公司在这段日子里，能击败一个又一个的对手，在香港影坛上风生水起，飞黄腾达，可以说邹文怀功不可没，立下汗马功劳。

然而，邵逸夫的强大控制力，在邵氏内部埋下隐患，当邵氏影业渐入佳境时，公司内部发生一场人事地震。1970 年，昔日重臣爱将邹文怀，因与邵逸夫意见不合，另起炉灶，离职走人，与其分道扬镳，摇身变成邵氏劲敌。而且还带走了何冠昌、蔡永昌等不少邵氏的精英骨干，自立门户，成立了后来名扬香港影坛、成就一代功夫巨星李小龙的嘉禾影业公司。邹文怀此举无疑使邵氏影业公司陷入“人去楼空”的窘迫境地。有人说，邵氏影业由盛而衰的很大一个原因，就是因为邹文怀转身走人、釜底抽薪，成立嘉禾影业公司。

邹文怀，广东大埔县人，1927 年生于香港，1940 年与家人移居上海，毕业于上海著名的圣约翰大学新闻系，1949 年返港定居后，曾任《英文虎报》体育记者两年，并主持《美国之音》八年。

1958 年，30 岁的邹文怀，经老上司、著名报人吴嘉棠引荐，成为邵逸夫最早定下的班底人马。他由宣传部主任干起，直至升任总经理，地位仅次于邵逸夫和邵仁枚。邹文怀深谙品牌宣传之道，邵逸夫求才心切，见其也是如获至宝，擅长社交又熟悉传媒的邹文怀，很快得到邵逸夫的信任，对邹言听计从，甚为信用。邹文怀与邵逸夫亦敌亦友的一生由此展开。

邹文怀曾为邵氏兄弟打下头十三年的江山，一直扮演着邵逸夫手下第一能臣的角色。作为邵逸夫幕后智囊，邹文怀在邵氏有两大重要贡献。五六十年代，邵氏的主要对手是国泰（电懋）。邵氏正处上升期，急需人才。邹文怀重金从国泰挖走名导岳枫、陶秦、严俊以及当红小生陈厚等，而林黛、李丽华、林翠等几大花旦也为邵氏拍了不少电影。此外，邹文怀又向邵逸夫提出重点拍武侠片，并拍出拳拳到肉的真实感，增强电影震撼力。他提出建立的大片场制度，与何冠昌一起谋划的“武侠”格局。可见，邹文怀的挖人才、定武侠、大片场制度这些举措，让邵氏电影在当时的香港影坛独树一帜，也开创了香港电影的第一个辉煌时期。由此，邹文怀也打拼成了香港乃至世界电影圈无人不知的风云人物。

分析邹文怀在 1970 年离开邵氏的原因主要有三：一是理念不合，邵逸夫决策战略转移，准备削弱电影投资，加大电视城建设；二是方逸华的威胁造成职业发展空间封顶。邵逸夫的红颜知己后来成为邵夫人的方逸华，在 1969 年加盟邵氏，权位的上升，取代了邹文怀二号人物的地位，邹文怀曾和搭档好友何冠昌讨论，认为在家族制的邵氏公司，他们已经触到“玻璃天花板”，不可能再有上升空间；三是最重要的利益问题，邹文怀认为他在邵氏的权力再大，也不过是替人打工，大笔的财富还是进入了邵逸夫的户头。于是，下决心自立门户，摆开了阵势和邵逸夫展开长期的对台戏。

“人在一个地方待久了，总会有想改变的时候。而且，我跟邵老六其实是同一类的人。一小片天底下有两个我们，实在是太挤了点”。邹文怀后来说，他带着自己培育的班底出走，包括邵氏制片部副主任何冠昌、邵氏刊物《南国电影》总编辑梁风等，虽然只以 200 万元创办了“嘉禾”小公司，却在接下来的二十年中足以令邵逸夫坐卧不安，双方对决由此拉开。

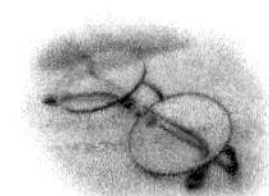

为此，两人亲自上法庭对簿公堂。邹文怀挖角邵氏的罗维、徐增宏等武侠片创作主力，抢拍《盲侠大战独臂刀》，邵逸夫知道后大怒，该片上映时，邵逸夫指“嘉禾”侵犯版权，因为武侠名片《独臂刀》一片的版权始终归邵氏所有，两人闹上了法庭，官司打了足足一年，足见两人强势的水火之势。这笔庞大的律师费用也让邹文怀感到力不从心。

但就在嘉禾公司难以招架之际，邵氏错失李小龙给了嘉禾重大转机。在美国发展的功夫明星李小龙期待回港发展，他本想加盟当时香港最强盛的邵氏公司。邵逸夫当时已坐拥几十亿身价，对于李小龙表示出想要加盟邵氏的愿望，邵逸夫给出的答复是让李小龙回到香港再谈，而且也没有应承李小龙开出的片酬价码。

邵逸夫的怠慢让李小龙火冒三丈，而邹文怀却抓住了这个绝佳的反击时机。他主动派人到美国邀请李小龙，并以7500美元的高价片酬与李小龙签约。结果，李小龙主演的首部港产片《唐山大兄》，三周创下350万元的票房纪录，赚到盆满钵满。不但李小龙声名鹊起，嘉禾也犹如掘到金矿。据说，当年邹文怀为保住李小龙不被挖角，不惜亲自贴身保护，连李小龙上厕所也要跟随。为了留住李小龙，嘉禾引进国外刚刚流行的“独立制片人制度”，放权让李小龙集编、导、演于一身，并成立协禾公司，与嘉禾拍片分账，这一招很是见效。就这样，李小龙的传奇在香港的嘉禾公司开始书写。邹文怀捡了个大便宜。

离开邵氏后，邹文怀创立了一种更加变通、灵活的企业文化。嘉禾逐渐发展分红制的经营方式，相当活络，邹文怀肯舍去一部分利益，同意那些台柱级的明星和导演参与票房分成，这几乎比邵氏的片酬提高数倍。人性化的管理制度，让嘉禾公司得以在逆境中不断发展壮大，也网罗了大量的优秀演员。

上世纪80年代，邹文怀发掘出成龙，为嘉禾创造了另一个高峰。但令嘉禾名利双收的，其实是一套西片——《忍者龟》，该片破了2亿美元的票房纪录，四只可爱的会打中国功夫的小龟在小孩子中得以风靡。邹文怀在国际影业市场的地位从此奠定。但终因种种原因邹文怀的嘉禾影业后来还是被内地娱乐公司收购。

这次变故让邵氏经历了严峻挑战。然而，在邵逸夫的苦心经营和力挽狂澜下，邵氏公司却安然渡过难关，并继续发展壮大。20世纪70年代，邵氏电影进入了黄金时代。李翰祥的宫廷历史和风月影片，张彻的武侠动作阳刚男性影片，刘家良的功夫武术动作影片，楚原的古龙小说系列等影片上座率都很好，几乎是场场爆满。邵氏声势可谓如火如荼，在历届亚洲电影节中共得大小奖项46项，创下中国电影史上的纪录。邵逸夫的身价也不断攀升，而"邵氏出品"更是成为了那个年代华语电影的黄金品牌。与此同时，邵氏影院开始闯入世界影业市场。

自1950年到1985年，"邵氏"共生产影片1000余部，完全覆盖了香港、台湾和整个东南亚，并打进了欧美电影市场，先后在美国、加拿大与欧洲若干国家建立影院，并组织影片发行渠道，使中国影片在世界影坛崭露头角。进入80年代，邵氏公司已有300多家自办或代理的电影发行网络，每年拍摄的40多部华语影片可及时发往世界各地。这不仅为各国观众送去了欢乐，也对传播中华文化起到了极大促进作用。邵逸夫拥有了他在华语片市场无人可以匹敌的王者地位。

从上世纪70年代开始，邵逸夫入主无线电视台，他很敏锐地观察到电视领域的巨大商机，也看到电视业将会给电影工业带来难以预测的冲击。基于这样的情况，邵逸夫决定把工作重心转到电视行业中来，邵氏的电影制片工作也逐渐进入了下滑时期，终于在1987年宣告停产。邵逸

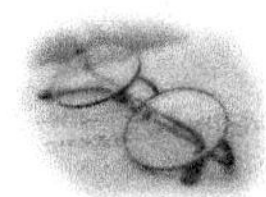

夫转战电视业的决定，在战略上比邹文怀高明一筹，赢得新的转机。

商人出身的邵逸夫有一套自给自足的经商模式，对于金钱的态度也十分保守。他手下很多导演成名之后，都希望能够获得票房分红的权利，但在邵逸夫眼里，却近乎是白日做梦。

导演张彻曾在回忆录中说，邵逸夫的用人之道是“头等人才，三等职务，特等权力”，邹文怀就是典型例子。他在邵氏十三年，先后主管宣传、制片，是老板最得力的亲信，实际职权已远超总经理，但多年来总经理换了三任，却一直没有邹文怀的份。他曾希望作为高层参与公司分红，结果被邵逸夫冷处理，两人从此心中有了隔阂，终于导致关系破裂，分崩离析。正是由于邵逸夫不肯让家族外的手下人尝到更多的甜头，导致邵氏公司人才不断流走，这也是当时的邵氏公司没落的一个原因。邵氏“人治”的家族体制和片场文化所带来的局限明显存在。

竞争的艺术

“没有永远的敌人，也没有永远的朋友，只有永远的利益”。这是英国首相丘吉尔二战时期的一句名言，被作为英国对外关系的准则。这里的“利益”意指“国家利益”。如今，这句话已被演变成了商战博弈、甚至当下社会人际交往的经典名言。

人的一生，不是靠别人，就是让别人靠。靠别人，当然轻松一些，有时甚至可以获得机缘，尽管机缘是飘浮不定、难以捉摸或瞬间即逝的，但有准备的人们，根据自身的优势，选择相应的目标与范围，去有意识地主动探寻、发现与捕捉各类机缘，这比完全听之任之，坐等“天上掉下馅饼”，肯定会增大与机缘相“遇”的概率，进而在竞争中、在成长中，抓住并利用各种形式与内容的机遇、机会、时机，或是运气，改变命运

和创造命运，获得成功。邵逸夫在南洋打拼时，明确的奋斗目标，吃苦耐劳的精神，引起了别人的注意和欣赏，获得了一次次的友人相助。所以，机缘青睐有准备的人，没有准备，机缘也只能是过眼云烟。人一生能靠上个贵人，也算是一种福气。

然而，遗憾的是别人常常靠不住，或者不能靠得久。这个世界从来就没有救世主，只能靠我们自己。人生在世，没有什么是可以让你依靠一辈子的。一个人只有靠自己的双手劳动，才能真正得到自己想要的生活，靠别人，是永远不现实的。

生意的实质是什么？就是利益交换。中国人崇尚“君子之交淡如水”，很多人忌讳将利益和朋友联系起来，以为如果承认了利益是友谊的前提，就会被贴上“势利”的标签。

其实人生中大部分朋友都是在谋取共同利益的过程中结交的，一般地利益越一致，关系越深厚。尽管人与人之间有各种矛盾，但利益的凝聚力会使双方去磨合、去修复，自动寻求平衡。邹文怀曾经是邵逸夫一生事业的重要推手，是邵氏公司实际上的二把手，但最终还是曲终人散，因为利益，朋友变仇人，三十年河东，三十年河西，这正是生意场上人际关系的缩影。

所以，现实中，发挥优势“靠别人”一下未尝不可，但不能把一时之“靠”的优势变成永久的消极依赖。当“靠”成了依赖、成了理所应当，往往也就成了很多悲剧的根源。

今天，人们对官二代与富二代的印象是如此之差，他们成了年少金多，腐朽糜烂，嚣张跋扈，肆意妄为，愚蠢无能的代名词。杭州飙车案、西安药家鑫案、“我爸是李刚”案、南京富二代杀妻案、各种炫富事件等不断发生。为此，他们被贴上标签：“垮掉的一代”、“脑残的一代”、

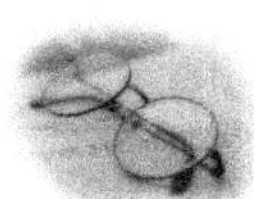

“需要心灵救赎的一代”……当大多数人在努力奋斗时，富二代们手握资源和金钱，靠着这些“优质资源”好像总能摆平一切，心安理得地享受各种特权优待，似乎在休闲娱乐中便获得了他们想要的一切，企图坐享其成一辈子。

然而，正如老巴菲特所说：他们出生时含着的金汤匙，却变成了背上插着的金匕首。其实无论什么社会，什么时代，官二代与富二代总不会少。为什么在今天会有这样强烈的社会恶评，这其中的因素，首先应当拷问教育，尤其是家庭教育。改革开放以来，富裕阶层在物质生活达到相当高度的同时，精神生活的提升却远远滞后了。一切来得太容易，他们没有了珍惜，没有了奋斗，最终只能接受关于“富不过三代”的宿命和审判。

人生在世，要懂得珍惜，把握机会。求人不如求己，靠人不如让人靠。奋斗中要善于寻找机缘，实干加巧干。

人的一生，一味进攻，却不知有时内敛更强大，不知有容乃大；一味防守，却看不到远端世界的宽广。只有攻守兼备，你的人生才能更精彩。人不满足于自己的处境，往往不是因为一日三餐吃得不饱，而是不甘心于被人支配，他们也想有更多的地盘，更多的资源，也想有更多的支配权，干更大的事。

我们不是机会主义者，但一个人确实需要机会。机会需要等待，也需要巧遇。机会常常光顾那些有准备的人，创造机会比等待机会更有人生价值。说到底，你最终能成什么，除了选择以外，还有能力和机遇的问题。

第6章

术业：艺术之眼　商人之睛

耕作问农夫，解惑问良师。善于思考的人，一生都在学习深造。邵逸夫虽然没有高学历，没有留洋镀金的光环，但他内心选择了思考，眼睛选择了美好，双脚选择了勤奋，终于打拼成功。他虽然名字是逸夫，但一生却并不安“逸”，他一直在思考、奋斗、经营、创造，他的身上充分体现了成功者目标明确、自强不息、勤勉努力、与时俱进的开拓精神。也许，这就是他人生成功的核心竞争力。

邵逸夫曾经说自己用“两双眼睛”看世界，一双是艺术家之眼，一双是商人之眼。没错，邵逸夫正是用商人之眼与艺术结了缘。

历来商人的眼睛就非常人可比。有时，邵逸夫的商人之眼，帮助他在商海博击中成功转战，原有技术、市场、领域只要机缘渐逝，他便不再恋战，积极转移到新的商机中去。有时，邵逸夫的艺术之眼，帮助他在电影的术业上专攻。二者相得益彰，最可贵的是邵逸夫在日后长期实践中，将自己这两双眼睛凝练成独具一格的慧眼，征战茫茫银海。

邵逸夫的座右铭是：“我喜欢不停地工作，工作是我的嗜好。我永不

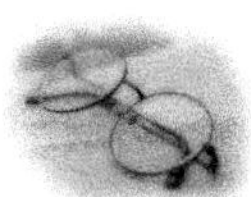

会退休。成功之道要努力苦干，并要对自己的工作有兴趣，运气只是其次。我深深体会到拍电影是很大的刺激，它能带给我无穷的乐趣，这正是推动我努力工作的动力。”香港素为藏龙卧虎之地，富商豪贾云集，但以经营影视而步入香港富豪排行榜前列的唯有邵逸夫一人。邵逸夫的精彩是一步步走出来的……

19 岁的邵逸夫，1926 年，应三哥邵山客之邀，南下新加坡协助开拓南洋电影市场，从此与电影业结下不解之缘。此时的他中学刚毕业，意气风发，踏上了人生创业路。

35 岁的邵逸夫，1932 年，自任制片和导演，拍出中国第一部有声电影《白金龙》，轰动一时。1958 年，邵氏兄弟（香港）有限公司成立。邵逸夫年轻时精力旺盛，每天只睡五小时，下午小睡一小时，其余时间全都用来工作。据统计，至 1987 年停产，邵氏兄弟共出产一千多部电影，其中不乏时代经典之作。

60 岁的邵逸夫，1967 年，进军电视业，其创立的香港电视广播有限公司（TVB），是目前亚洲最大的中文节目内容供货商。创立至今的四十多年里，TVB 制作了大量热播电视剧，包括在上世纪八十年代风靡大陆的《上海滩》、《射雕英雄传》，亚洲演艺圈风云人物，如周润发、周星驰、梁朝伟、刘德华等，都直接或间接受惠于 TVB。

70 多岁邵逸夫，古稀之年，仍坚持每天工作 16 个小时，一年要看六七百部影片，最高纪录是一天看九部片子，真是拼命老人。一寸光阴一寸金，寸金难买寸光阴。一个懂得珍惜时间的人，才是真正爱惜生命的人。邵逸夫深知时间是不可再生的资源，他花出的时间真正做到用在自己的人生目标上。

著名导演张彻回忆说：“邵逸夫当年治事之勤，是我生平罕见，他坐的是名贵豪华的劳斯莱斯车，车里有酒吧，他改装成小型办公桌，连途中的时间都不浪费。”

104 岁的邵逸夫，2011 年正式宣布卸任 TVB 行政主席，比一般人的退休年龄几乎晚了半个世纪。邵逸夫是全球最长寿、任期时间最长的上市公司 CEO。其职业生涯长达八十年以上。

纵观邵逸夫职场拼杀，他独特的经营理念、成功的模仿、开放的视野、适时转换主战场，都成功地实现了其卓越的发展。

赚钱还是做事业？

邵逸夫是个精明的商人，但他比一般商人高明的地方在于，不仅仅是把电影当做一种赚钱的工具，而是把它作为一项事业来追求。于是，跳出了只有赚钱意识，没有事业观念的局限。从而实现了眼界和心胸的拓展，自身价值和人生境界的提升。

赚钱，做事业，这是不同的概念。什么是赚钱？人生哪里不使钱，钱是人重要的生存工具，不可没有。只要是能够赚到钱，什么手段都能用，甚至可以不择手段。于是，有人会贩毒、贪腐、金融诈骗、生产和贩卖假冒伪劣的有害商品屡禁不止。为了赚钱，一个人可以干出人所不齿的、后悔莫及的、遭到恶报的丑行。但不义之钱则易伤身。如果一个人做事，只是单一地为了赚钱的话，不管做什么事，他都要斤斤计较，总是权衡利弊，然后再决定是一往无前，还是裹足不前。这样他一定活得很累、很自私。

但是事业呢？跟赚钱不一样。

《易经》有云，举而措之天下之民，谓之事业。简单地说，就是做了自己喜欢的事情，却又帮助了他人，这就是事业。理论上说，人们所

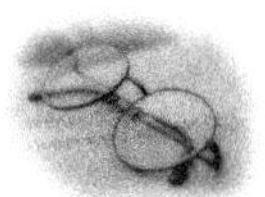

从事的，具有一定目标、规模和系统的对社会发展有影响的经常活动，就是事业。

所以，事业是什么？事业是一个人一生中的忠诚的伴侣。事业是一个人可以从事一生的光明正大的职业。事业可以让一个人从事一生，而且使人光明正大，为建设更加美好的人类社会做出公认的贡献。

干事业，往小里说，是我们生存的需要、人生价值的体现和对自我精神的抚慰，是人类不可或缺的生活方式；往大里说，是一个国家和民族发展必不可少的民族精神和起码的道德良知。

一个人在做事业的过程中，不仅可以赚到钱，可以得到社会地位，而且更加重要的是，一个人通过做事业——通过一生中坚持做有利于社会的事业——而让自己的心灵变得越来越美好。一个人拥有了越来越美好的心灵，就会把事业做得更好、更大、更有前途。就连万能的造物主都愿意站在这样的人一边。苍天不负有心人，吉人自有天助之。为干好事业而活，不管他收入怎样、挣钱多少，他都一定会活得潇洒而有意义。

当然，所有的经济实体在成立之初就应包含着赚钱的目的，而且赚钱也是这些实体成立之后赖以生存和发展的基础。从这点上说，赚钱是无可非议的，赚钱本身与事业实际上也是不矛盾的。但如果都一门心思只想着赚钱，一味地只从自己“急速”致富的欲望出发，只把为自己赚钱看成唯一的目的，这样就使本来不矛盾的东西出现了矛盾。赚钱不但不能构成事业的基础，反而成为事业的障碍，最终肯定也无法赚钱。

快乐人生的最高境界莫过于将金钱与事业融为一体，把挣钱当做一项事业，成为企业家，创造物质财富，推动社会生产力的发展。这样的企业家不以个人的消费为局限，他们所赚的钱早已超出了个人的消费需求，但他们既不会沉迷于享乐中，也不会因为钱多就停止挣钱的工作，而是把它当成一项事业，挣钱只不过是一种工作方式罢了。毕竟，单纯的赚钱意识是短视的，也不会有大的前途。

那些各行各业的佼佼者，无一不是这方面的成功者，同样是开演唱会，迈克尔·杰克逊的演唱会、邓丽君的演唱会，可以看成是娱乐事业。同样是办企业，福特汽车公司、微软公司、苹果公司、万科公司等等，可以看成是人类经济领域里了不起的事业。他们的事业创造了辉煌。

赚钱和干事业，对于凡人百姓一样重要。

曾经看到这样一个故事，说有三个工人在工地干活。有人问他们：你们在干什么？第一个工人爱理不理地说："没看见吗？我在砌墙。"第二个工人抬头看了一眼好管闲事的人，说："我们在盖一幢楼房。"第三个工人真诚而又自信地说："我们在建一座城市。"

十年后，第一个人在另一个工地上继续砌墙；第二个人不砌墙了，坐在办公室中画图纸，他成了工程师；第三个人呢，成了一家房地产公司的总裁，是前两个人的老板。

一个人有什么样的观念，就会有什么样的心态，有什么样的心态，就会有什么样的追求和目标。把工作当事业的人，其人生目标必然高远；有了高远的目标，必然会为之努力，有努力必有回报。所以，穷人做事情，富人做事业。事业和事情，差之毫厘，失之千里，两者导致的结果绝不相同。

第一个工人，从做事情的角度考虑，似乎在抱怨生活的不公，心情是郁闷的，想的就是简单的做事赚钱，回答别人的问题时都是满肚子怨气。干事情就事论事，只看眼前利益，让我砌砖，就只管每天砌多少、挣多少钱？给少了有怨言但还得干，给多了当然高兴，但还是只关心砌墙的事。

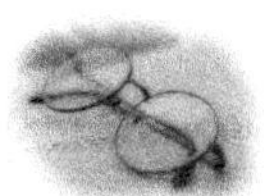

第二个工人，要比第一个工人心态好，尽管也是在砌墙，但他却把这堵墙当作一栋楼房来建，心里想的是如何将楼房建设得更好。

第三个工人，从干事业的角度考虑，心态最好，他要考虑的就不是只管砌墙，也不是一个月的收入，而是它未来发展的潜力和空间到底有多大。工作那么辛苦，他还那么自信那么充满激情。

第三个工人把砌墙这样的平凡小事当做一项伟大的事业来看待，他就会设计它的未来，把每天的每一步都当做一个连续的过程。十年后成为老板也就不足为奇了。

一件事不是不能去做，而是看怎样去做，以什么样的心态去做。穷人的眼光往往是盯在一件事的直接收益上，精力被无休止的具体工作所消耗，事情永远还是那件事情，不能够有质的飞跃。我们该如何做事？这是一个值得人们思考的现实问题。

东方好莱坞

好莱坞，这个 20 世纪初洛杉矶郊外从来不生长橡树的荒凉小村，在短短的二、三十年时间里就神话般地崛起了一座世界最大规模的现代化的电影城，并长盛不衰地为人类电影培育了大量的精彩之作，影响了整个世界，创造了人类艺术史上的一个奇迹。

好莱坞作为一座电影城，其成功的根源在于它庞大的电影产业的建立。好莱坞的独立制片商们由于大都从经营廉价的“镍币影院”起家，深谙市场之道，一开始就走商业电影之路，根据观众的需要来制片，建立了工业化的制片制度，使其电影产业蓬勃兴起。

到过好莱坞的邵逸夫，深受其影响，他在电影经营上，很大程度模仿了经典好莱坞时期的工业体制和管理方式。结合自己多年打拼的经验，他知道，工欲善其事，必先利其器。要拍摄观众喜欢的高水准电影，一定要有完善的设备，引进新的技术，特别是要有一个配套完善的摄影棚。拍电影没有摄影棚，就如同搞工业没有工厂一样。于是，在邵逸夫掌管邵氏产业后的第一年，也就是1957年，他毅然投下巨资32万港元，买下了香港清水湾的大片土地，开山填海，大兴土木。1965年，邵逸夫终于建造了当时香港乃至亚洲最大的影视制作基地——邵氏影城，被誉为“东方好莱坞”。

有这样一组数字描述它的壮观：占地100万平方英尺，有12个现代化的摄影棚，4幢宿舍、3个食堂、1家迷你银行、几十辆交通车，有1500多名员工、无数的特约演员、100多匹良驹宝马、10余万件道具、94个高13英尺的衣柜，还有5个永久性的唐街、宋城，以及遍地的楼阁亭台、小桥流水和古今中外的各种建筑，最重要的，它拥有设备先进的暗房、彩色中心、印刷厂，有功能完备的办公大楼。

邵逸夫的管理采取制片、发行、放映三位一体的垂直管理系统。于是，高度精细的内部分工、工业生产流水线式作业、“大投资、大制作”的制片方式，使效率得到很大提升。邵逸夫用自己成熟的电影经营理念，不仅使邵氏公司从百家争鸣的时代脱颖而出，而且还带动了整个香港电影走向辉煌，他构建的中国电影史上第一个工业化的电影生产体系至今仍影响着香港的电影制作。

1959年，邵逸夫开始实施宏伟计划——大投资、拍大片、赚大钱。第一年就连续拍摄了高水准的大制作电影《江山美人》、《倩女幽魂》、《千娇百媚》、《杨贵妃》、《武则天》等等。并且每部电影投资高达百万港币，而同一时代香港的功夫皇帝李小龙的片酬也仅为一万港币。大投

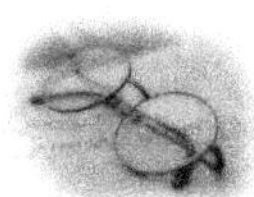

入为邵氏换来的不仅仅是高额的回报，也为邵氏电影迅速占领香港电影市场以及亚太电影市场起到了带头作用。邵逸夫认为，他对于电影的大投入并不是盲目性的，而是在对不同地区的观众群的经济、文化经过深入的调查了解后所作出的决定。

观众至上法则

享誉世界影坛的美国著名导演马丁・斯科塞斯说过，我们一直知道电影是门生意，符合了做生意的条件才使电影艺术成为可能。

上世纪50年代邵逸夫刚到香港树起大旗的时候，很多编剧名家认定跟着邵老板肯定可以干出一番事业，便纷纷前来投靠他。但不幸的是，他们写的好多优秀的剧本都让邵老板“枪毙”了。其实，邵逸夫不是不要艺术，电影作为一门艺术对于艺术的追求固然必不可少，但邵逸夫要的是大众化的艺术。在他看来，没有观众的艺术便不成其为艺术。因此，他审阅编导提供的故事剧本，是以是否有票房价值为取舍的，导演、明星是否受重用，也以票房纪录为依据。

邵逸夫也承认他是把电影当做一项生意来经营，而不是作为艺术品来打磨。他非常注重市场定位，曾说：“我要拍一部纯艺术的电影，我不敢肯定这套戏有多少人看。少人看的戏就少人得益，所以，我宁愿向大家都中意的娱乐片着手。”邵逸夫深知电影离不开观众，“观众至上”是他不变的法则。邵逸夫的“观众至上”，是邵氏公司的传统。于是作为生意人的邵逸夫对于如何处理好艺术与市场的问题便是从自己“观众至上”的原则出发的。

邵逸夫的成长阅历造就了他和中国电影史上的许多制片家最大的不

同，是他深谙电影市场。他们大都只知道拍好片，却不知道拍怎样的好片才能打动观众，让观众排队掏钱，不同地区、不同时代的喜好，又有什么不同。而邵逸夫却不同，邵逸夫从 18 岁开始便直接坐到了观众中间，有意无意中使他比别人更了解电影市场。他知道拍怎样的好片才能打动观众，让他们心甘情愿排队掏钱。他知道哪些场景能令观众哭，哪些场景能让观众笑，哪些电影一定受观众喜欢一定能挣钱，哪些电影可能会爆出冷门，他都一清二楚。正因为邵逸夫是用观众的眼光评价电影，10 年的发行经验、累积看过上万部影片的观影经历，让他在制片时便无形中培养了观众至上论。

邵逸夫采取多元化产品经营来兑现观众至上法则。邵逸夫的拍片原则，大众化的通俗电影要拍，卖座叫好的要多拍，小众的电影，艺术的电影也要有。因此，邵氏出品的电影各种类型的几乎都有。

邵氏银幕上百花可以齐放，青年励志片、军阀片、三段式爱情片、歌舞片、亲情伦理片、都市喜剧片、警匪片、恐怖片、儿童教育片、民谣歌唱片、古龙式诡奇武侠片、少林武侠功夫片、都市小人物传奇片、风月片、地方风情杂荟片、人鬼片、动物片、校园片、历史宫闱片、都市爱情片、抗战片、新潮片、黄梅调片、赌片、奇风异俗片、戏曲片、琼瑶片、新武侠片等等，多姿多彩。而且包括不同语言，国语、粤语、厦门语、潮州语、英语、巫语等都有。因为各地观众形形色色，喜好不一，作为一个制片家，在满足大众欣赏的同时，也不能完全忽视小众的喜好，要实施产品多元化。在邵逸夫眼里，能赚钱的电影就是好电影。

在很长一段时间里，邵氏影片确实是在各种不同的题材、类型和风格内造就了大量的传世佳作。对于邵逸夫战胜第一个强手电懋，有人将电懋失败归咎于陆运涛不幸英年早逝，但实际上在陆运涛去世之前，企

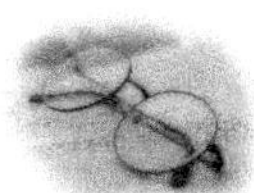

业弊病已经显现。1962年的香港是粮食救济地区，而电懋的时装片里依然是歌舞升平，要么是穿着旗袍的民国女子，要么是撑着洋伞的知识女性，显然已经脱离社会现实。

同期的邵氏电影虽然仍围着稗官野史、民间传说打转，却保持一贯的草根气息。邵氏导演陶秦曾说：在思温饱求生存的时代，一个饼比一个吻更容易出戏，也更容易取巧、讨好观众，可谓一语中的。

成功的人善于模仿

当今社会，每个人都在追求成功，但因为思维方式、理念等的不同，很多人一直走在追求成功的路上。邵逸夫善于学习模仿先进的技术，他采用好莱坞时期的工业体制和管理方式，使自己站到了一个高台阶，突破了小打小闹的家庭作坊式制作模式，效率、质量得到了提升；同时他模仿但不照搬，模仿学习别人的同时，结合自己的实际，创造出适合自己的路子。实际上，许多人能解决问题或是获得成功，都是在模仿的基础上进行创新，并加入自己独特的元素，从而将原本属于他人的创意变成了自己的创造。

我们经常听到人们提倡创新，却很少有人提起模仿，其实善于模仿都是一样的重要。事实上，我们日常生活中的绝大多数成功者，都是模仿别人得来的。没有模仿，不可能创新，不懂得模仿，也不会懂得创新！模仿是一条安全而高效的成功捷径，这是应该鼓励模仿的最大理由！

沃尔玛连锁百货公司的创始人山姆·沃尔顿曾经说过："其实我做的每一件事的方法都是从别处学来的。"

潜能开发权威安东·罗宾也曾说："在我看来，模仿是通往卓越的捷径。也就是说，如果我看见有人做出让我羡慕的成就，那么只要我愿意付出时间和努力，也可以做出相同的结果来。”

美国著名钢铁大王，安德鲁·卡耐基善于模仿洛克菲勒、摩根和其他金融巨子。他留意那些人的一举一动，研究他们的信念，模仿他们的做法，才有了日后的成就。

运用模仿的方法来解决问题，可以说是一种借鉴他人经验来获得自身成功的有效途径。虽然，成功者走过的路，通常都不适合其他人跟着重新再走。在每个成功者的背后，都有自己独特的、不能为别人所仿效和重复的经历。但是，你所要走的路当中，总有那么一段，同他们曾经走过的路，往往有相似的地方。甚至有时候，大家所走的其实就是同一条路，即使有所区别，也不过是大同小异。只是因为你看不见、或者没有注意别人已经走过了，以为自己走的是一条新路。人们常常沉溺于自我摸索，不屑于观察和模仿别人，这样，容易失去借鉴的机会，最后吃亏的还是自己！

《工作就是解决问题》一书中有这样一个案例，让我们看到了模仿的神奇。大约在上世纪80年代后期，美国报纸曾经以“一个针孔价值百万美元”为大标题，报道一个小发明。据说这一发明就是通过嫁接性模仿来获得的。

当时，美国制糖公司每次把糖输出到南美时，砂糖都在海运中变得潮湿，结果损失很大。为了解决这个问题，他们邀请专家从事研究，结果花了很多时间和金钱，但始终找不出一个好的方法。

该公司有个很普通的工人，他也在动脑筋想办法，希望能够想出一个简单的防潮法。后来他终于发现在糖包装盒的角落上戳个针孔，使它通风，就能达到防潮的目的。正是这个简单方法，解决了糖横渡大西洋而不至于潮湿的大问题。这位工人也因此获得了丰厚的奖励。

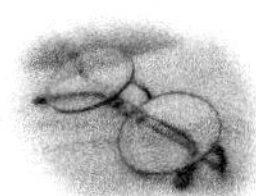

另一个人听到这消息之后，立即激起一股模仿的冲动，希望自己也能够戳个洞防湿或防蒸汽，以获得专利权，于是他便东戳西戳地开始研究。

他到处做戳孔实验，最后竟然发现，在打火机的火芯盖上钻个小孔很有价值。普通打火机注一次油只能维持10天，打孔之后，却能一次注油保持50天之久。他马上向政府申请专利，然后开始大量生产这样的打火机，结果销路极佳，赚取了大量的财富。

可以说，正是有了强烈的模仿的理念、模仿的思路，这位先生才取得了成功。当发现别人好的想法、经验时，你完全可以借鉴，在理解、创新之后，将其变成自己的东西。

当然，模仿别人已有的成功办法，也要结合自己的实际情况，不能生硬照搬，不然就成了“东施效颦”、“邯郸学步”了。模仿别人，也要在模仿中创新。正如齐白石老先生教育学生时说过：“学我者生，似我者死。”其实，模仿本身就是创新的手段之一，创新并不排斥模仿，从成本与效率的角度看，创新中应该包含模仿。有创新性的模仿，本身也是一种创新。

有这样一则寓言，讲述了模仿不当的危害性：

一天，有个人到树林里砍倒一棵树，并动手把它锯成木板。他在锯树的时候，把树干的一头搁在树墩上，自己骑在树干上；还往锯开的缝隙里打一个楔子，然后再锯，过了一会儿，又把楔子拔出来，再打进一个新地方。

这时，一只猴子坐在树上看着他干这一切，心想：原来伐木这么简单。

一会儿，这个人干累了，就躺下来打盹休息。猴子见状，从树上飞快地爬下来，也骑到树干上，模仿着人的动作锯起树来。可是，当猴子要拔出楔子时，树一合拢，夹住了它的尾巴。猴子疼得尖声大叫，它极力挣扎，把人给吵醒了，最后被人用绳子捆了起来。

所以，模仿也要有创新，不能机械照搬，依葫芦画瓢。解决问题的窍门，在于你会不会把别人的方法正确地拿来使用，生搬硬套式的模仿，只会弄巧成拙。成功的模仿，要针对具体问题，对前人经验灵活地选取。同时，不能只满足于模仿，要通过模仿渐进式地实施创新。

综观邵氏的成功，除了积极模仿先进、为我所用外，还不断根据时势的变化，做出大胆的创新，不断开辟新路。上世纪20年代，邵氏兄弟的“天一公司”在上海电影界做得风生水起，也因此遭到了其他几家公司的围剿。此时，邵逸夫的一句玩笑话提示了三哥邵仁枚，使他最终决定另辟天地，到东南亚去发展，邵逸夫也成了他最得力的助手。但兄弟几人十多年苦心经营的事业被二战毁掉了。当战争结束，邵逸夫敏锐地感知到百废待兴中孕育着巨大的机会，香港将是一颗新星，便离开新加坡，扎根于中国香港。70年代，邵逸夫的手下大将邹文怀出走，创办了嘉禾，给邵氏电影造成了严重打击和竞争压力；到80年代初，电影业又受到了来自电视的挑战，邵逸夫又决定收缩电影业务，转而投入无线电视。

引进有声电影

1930年，通过几年艰辛的努力，邵逸夫与三哥在新加坡成立邵氏兄弟公司，成为新加坡和马来西亚最大的电影商人。不料，风云变幻，瞬息万变的商海波诡云谲，他们遇到了来自大洋彼岸美国的蝴蝶效应。

20世纪30年代初，美国的经济危机引发了世界性的经济大萧条，

也猛烈冲击着东南亚，许多工厂、商店破产倒闭，失业工人布满街头，一派萧条。生活所迫，闲暇看电影的人大为减少，不少电影院因此关门停业，邵氏在南洋的影院生意也每况愈下，日渐清冷，危机四伏。

目光远大的邵氏兄弟不甘心看到自己苦心经营的电影事业就此萧条倒闭，必须赶紧想办法，知难而进，他们决定坚持下去，并巧妙地采取了三个步骤：

首先，价格促销，降低票价以招徕观众。前排票价由 50 美分降到 5 美分，后排由 75 美分降到 10 美分，连已经放映过的老影片也重新放映了，由此吸引到大批观众。

其次，产品出奇制胜，放映有声电影。20 世纪 20 年代末，有声电影在美国诞生，开创了电影的新时代。但中国和东南亚市场还停留在默片时代。他们意识到，无声电影市场将逐渐萎缩，有声电影才是方向。

最有远见的是第三步，邵逸夫提议：制作有声电影。邵逸夫发现，目前的有声影片全是好莱坞和西方生产的洋货，华人影片公司生产的全是无声片。所以，这是一个市场空白，“天一”要想立于不败之地，就必须率先拍摄出有声影片，抢占国产影片市场。但要制作有声电影，无疑需要巨资、技术投入。邵逸夫认为，现在大家都困难，舍不得购买和拍摄有声电影，我们正好乘虚而入，捷足先登！

邵逸夫决定只身到美国学习有声电影拍摄技术并购买有声电影的拍摄器械！面对危机，他的眼光是开放的、思路是清晰的、战略是大胆的，邵逸夫正是具有了国际眼光和时代感，他在危机面前没有放弃，危机倒逼出了一个崭新的中国电影新时代。邵逸夫成为了中国有声电影鼻祖。

可见，世上没有绝望的处境，只有对处境绝望的人。生长于社会大变革时期的邵逸夫，少年时代在开明的父亲的引导下，在上海美国人开办的学校接受了新式教育，使邵逸夫接触到了新的思想、新的理念、新的思维方式，这些邵对他经营邵氏产业产生了深远的影响。

首创与日韩合作

邵逸夫的国际眼光和时代感还体现在具体制片过程中。比如，看电影，邵逸夫不仅看自己公司拍的电影，还广泛搜集外国电影来看；不仅自己看，还有针对性地推荐给员工看。同时好片坏片他都看，并且分析其中的优缺点，从中掌握世界各地电影市场的变化趋势。当年，在创制新武侠片的时候，始终不得其法，效果不佳。邵逸夫就让员工们观摩意大利黑帮片、日本剑戟片和美国007等外国影片，从中寻找灵感，以资借鉴，同时结合中国京剧的舞台开打技巧，最终搞出既真实流畅、又有板有眼的视觉效果，为风行至今的香港功夫片打下了坚实根基。

邵逸夫曾对记者说：我天生喜欢看电影，国语片、西片、日本片、西班牙片、印度片、意大利片、德国片、法国片、墨西哥片我全部都看。他要通过观看这些影片，去了解影业行情，去研究人家如何表演，去揣摩观众的口味，去发现新的选题。邵逸夫正是凭着这种执著和投入创造了他的电影王国。

邵逸夫开拓电影市场的另一种方式，是进行国际合作拍片。早在上世纪60年代，邵氏兄弟就开始大胆地与日本韩国电影界交流来往，如1964年邵氏兄弟和韩国导演申相玉合作拍摄电影《妲己》，已成为经典。除此之外，业务还拓展到意大利、英国。投资最大的还是美国，和环球合作的科幻片《地球浩劫》、《2020年》等投资金额都超过千万美元，其目的是运用好莱坞的先进科技，提高自己制作科幻片的水平。1966年邵氏也邀请日籍导演井上梅次执导歌舞片《香江花月夜》，更开创出一波歌

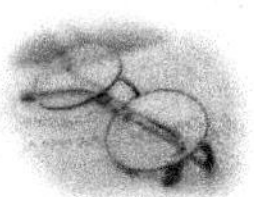

舞片盛世，轰动一时。

《梁山伯与祝英台》是中国古代四大传说之一，此片当年上映时曾引发观影热潮，获数项大奖：第二届金马奖最佳剧情片奖、最佳导演奖、最佳女主角奖及最佳演员特别奖等殊荣。

成功的背后，是艰辛的努力，是一丝不苟的态度。当年在拍电影《梁山伯与祝英台》的最后一场“祝英台哭坟戏”，虽然当时的邵氏公司已经拥有华语影坛最前卫的片场设备，但因为邵氏片场的特效水准有限，剧组还是特别跑到日本东宝公司拍摄，可见邵氏公司追求技术进步，追求更好的敬业精神和胸襟。

“邵氏出品，必属佳片”。这是邵氏电影最著名的一句宣传语，被作为字幕打在每部邵氏电影的结尾处。尽管作为商业化的制片公司，邵氏电影不可能真的每一部都“必属佳片”，但其追求的境界无疑值得肯定和称颂。据说邵逸夫为保证出品影片的质量，甚至多次将实在劣质的影片胶片烧掉以免影响到邵氏的声誉。从 1958 年至 1962 年短短的五年中，邵氏在亚洲影展中，共获得各类荣誉奖 46 项，如此荣誉令世界影坛为之震惊，同时，由此推论邵逸夫的“邵氏出品，必属佳片”不只是宣传口号。

成功在于变

成立于 1957 年的邵氏电影制作公司，在长达三十余年的时间里，为我们留下了余 1000 余部电影，这些电影类型多样，包括武侠片、戏曲片、歌舞片、都市喜剧片、警匪片、恐怖片等。其中不乏无数的经典之作。作为一家私营电影公司，能留下那么多影片简直是一个神话传奇。

犹太人认为，生意成功没有固定的模式。

我们商界也有句古训："商者无域"。意思是对于商人来说，经营什么、怎么经营，没有固定的模式，只要有利可图，不必拘泥于形式。现实中能够真正领会这一古训的人并不多。邵逸夫对"商者无域"给出了最好的诠释。

纵观中国电影百年历史，也唯独邵氏被人们尊称为"东方好莱坞"，直至如今，在亚洲乃至全世界能够达到这样规模的私营电影公司，恐怕只此一家。俗话说"盛极而衰"，一代电影王国，随着时代和科技的进步，而产生而发展而辉煌而陨落。随着70年代末期香港电影声势逐渐下滑，眼光独到的邵逸夫逐渐调整投资方向，以其超人的智慧、敏锐的洞察力和超前的战略眼光，预见到方兴未艾的电视业发展的广阔前景，于1967年毅然决然大举进军电视业，创建香港无线电视（TVB），由此，邵逸夫建立了邵氏"影视王国"。这种高瞻远瞩的战略转移再次延续了邵逸夫的传奇。

邵逸夫曾说："我的事业，一切都是猜谜游戏。你不得不参与其中，观察观众的反应，然后进行推测。我喜欢坐在观众中间，尤其是在香港，人们不停地评论着，娱乐是一种服务行业。在香港，人们拼命赚钱，没有什么地方可去，所以让他们保持开心就成为一种挑战。"

邵逸夫把自己的事业当做是猜谜游戏，但猜谜是一种智力游戏。俗话说：事事皆可入谜。邵逸夫面对竞争激烈、内容丰富、形式多样、变化多端的影视业，既要具备广博的知识，还要有思维推理判断的好习惯，他抓住了做好娱乐服务业的关键谜底，那就是让观众开心。所以，无论是做电影，还是干电视，这个主题，他抓得很准。

邵逸夫勤勉奋斗八十年，打造了一个美丽的影视王国，取得了巨大成功，说其极大影响到中国人的精神生活，说其在香港乃至当代中国影

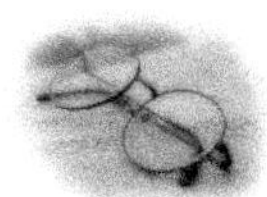

视文化史上，都留下了自己里程碑式的印记、不可复制的历史存在皆不为过。

他的经商经历，也是中国香港电影电视辉煌历史的见证。这是一位为中国贡献了大份额大众文化产品的“总导演”，他所烹制的大众文化美食辐射到了整个华人世界，影响几十亿人心灵。尤其是在改革开放初期，让本以为革命样板戏是唯一精神食粮的内地人知道，原来影视是如此的精彩纷呈。

能在长期的职业生涯中，把艺术与商业结合得如此之好，让二者融合为一体，是邵逸夫成功的秘籍之一。

我们知道，高手和普通人的差别，往往就在于眼光。高手就高在“高瞻远瞩”，这就是战略眼光。高手比一般人站得高，望得远，想得深，干的早。高瞻远瞩，才能运筹帷幄，这就是职业素养的问题。

生意人想赚钱就要认真赚钱，以专业的精神去对待创业、赚钱，而不是随性而发，率性而为。

首先要做自己感兴趣的事。这样才能百折不挠、无怨无悔，坚持到底。有计划地赚钱，这是很多富人的经验之谈。邵逸夫正是对电影的极大兴趣，吸引着他，从打杂的基层工作一直干到编剧、摄像、导演、发行直至大总管、老板。其中的酸甜苦辣磨炼了他的意志，也品尝了赚钱的快乐。

对于人来说，兴趣就是发动机，给人激情和毅力，它使人产生创造的欲望，产生工作的积极性和持久性。17 岁就创立戴尔计算机公司，并且担任了将近 20 年首席执行官的迈克尔·戴尔，在谈到财富品质时说：我相信，机会既来自直觉，也要靠着对某个产业、事物或专业的狂热投入。

其次，有目标、有计划的赚钱。有计划，这是高素质商业赚钱人才的标志之一。汽车没有发动机就没有动力，只是摆设。但是，只有发动机，如果没有方向盘和刹车、油门，车跑得越快就毁灭得越惨。对于人来说，这些控制着人生的方向和方式的因素，就是目标计划，就是信念和理性。

邵逸夫的创业紧紧围绕着邵氏家族的事业展开，他了解观众的心理、了解电影发展的趋势，通晓娱乐观众的方式，所以，他干了自己感兴趣、有能力干的事。

最后，凭专业赚钱。邵逸夫见证了中国电影的发展历程，从默片到有声，从黑白到彩色，电影艺术的每一次升华，都带给观众光影世界的惊喜，邵逸夫的艺术之眼一直追随着世界的影业发展，带给观众无限的乐趣，也提升了商业利润。

商人邵逸夫用艺术征服了电影。艺术与商业这原本被认为是水火难容的一对元素，在邵逸夫身上得到了“奇妙”的结合。用艺术之眼，他的许多电影作品获奖无数，堪称精品；而用商人之眼，他一手创立的影视帝国，至今，无人企及。

第7章

智慧：商道谋略　寻无极限

“谋而后定，不谋则衰矣”，“谋深，虑远，成之因也。”这是《菜根谭》谋略篇中的两句话，它告诉人们“深谋远虑”在一个人成功中的重要作用。让我们在历史的训诂中感叹他们的微妙玄通和深不可测的智慧！

清末红顶商人胡雪岩也说：“我们长线放远鹞，谋得深虑得远，看到三、五年后，大局已定，怎么样也能飞黄腾达，一下子蹿了起来。”，他还说：“一个生意人的眼光，看得到一省，就能做一省的生意，看得到天下，就能做天下的生意，看得到国外，就能做国外的生意。”

任何事情的成功与否，其关键在于谋事者是否有完善的思考，只要谋划得当，精心布局，加上强势的执行力，成功就是必然。正如古人云：“谋事在人，成事在天”。商道无间，商务活动是一种高智商的较量，商业上的竞争是智慧的竞争，任何一个成功的商家，一定有自己的经营观念，谙熟经营哲学，也有自己独特的经营管理谋略。

邵逸夫一生从事的是娱乐事业，但他清楚事业不能娱乐，需要搏击长空的勇气，更需要明察善断的商业智慧。作为一名成功的商界大鳄，邵逸夫体现出来的企业家精神，或者说他的创业成功之道，无不渗透着他的商业智慧，他把传统与创新和经营之道糅合在一起，创造出了有独特风格的邵氏经营之道。

招贤纳士

邵逸夫的人生创业虽然从19岁开始，但他真正单打独斗闯天下，要从50岁从新加坡启程赴港算起。此时，人到中年的邵逸夫精明的商人特质在自立门户后发挥得淋漓尽致。

邵逸夫的成功，很大程度上得益于他招贤纳士、知人善任的招兵买马术。他知道事业是人才创造的，用对了人，天堑变通途；用错了人，顺境成险滩。

1957年，邵逸夫从南洋来到香港，大手笔花费32万元，买下清水湾近80万平方英尺的土地，开山填海、大兴土木建造日后事业根基“邵氏影城”，他宏伟的“制梦工厂”计划开始了，干事业的根基有了。

1958年春天，邵逸夫的“邵氏兄弟(香港)有限公司”成立了。这是真正意义上的邵逸夫的公司，干事业的组织机构有了。

这个时候，精明的邵逸夫清楚，他不缺摄影棚、不缺新公司、不缺机械设备，不缺资金，缺的是人才。无论是管理、制片、化妆、剪辑，还是配音、暗房、编剧、导演、演员……，面临的是缺少人才的压力。

当时的香港影业格局，电懋实力最强，不但有王牌编剧张爱玲，旗下还有大批女星、名导，是邵氏的头号对手。老板陆运涛出身豪门，有留洋背景，其父陆佑是新马首富。传闻陆运涛曾经放话给邵逸夫，只要肯开价，陆家可以立刻收购邵氏在东南亚的所有机构和资产。可谓财大气粗，不可一世。和电懋相比，邵氏的确只是个轻量级竞争者。因为，

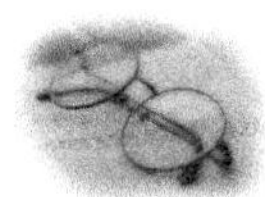

邵逸夫本来的事业重心在南洋，他只是接替二哥邵邨人管理香港公司业务，处在不利地位。为了对抗电懋，邵逸夫必须突破竞争瓶颈，招揽一流人才。

俗话说，万事开头难。导演李翰祥后来回忆说，刚到香港的邵逸夫很没面子，他请几位大明星到自家别墅吃饭，结果“大牌没到，连二牌三牌也请不齐”。因为当时电懋旗下的签约艺人都被严格控制，不许和其他影业公司接触。陆运涛是个洋派人物，他从好莱坞学来的这套艺人经纪理念很是管用，筑起了高高的人才壁垒。而邵氏还不被外界看好。如何迎接挑战，要寻找突破口。

良好的开头是成功的一半。邵逸夫认为，要想立足香港，头等大事是要先物色好自己的左右臂膀，这就是宣传人才。宣传做得好，生意才做得好。只有公司对外宣传工作做得有声有色、胜人一筹，才有人愿意加盟，才能揽得更多的人才。所以，邵逸夫的心里已经勾画出了他的宣传人才标准：要担起公司的形象宣传策划、影片的包装设计的重任；必须懂业务，熟悉市场行情；善于运用传媒，把握宣传的分寸；具有雄辩的口才，敏锐的头脑、良好的社交才能，必须是一个一专多能的全面型人才，邵逸夫抛出了一个高端“人才”绣球。

面对邵逸夫严厉、苛刻的招聘条件，不少人知难而退，勇敢挑战者，最终也榜上无名。一批又一批的报名者，犹如大浪淘沙被淘尽，没了踪影。求贤若渴的邵逸夫依然严格考核，慎之又慎。他抱着“宁缺毋滥”的态度，决不放松或降低自己的标准，不满足条件者坚决淘汰，毫不手软。虽然邵逸夫也感叹：简直如大海捞针一样难呀。正所谓“千军易得，一将难求”。

功夫不负有心人，机会终于来了。老报人，上海新闻界之才子吴嘉棠为邵逸夫推荐了一个重量级人士，这个人就是年仅30岁的邹文怀。毕业于上海著名的圣约翰大学新闻系的邹文怀，年龄不大，资历不浅，深谙营销宣传之道，讲的一口流利的上海话和英语，确实是个不可多得的人才。邵逸夫闻讯如获至宝。邵逸夫亲自安排了隆重的、高规格的见面，并且一身新装，早早地恭候邹文怀的光临。邵逸夫如此纡尊降贵去迎接一位素不相识的陌生客人，可谓几十年平生头一遭。他心中自有如意算盘：眼下人才奇缺，若想成霸业，必须有一流人才相佐。刘备请诸葛亮尚且三顾茅庐，我要邹文怀相助，也自当礼贤下士。

最终重金礼聘邹文怀出任“邵氏兄弟（香港）有限公司”的宣传部主任要职。邹文怀提出的条件是自组班底，用什么人要自己说了算。邵逸夫爽快地答应了。邹文怀拉来的班底是何冠昌、梁风、蔡永昌、赵耀俊等志同道合者，个个都是独当一面的好手，邵逸夫之所以有如此大胆的气魄，是因为他求贤若渴，邹文怀在邵逸夫的耳提面命的培训下，对电影制片不但由外行变内行，而且青出于蓝而胜于蓝，邹文怀用事实证明自己的能力：常令邵氏影片“起死回生”、“化腐朽为神奇”，平平无奇的影片也能卖个满堂红，也证明了邵逸夫独到的眼光。宣传人才问题迎刃而解，有了自己的喉舌，其他一切困难就冰消雪融了。

邵逸夫知道，导演是电影艺术创作的组织者和领导者，是把电影文学剧本搬上银幕的总负责人。一部影片的质量，在很大程度上取决于导演的素质与修养，一部影片的风格，也往往体现了导演的艺术风格。因此，邵逸夫大力扶持导演，如刘家良、唐佳、吴思远等都是在邵氏锻炼出来的。特别值得一提的是，李翰祥在名不见经传，默默无闻时，被邵逸夫慧眼识中，委以重任。挑大梁导演邵逸夫在香港的奠基作品《貂蝉》，结果，影片《貂蝉》为邵氏公司创造了滚滚财源，成就了邵逸夫的开门

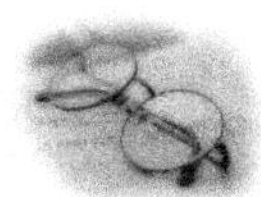

红，也让李翰祥一夜成名，成为了邵氏金牌大导演，让很多人感叹邵逸夫的眼光犀利。当年，由于邵逸夫的精心培养，邵氏电影公司旗下的明星如云，群星争辉，独霸香港影坛。

1966 年，邵氏的武打片《天下第一拳》推向海外市场，立即引起轰动。传媒更是一片喝彩。却有个叫“何观”的影评人，在《新生晚报》的影评专栏上，对邵氏影片“吹毛求疵”，这引起邵逸夫的注意。他觉得这个何观，文笔老辣，见解独到，而且直指邵氏出品专捧女星，阴盛阳衰，缺乏阳刚之气，胸中大有丘壑。邵逸夫一时起了求贤之心，便让邹文怀注意这个何观，想与他面谈。何观是张彻的笔名，而邹文怀和张彻正是熟人，面谈之后，邵逸夫决定引进张彻。

1966 年，张彻看中一个剧本《独臂刀》，建议启用名不见经传，还只是邵氏艺员训练班学员的王羽担任男主角，邵逸夫大胆决定风险投资，结果，张彻的《独臂刀》上映后，轰动了整个香港。从 1967—1974 年，是张彻在邵氏最风光的岁月，他连连推出卖座片《十三太保》、《大决斗》、《马永贞》、《少林五祖》等片。张彻得大名，邵逸夫获大利，这是一场双赢的博弈。

“千人之诺诺，不如一人之谔谔”。善于听取不同意见，有助于我们看清和完善自己。有一个寓言故事：普罗米修斯创造了人，又在他们每人脖子上挂了两只口袋，一只装别人的缺点，一只装自己的缺点。他把装别人缺点的口袋挂在胸前，把装自己缺点的口袋挂在背后。因此，人们总是能够很容易看见别人的缺点，而看不见自己的不足。所以，我们常常受到自身的蒙蔽，不能好好地看清自己，了解不到自己的缺点。这是进步的一大障碍。

泰戈尔说过：“如果你把所有的谬误关在门外，真理也将被关在外面。”此话颇耐人寻味！同样的道理，若把所有不同意见关在门外，那些有价值的意见也将被关在外面。想一想，这将会是多么愚蠢而可悲的事情。邵逸夫正是从一篇意见稿中发现了自己的不足，对人才器重信赖，把人才当财富，善于给年轻人创造机会，搭建施展才华的舞台，才有了日后的蓬勃发展。

打造明星制

当时，电懋旗下人才济济，群星璀璨，香港影坛的一线明星林黛、尤敏、林翠等人，还有大导演岳枫、陶秦、王天林，著名编剧张爱玲、秦羽、姚克，都签约在电懋。所以，能雄霸香港。

商人邵逸夫对自己公司制作的影片只有一个要求，那就是让更多人去看。他认为观众去戏院无非是看人、看景和看事，这三方面都满足了，就无往而不利。其中看人就是看明星。

从某种意义上说，电影艺术也就是演员乃至明星的艺术，正是因为他们生动的表演，将一个个虚拟的情感故事、光彩照人的人物形象、丰富多彩的人生梦想，以喜怒哀乐直观鲜活的方式呈现出来，并联接了观众的直接认同与体验。因此，演员很容易成为人们寄托内心愿望和期待、表达情感的对象。曾几何时，人们去电影院看电影就是慕名而去，欣赏某位明星的新作和风采，而电影广告宣传也是让领衔主演的明星来吸引观众，还有报纸、杂志、影视评论，也多以明星的各种新闻和噱头来招揽读者。今天，也许人们记住的影片片名并不多，却能记住自己喜欢的明星的名字。

从天一到南洋再到邵氏，从早期的胡蝶、阮玲玉到中期的李丽华、凌波，再到更晚些的狄龙、姜大卫，无一不美轮美奂，顾盼生辉。乃至

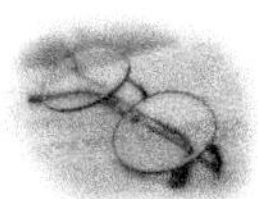

进军电视时，周润发、赵雅芝以及刘德华、梁朝伟为代表的五虎将，都曾是邵氏的得力干将。20 世纪 90 年代初，TVB 创办了“劲歌金曲”这一经典栏目，邵逸夫更是以独到的眼光将黎明、郭富城、张学友、刘德华力捧为流行乐坛的“四大天王”。

所以，明星制培养出了一个围绕着明星的特殊的消费群体，就是我们通常所谓的影迷。于是，观众就养成经常看电影的消费模式，他们一部又一部地观看同一演员出演的影片，满足自己对神秘明星的崇拜与解密。

香港电影在市场上一直能取得骄人的成绩，就是因为它有一批像成龙、周润发、梁朝伟、刘德华、张国荣、周星驰、黎明、张曼玉、梅艳芳等明星演员，他们作为一个重要的商业元素，创造了香港辉煌的电影产业。

闪亮的明星依靠一个个成功扮演的角色为大众所熟悉，从而进入大众宣传媒体中，引起观众的兴趣和欣赏。人们谈到明星时常常习惯于把她或他与其饰演的角色、影片文本相提并论。比如，我们会把成龙和香港动作片联系在一起，而周星驰与香港无厘头电影有着不解之缘，更多的时候，我们是因为成龙或周星驰的名字去观看某一部电影的，这就是明星的广告影响力。所以，媒体特别是娱乐媒体的兴趣也聚焦在明星的个人生活上，炒作他们的一举一动。向热情的影迷提供大量有关明星的秘闻、明星的服饰、明星的家庭、明星的生活习惯等等，特别是明星的感情生活或者个人隐私，这些都极大地满足了观众的“知情渴望”。这样一来，娱乐报刊、电视新闻、广播、网络作为明星的宣传工具源源不断地提供大量关于明星个人的信息，虽然这些信息与电影文本没有直接关系，但它同电影业和影片制作过程还是有联系的，使观众能从另一个侧面了解更多关于电影的信息。

明星制给电影业带来了更多的盈利空间，观众通过票房对他们喜爱的明星演员表示支持，从而确立了明星在电影业的重要位置，似乎是大众确定了电影的娱乐方向和明星的位置，但我们也要看到制片方利用自己的手段进行明星的制造、包装和炒作。明星制反映了大众与制片商之间一种双赢机制，一个演员能否成为明星，取决于大众的支持，取决于一种“大众文化机制”，而明星的诞生和成长，也同样离不开一系列机制的操作过程，这就是制片商幕后的推动。

可见，明星在创造影片品牌时是多么的重要。

邵逸夫应该是中国最懂电影电视的企业家，非常看重明星的影响力，在制造明星的同时，也着力培养新人，打造新星。1959 年他开始参与举办“香港小姐”选拔，并为选拔出来的优秀人才提供试镜机会。在明星的管理上，邵氏对旗下导演和艺人的合约掌控十分严密，李翰祥当时就和邵氏签了八年合约，这种传统一直延续到如今的 TVB。

在邵逸夫之前，香港并不像内地的电影学院、戏剧学院一样设有影视专科学校，娱乐圈几乎没有科班毕业的艺人。

1961 年，邵氏开香港电影人才培养先河，邵氏南国实验剧团成立，由顾文宗任团长，为邵氏培训演员。在南国实验剧团，学员要经过一年的专业训练，课程包括表演、音乐、舞蹈、武术、化妆等，每周五天上课之外，还要到片场做义务的临时演员。学员每月只有 50 元津贴，毕业后须经考核通过，签下长达八年的演艺合约，薪水是每月 200 港元（不会说国语的只有 150 港元）。尽管如此苛刻，报考者仍络绎不绝。

1964 年，在邵氏电影公司如日中天的时候，邵逸夫创办南国电影训练班，培养了汪明荃、黄霑、罗文、王羽、罗烈、郑佩佩等一大批新人，

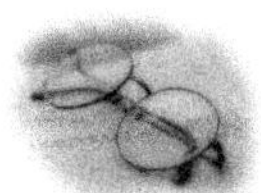

又提拔了张彻当训练班制作主任，这是香港第一个电影专科学校。曾经在一次金马奖颁奖晚会上，有人统计，台上 19 位颁奖影星和影人竟有 18 位出自邵氏公司。可见邵逸夫培养的人才之多，成就之大，无人能及。

在邵氏电影逐渐弱化，南国电影训练班停办后，邵逸夫借着入主 TVB 电视台的机会，于 1971 年与香港电视广播有限公司合作，创办了无线电视艺员训练班，这个培训班每年举办一期， 成为一条成熟的造星流水线，被誉为“港星摇篮”。主要为无线电视台训练演艺人才，由孙家雯主持，取代南国实验剧团，全面培训新人。这是香港第一个真正的戏剧学校，为整个香港演艺圈输送了大量中坚人才。不少较早期的学员今日已经是华人娱乐界独当一面的巨星，周润发、梁朝伟、周星驰、刘德华、刘青云、吴君如、刘嘉玲、吴镇宇、郑伊健、甄子丹（旁听）、古天乐、谢霆锋皆出身邵氏门下。“邵氏明星，多如天上星。”这一切都贯彻着邵逸夫的人才战略：批量制造明星，捧红他们，同时控制他们。此外，邵逸夫还栽培了无数香港一线导演，比如杜琪峰、王晶、尔冬升、唐季礼、关锦鹏、韦家辉……他们为邵逸夫创造了巨大的商业价值。

选美的商机

香港的选美活动，最早可以追溯到 1946 年。选美活动中的优胜者，被冠上“香港小姐”的称号，很是风光。初期往往是在夜总会之类的地方举行，参加的人数不多，而且品流复杂，也不是年年都有。1973 年 6 月 24 日，邵逸夫入主香港电视广播有限公司，开始主办“香港小姐”竞选活动，此后这项活动便成了香港一年一度的欢乐盛事，几乎成为香港一景，绵延至今，选美活动已渐渐成为香港人文化生活的一部分。当选者往往一夜成名，实现灰姑娘的童话，落选者也有机会进入演艺行业，开始多姿多彩的人生。曾经在1975年当选“香港小姐”的张玛莉认为，在香港人看来，最能代表香港魅力的，不单单是夜总会、跑马场和太平山顶，也不单单是港片、港剧与粤语时代曲，更是“美貌与智慧并重”的“香港小姐”。

上世纪70年代初的港姐选举形成了后来选美活动的雏形，如参选者的年龄规定在17～25岁之间，必须有中学教育程度及未婚，参赛前要参加严格训练、规定选拔过程和形式，如要分别穿便装、泳装、晚礼服等出场、现场回答大会司仪提问，以及结果公布前的歌舞表演等等，都与现今选美的模式大致相同。

除了无线之外，它的竞争对手亚视也不甘落后，于1985年开始每年推出自己的“亚姐”选举，旨在为亚洲电视挖掘人才。每到选美决赛之夜，人们都习惯了一家大小齐聚电视机前，收看直播节目。这已成为香港人的传统，其合家欢程度可与内地的大年三十春节联欢晚会相媲美。

虽然是选美比赛，但姿容美貌并不是在选美比赛中胜出的唯一标准。往往相貌最美的那一位选手反而当不上冠军。香港人似乎发现了选美的潜在标准，他们幽默地将选冠军比喻为“选老婆”，不用太漂亮，“最要紧的是贤淑大方”；选“亚军是选女朋友”，不妨风情万种；选“季军则是选小妹妹”，天真单纯就好。

早几届的港姐选举结果都印证了这一说法，高贵端庄、堪为女性楷模的大家闺秀型佳丽大受欢迎，第一届冠军孙咏恩、第三届冠军张玛莉、第五届冠军朱玲玲、第七届冠军郑文雅等，都不是貌美如花、倾城倾国的美女，其中朱玲玲被誉为气质最高雅的港姐，后来嫁给霍英东之子霍

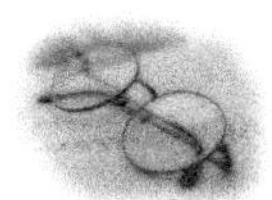

震霆，开启了港姐嫁入豪门的先例。

爱美之心，人皆有之。美的概念是很复杂的一个概念，随着时代的不断演变，选美也体现了香港不断变化的时代精神。由追求德到追求貌，再到将二者相融的才貌双全。1973年至1983年这十年间，香港社会风气仍然保守，选美的标准以“德”为先，而“貌”次之。直到80年代中后期，香港娱乐业空前繁荣，社会大众才开始不再讳言对姿色的追捧，“电眼美女”李美凤、“最美丽的港姐”李嘉欣等一一出炉，也造就了一个群芳争艳的时代。再往后有机智、善应对的“知识女性”成为时代新宠，参选者呈现出高学历化的趋势。1989年的陈法蓉就是第一位有大学学历的选美冠军，除了1990年的袁咏仪和1996年的李珊珊外，此后的冠军都是大学生。而1991年的郭蔼明更是香港选美史上学历最高的港姐，她在美国获得双硕士学位并打算攻读博士。

每一次的选美盛典，都会引起社会高度关注，每一位选美冠军的命运也会因此发生巨大变化，多年的香港选美见证了一段神话般的香港往事，尽管近年来亚姐选举已经停办，港姐选举也陷入创意匮乏、负面消息不断的两难局面，一个倾城争睹港姐风姿的时代正在离去，但是选美活动仍然代表着香港的娱乐走向。

1973年，邵逸夫认为当时香港娱乐圈以硬派男星为主，缺乏美貌女明星，因此力排众议举行香港小姐选美，旨在挖掘美貌与智慧并存的女明星，并承诺与前三甲签约，让其成为TVB演员，而其他落榜佳丽也有进入娱乐圈的机会。

邵逸夫把选美活动看成是商业选美，通过眼球经济赚钱，是缔造神话的契机。选美能产生巨大辐射作用，带动普通人的关注，产生强大的市场效应。可谓收获多多。

《香港小姐竞选决赛》是无线30多年来的固定栏目、常青节目。多年来，香港小姐竞选不仅给邵逸夫带来了重要的商机，创造了商业价值，带来了经济利益，还带来了大批人才，为TVB提供了艺员后备力量。香港小姐为影视圈输送了无数名气如雷贯耳的女明星，其中有国际影后张曼玉、香港影后袁咏仪、常青树赵雅芝，还有李嘉欣、钟楚红、邱淑贞、郭蔼明、周海媚、张可颐、蔡少芬、陈法蓉……直到今天，香港年轻女孩仍然把参加香港小姐的选美视为进入娱乐圈的捷径。

在退休前，邵逸夫每年出席台庆晚会时，都是必与应届港姐一起携手亮相。邵逸夫抓住了香港人的心理。“香港人崇尚选美文化，相信麻雀变凤凰的故事。”凤凰卫视“2003 中华小姐环球大赛”组委会负责人曾表示，无论何时举办选美活动，总是会引起香港人的关注。香港多年来始终是一个不乏奇迹的地方，港人既信奉“努力就能搵到食”的人生信条，也见惯一夜成名与一夕暴富的故事，无论是选美还是六合彩，都暗暗迎合了港人对于成为时代传奇的渴望。邵逸夫正是从平民的视野制造了这个商机。

把握大势

掌握趋势就是掌握未来，掌握发展的机会，当一种趋势的苗头初现时，能够把握先机，就是真的英雄。对经营企业的管理者来说，一成不变与坐享其成的保守思想，注定让人成为时代浪潮中的牺牲品。把握潮流，不断革新才有机会，坚持求变才会成功。入主TVB时，邵逸夫已73岁，进入古来稀的年龄，他却开辟了生机勃勃的新领地。1985年，有记者询问TVB保持不败的秘密，邵逸夫回答——“跟潮流”。

邵逸夫比喻说：“就像女士们的打扮，有一段时间大家都穿细高跟鞋，

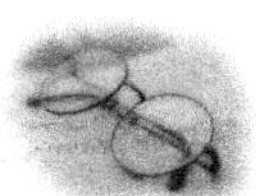

你就会觉得细跟很好看。这时候，如果有个女士穿粗高跟鞋，你就会觉得她跟不上潮流，打扮落后，一点没有美感。时下女士流行宽松衫裙，如果你看到有个女士穿紧身的衫裙，你一定会觉得不顺眼。这种美与丑的比较，主要是合时不合时的问题。”因此，合时宜是他的武器，是邵逸夫能够让不同时期的自己处于不败之地的法宝。所以，邵氏的娱乐帝国在不断地求变，从剧院到影院，从无声片到有声片，从黑白片到彩色片；从上海到南洋，从南洋到香港，从影院到无线电视，包括 TVB 的经久不败，很重要的一个原因，就是紧跟潮流，产品在变，市场在变，不断求变，只为“合时宜”。

日本“理光“公司的创始人市村清有一句名言：“行人熙攘的背后有蹊径。”意思是说，人家都在走的道路前端不会有“金山”等着你，倒是不为人注意的地方有可能让你发现财富，商人要善于另辟新路。有时换一个角度来思考可能就会产生豁然开朗的感觉，善于运用“超常识”的法则进行经营，才能与众不同，别出心裁，独树一帜，出奇制胜，抢得商机。

邵氏公司从上世纪 50 年代末成立到 60 年代中期，在邵逸夫统领下，一路高歌猛进，有声有色地演绎社会风情，描述生命的欣悦与痛楚，给观众巨大的精神满足。特别是到了 60 年代中期后，进入了辉煌鼎盛时期。花无百日红，60 年代开始，时代的发展，科技的进步以及电视的冲击，美国好莱坞各大公司均陷入危机，进入 70 年代，香港也开始出现电影危机，独领风骚的好岁月行将结束。至 70 年代末，香港电影业逐渐式微，大公司一统天下的强势已成为历史。

邵逸夫看到了电影的大趋势，必须开始新的选择。

电影业的这些变化，邵逸夫已经无力、也无意应对了，他找到了新的战场，开始全力进军电视媒体。1987 年，邵氏电影公司正式宣布停产。邵逸夫的电影传奇，至此终结。邵逸夫从电影转战当时的新兴行业——电视，开拓新战场——打造小荧屏上的娱乐王国。这一转型被外界公认为邵逸夫的一大英明决策，是把握大势的绝妙转身，充分显示了邵逸夫急流勇退的过人勇气和智慧。邵逸夫这时对电视的认识还没有上升到控制把持的高度，只是当成一种投资，电视在 60 年代还没有普及，所以，只是当成奢侈品，对电影的威胁还没有完全显露出来。

1965 年，香港政府公开招标竞投无线电视广播经营权，利孝和、邵逸夫、余经纬及英美资金投得香港的免费电视经营牌照，随后在 1967 年成立香港电视广播有限公司（TVB），由利家三兄弟出任公司大股东，由利孝和出任主席，邵逸夫出任常务董事。这是香港历史上首家以彩色系统播映的电视台，万众瞩目，开创了新的娱乐领域。

1967 年 11 月 19 日是 TVB 成立开播的大喜日子，这一年邵逸夫 60 岁。1980 年，利孝和猝然病逝，邵逸夫遂增持无线股权成为最大股东。由邵逸夫接替利孝和，执掌无限电视大权，顺理成章。

尽管许多人在这个年纪已经过上退休生活，但邵逸夫却开始了人生二次创业。相比需要在艺术商业双重诉求间谋求平衡的电影，电视的传播特点显然更符合邵逸夫一贯以市民观众接受口味为前提的创作思路。

邵逸夫将邵氏在电影领域的大片场制度嫁接到了电视领域，用电影手段，做电视行业，开创了“一条龙”机制，即台前幕后的主创人员全是公司的“职员”，从拍摄至播放再到音像制品版权销售，全部一手包办，这种自给自足机制最大限度地为 TVB 降低了成本。

至今 TVB 仍然保留着这样的“一条龙”模式。TVB 制作资源部总监乐易玲认为，这种模式能够有利于控制风险，“一方面，这样的运作模

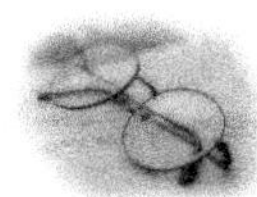

式需要庞大的资金，要很小心才能做到收支平衡；另一方面，一旦收视率受到威胁，你要抢拍新戏对战，到时明星演员、导演们没有档期怎么办？我们要储存足够的导演、编剧、监制、演员去应付。”

邵逸夫的远见，在激烈的电视领域令他依然长袖轻舞。

香港历史最为悠久的电视台，并不是 TVB，而是 1957 年创立的“丽的”电视，也就是后来的亚洲电视台（ATV），这是香港以及东南亚地区第一家电视台。不管在资历还是人气上都占尽先机。直到 1967 年才有了 TVB。两者间隔 10 年时间，居然 TVB 后来居上挑战成功。究其原因，邵逸夫曾回忆说：“免费是王道！”当时的香港，电视还是上流社会的奢侈品，服务要收费。“丽的”电视对观众每月收取 25 港元的服务费，这相当于一个学徒工的月薪，所以，用户不多。而 TVB 是免费的，完全向观众敞开大门，自然轻易夺得观众芳心。在这一点不得不让人惊叹邵逸夫的远见卓识，他胜在比“丽的”更早看到免费广播的趋势。所以当“丽的”转向“免费入屋”时，无线已经牢牢地抓住了大批观众，形成了惯性收视，并一直延续至今。

松下幸之助说过，商人最重要的素质，是从细微处看到大趋势，在商业直觉和决策理性的平衡点上选准大势。正所谓顺势者昌，逆势者亡。自然变化的规律、人生动态的规律和社会发展的规律，这些规律只能顺从不能违背，顺从就能大通顺。识时务的商人，当情况有所改变时，能知变从权，顺应大势而为。

邵逸夫的远见印证了松下幸之助的观点。武功高强的人，往回抽枪的动作比出枪时还要快。与此同理，无论是搞经营，还是做其他事情，真正能做到不失时机地退却者，才堪称精于此道。

经商需要智慧。要知晓进退之道，只知前进，不知后退，往往会碰壁。退出是对自身状况作冷静、理智的深刻剖析，然后再实施的一种战略选择。因此，经营者应该明察善断，要根据具体的情况应对，有时候需要锲而不舍地坚持，有时候则要毅然决然地放弃。邵逸夫做到了，曾经坚持做电影，最后放弃做电影。面临变化的环境，需要对变化保持警觉而且有效驾驭。明知情形对自己极度不利时，应该及时放手。邵逸夫能够依据外部环境的变化，特别是市场和竞争对手的变化而相机应变调整自己的战略战术，知道及时抽身之道，不盲目恋战，不愧是高明的商人。

一个精明的商人，必须头脑灵活，善于变通，成为一个“巧商”。巧商不仅会走直路，更懂得走弯路的重要性。当竞争面临困局，或者无大利可图时，经营者就必须谋求别的途径来实现自己的目标，这就是另辟蹊径。这也是很多成功人士的切身体验和感悟。

识时务者为俊杰，什么是时务，就是形势，就是趋势，就是对事物现在和未来的准确判断。一件事情，重要的不是现在怎样，而是将来它会怎样。看清了它的将来，坚定不移地去做，事业就已经成功了一半。

能吃苦，懂得捱

邵逸夫的成功少不了他精明过人的商业头脑，更少不了他顽强的奋斗精神。当初闯荡南洋的艰辛，很多年后他还记得，兄弟俩带着破旧的无声放映机，在东南亚的小城镇里走街串巷，找空地搭帐篷放电影，拎着糨糊桶满街张贴海报，渐渐打开局面。“我们有六组流动放映车，每组一人掌管。全套器材放在货架上，去乡下放电影。”邵逸夫说。此番情景，邵逸夫一生难忘。

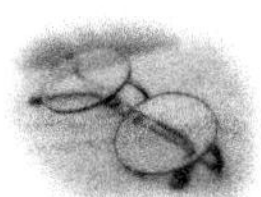

邵氏的当家导演张彻说过：邵逸夫的勤奋、毅力、认真非一般人可比。他每天工作时间长达 16 小时，数十年如一日。每天 9 点上班，上班时交代各主管的工作他都是预先写在条子上，每人一张，亲自交给。到了公司第一件事情便是看各位导演前一天拍好的毛片。每个月要开拍的新片的剧本、故事，他都要亲自审阅，自己忙得顾不得看时，由导演或看剧本的人向他报告，最后他来裁决。

邵逸夫干的是娱乐业，但他说自己没有什么娱乐活动，看电影就是他的娱乐，他的娱乐就是工作。有时候，赚钱的快乐，不在于钱本身，而在于他通过赚钱，证明了自己的能力，实现了自我的价值。何况，这个实现价值的过程，本身也是快乐的，就像邵逸夫在工作中的其乐无穷。各人的苦乐，只有自己知道。很多时候，工作本身就是幸福，智力和体力的付出，都是一种享受。

邵逸夫在南洋学到的从商经验，还有一条很重要的“要效率，赶时间”，用今天的话就是“时间就是金钱”。邵氏旗下的大明星胡蝶回忆：“签约两年，共主演十五部影片。公司出片神速，一部影片常常十来天就拍摄完成。刚上完一部戏，下一部就接踵而来，中间没有任何休整。”

邵氏的直接管理者方逸华崇尚效率，她要求一部影片从开拍到完成，必须限制在两个月时间内。导演楚原擅长拍摄古龙武侠片，曾创下八部影片同时开拍的纪录。邵氏片场里最常见的景象，便是几个剧组连轴转，有时演员、服装和布景都来不及更换，上一场拍的是《多情剑客无情剑》，下场戏就变成《黑蜥蜴》。人人疲于奔命，出片源源不断。

邵氏有大小两个试片室，大的犹如电影院，是工作人员进修，学习、模仿的场所。有时候邵逸夫会和员工们一起看，看过后，他会考员工、问员工，或是一起学习、一起探讨。邵氏员工的素质便由此提高，这是邵氏高明于其他电影公司的地方，注重员工素质培训。小的试片室面积不大，是邵逸夫的看片室。邵逸夫自称是世界上看电影看得最多的人。六七十岁的高龄他还保持一天看 3 部电影，而年轻的时候最高纪录是一天看了 9 部。无论是大陆片，香港本地片，台湾片，日本片、欧美片，新潮片文艺、歌剧片他都看，他要从中掌握世界各地电影市场的趋势变化，同时好片坏片他都看，并且分析其中的优缺点，几十年来坚持不辍，80 岁以前，邵逸夫每年大约要看六七百部电影。

人之所以要选择干一件事，除了迫不得已，要养家糊口，非干不可，最大的可能就是因为喜欢，因为爱。没有一种强烈的爱，就没有一种强劲的动力，事业就不可能成功。既然喜欢，既然选择了，不管怎样，总要做下去，这与其说是一种理性，不如说是一种本能，自然而然就会体现出来。

邵逸夫要成为精通电影的专家，他可能是看电影最多的中国人，也是中国最精通业务的电影企业家。早在上世纪 50 年代，他就精通了电影中的所有工作：剪辑、摄影、化妆、剧本、导演，样样内行。而他取得成功的最重要因素，就是他做事认真。他曾说：“我做事的态度，便是要把每件事都做好，即使是最微细的部分，也要彻底做好。一样事情不做到十全十美，我是绝对不放松的。同时我自己的工作时间也很长，一早就来（上班），很晚很晚才下班”。

如果问一个没有做过生意的人，老板做生意是为了什么？他可能回答是为了赚钱，为了风光，为了享受。这实在是一种误解。

古今中外很多老板虽然资财万贯，却过着简单朴素甚至枯燥乏味的

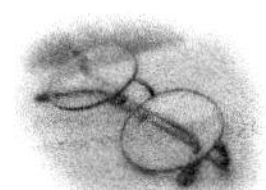

生活，除了工作还是工作，工作就是最大的享受。这在外人看来太傻太苦，但他们自己却乐此不疲。因为生意是他的一种生活方式，生意就不仅仅是赚钱的手段，而是人生的一部分，是生命的舞台。

邵逸夫的座右铭是："我喜欢不停地工作，工作是我的嗜好。我永不会退休。成功之道要努力苦干，并要对自己的工作有兴趣，运气只是其次。我深深体会到拍电影是很大的刺激，它能带给我无穷的乐趣，这正是推动我努力工作的动力。"

邵逸夫身上具有中国传统生意人的克勤克俭，努力勤奋的品德。这些优秀的商业品德让他的事业大放光彩。

第8章

身后：独具匠心　传承财富

“财富不应当是生命的目的，它只是生活的工具。”这是著名歌剧《卡门》的创作者——法国著名作曲家比才说过的一句经典。它揭示了一种智慧的财富观。创造财富固然重要，但如何管理、传承财富更重要。对财富的态度，体现了一个人的品格和精神境界。

谈钱很伤感情

一个在国内颇受欢迎的电视求职节目，天津卫视制作的一档《非你莫属》，其中的一句台词很新颖，那就是“谈钱不伤感情，”可无论是穷人还是富人，又有谁能真正做到呢？况且是天文数字的大钱。

这些年，香港的富豪家族争产案，如同跌宕起伏的影视剧引起公众极大兴趣。前有亚洲女首富龚如心的世纪千亿资产争产案，再有香港商界传奇霍英东家族内讧争产案，就连无线现任大股东之一王雪红，也身陷父亲台塑大王王永庆的遗产争夺中，甚至梅艳芳近九十高龄的母亲也参与了女儿的遗产之争。可见财富的诱惑力如此之大，足以毁灭血脉亲

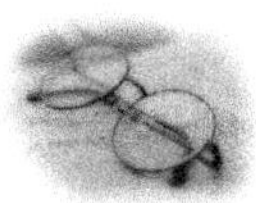

情，尽显人性的阴暗。

光阴似箭催人老。在香港开埠的一百多年时间里，产生了很多世家巨族，特别是在上世纪二战后涌现出的一批超级大富豪，近年来均已步入迟暮之年。打开美国财经杂志《福布斯》，2012 年发布的香港富豪排行榜，排名前四位、财富总值 700 亿美元的香港大亨们，平均年龄已达 73 岁，有些已步入耋耄之年。这些在商场上杀伐决断的商业巨子，现实中都面临事业和财富的传承问题。如何安顿好财产家事，数以亿计的家产该如何分割？权利交接如何顺利完成？真让富豪们“几家欢乐几家愁。”

来看这样一个研究数据，据香港中文大学经济及金融研究所范宏博博士，对新加坡、香港和台湾共 250 家上市公司董事长，下台前后 5 年的股票表现的考察，数据结果表明，创始人的下台人事更换竟然会导致平均 56%的价值损失，这种人为的、高昂的豪门“换代折损率”和喧嚣的家产纠纷，让每个第一代创业者身心俱疲。因此而造成的豪门纷争越来越多，亲人反目、诉诸法庭的现象屡见不鲜。

据美国《福布斯》杂志统计，全世界拥有 10 亿美元的华人超级大富豪不多，估计邵逸夫家族总资产在 15 亿美元以上。尽管他已经多年远离福布斯富豪榜，但无人质疑他的富豪地位。那么，邵逸夫究竟有多少钱？去世后的遗产又如何分割？会不会像大多数家族企业一样出现满城风雨的遗产分割纠纷？

邵家可能不会出现这样的故事。纵观豪门家族的财产纠纷，育有两男三女的恒基集团掌门人李兆基曾调侃道：“全香港有钱人中，只要有三个仔（儿子）或以上的，肯定搞不定，两个就好点。即使是多个女儿也不怕，她们很少管行政。”

幸运的邵逸夫有两个儿子，应该不至于出现家产“搞不定”的状况。当然这只是一种善意的调侃。

邵逸夫的天价资产的继承人，主要有五个人。分别是已故发妻黄美珍所生的4个子女与第二任太太方逸华。那么，邵逸夫在他们之间是如何进行财产分配的呢？

解密邵氏财富传承模式

“在这个世界上，除了死亡和税收以外，没有什么是确定无疑的。”本杰明·富兰克林这句名言在欧美深入人心。但自从有了家族信托之后，财富的传承也是无疑的，富人们不必再因为巨额遗产而绞尽脑汁了。

邵逸夫与大多数香港富豪相比，在传承财富方式选择上技高一筹，独树一帜。首先，有生之年妥善安排好，不惹麻烦，不留后患，不让钱引起纷争，祸害家人。其次，深思熟虑，精心构思设计了一个双重架构——遗嘱加多功能信托机构。

与一般富人不同，邵逸夫设立了一个兼具家族传承与慈善捐赠为一体的信托公司。一般而言，富人都希望子女把企业发扬光大，子承父业。现实是并非每个富家子弟都对经营家族企业有兴趣。他们之中固然有李泽楷、何超琼这样雄心勃勃的代表，也有很多人渴望在其他职业方向上发展，选择与父辈不同的职业生涯道路。比如，巴菲特的儿子霍华德、彼得分别是摄影师和音乐人，无一进入父亲的伯克希尔哈撒韦公司；邵逸夫也因子女无意继承家业而要出售TVB。因此，很多富人借成立家族信托基金解决这一问题。他们并不直接把财产分配给继承人，而是委托其他人或机构管理资产与分配开支，从而使得家族成员将股东和营运者的角色分开，可以放手任用能干的职业经理人管理家族企业，保障继承

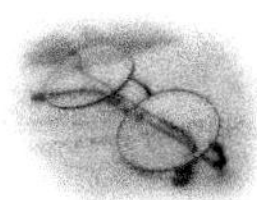

人即使不经营家族企业也可以生活无忧。

一般来讲，只靠单一工具实施财富传承，不但无法实现当事人的传承目的，而且其巨大的风险也是富豪家族难以承受的。在香港，大多数富豪比较常见的处理财富方式，是设立多个信托分别实现传承家族财富和慈善事业等不同目标。例如，李嘉诚名下设有四个全权信托，用以持有家族成员在上市公司的权益，此外，他还单独设立了李嘉诚慈善基金会从事慈善事业。有人说，李嘉诚最大的天赋就是“能一眼看到事物的发展方向”。也许最困扰李氏的从来不是财产的分配，而是传承。李嘉诚慈善基金会，被李嘉诚称为“第三个儿子”。而邵氏信托基金，则集合了信托、遗嘱等多种财富传承工具的综合模式。

家族信托是可定制、服务于特殊目的、能够为富豪们提供个性化需求的产品。并且，由于打包在信托里的资产，已与个人其他资产分离，不会受到相关债务债权的牵连，具有免于追诉和永续的特点。此外，在产品存续期间，资产配置方式和策略可以根据委托人的实际情况和风险承受能力进行灵活调整。可以说，这将是富人财富传承的必由之路。

1995 年，邵逸夫指定由注册地在百慕大 Shaw Trustee（Private）Limited 担任其家族信托的受托人。它全资持有在瑙鲁共和国注册的 Shaw Holding Inc.并通过邵氏控股，进一步控制邵逸夫在香港的影视帝国。

邵氏信托基金的受益人包括根据信托契约要求挑选的任何个人或慈善组织。

信托契约中一般会列明该信托的受益人，可能是罗列具体姓名，也可能只是给出一个确定受益人的原则。区别在于，一旦确定受益人之后，固定信托一般不能更改，而全权信托可以在受益人名单中删除或者添加

某些成员。

但公开资料并未显示邵氏信托基金的受益人具体包括哪些个人或慈善组织，也未公布信托的类型。能够肯定的只是，这一信托并非仅为慈善用途。

无论是李嘉诚般“彻底分割资产”，还是邵逸夫这样采用一个多功能信托，首先是由于当事人自身的偏好和其他因素的影响。而抛开这些因素，无法确定全部资产在慈善和家庭之间的分配比例，或许是邵逸夫选择多功能信托的另一个原因。

在香港，个人资金一旦注入慈善基金，日后就不能再收回。多功能信托也存在一些弊端。理论上，受托人的职责在于为受益人的利益服务，这意味着受托人需要权衡受益人的身份。如果一个信托的受益人全都是家族成员，他们的性质比较相同，可能较好协调，而慈善组织和家庭成员之间则可能出现利益冲突，难以平衡。

据统计，有 80%的家族企业未能顺利传到第二代人的手里，还有13%则未能传到第三代手里，财富保全和传承的难题也同样困扰着邵逸夫。或许是为了避免家族成员间日后争夺遗产，或许是因为子女无意接班自己的影视事业，晚年的邵逸夫一直在将名下各类资产做变现处理，没有什么东西可以比自己存在银行里的钱更踏实。这一明智之举，彰显了其非同一般的财富安全格局。

据媒体报道，2009 年，邵氏兄弟私有化退市，两年后，股东们决定将邵氏兄弟以 95 亿港元卖给台湾宏达电子公司董事长王雪红、香港锦兴集团主席陈国强和私募基金 Providence Equity Partners LLC 组成的财团。

香港公司注册处的资料显示，2011 年 11 月，邵氏兄弟已经更名为 Clear Water Bay Land Company Limited。

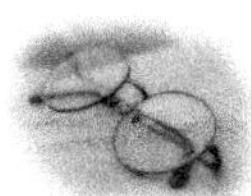

同一年，邵逸夫同时将26%的无线电视股权出售给以上财团，邵氏基金则将持有的2.59%股权捐赠予数家教育及慈善机构，持股比例降至3.64%。

此外，邵逸夫家族早年在香港购入用作戏院的诸多物业也已被陆续出售。根据《明报》，2009年邵逸夫将观塘宝声戏院以2.18亿港元出售，另一处旺角文华戏院也已被卖出。而这些变现后的资金大多被装入了邵氏信托基金中。

家族信托是创始人和家族智慧的体现。因为创始人需要决定哪些意愿可以帮助家业长青，同时还要选择执行者，并最终决定整个信托的架构。家族信托关乎个人隐私与家族未来，真正了解核心资料的人不多。正所谓“差之毫厘，谬以千里”，外界其实很难获知创始人的真实意图，专业人士也不敢随意揣度。

邵逸夫为何舍弃专业受托人机构，而设立一个兼具家族传承与慈善捐赠的信托公司，邵逸夫究竟想留给家人什么？随着邵逸夫的离世，这份已经运作了近20年的家族信托效果如何？它留给后来者怎样的启示？只有时间会慢慢破解这些悬念。

遗嘱配合信托

除了设立信托，邵逸夫早在10多年前就留下了遗嘱。早在1997年，90岁高龄的邵逸夫与方逸华结婚时，就做好了精心打算。为避免自己的4个子女日后与方逸华争家产、闹家变，爆发财产纠纷，他立下遗嘱分配其百亿身家。有些资产不便注入信托，比如与人合伙持有或以个人名义持有，就以遗嘱来补充处理。

在已被变现的资产之外，同时担任着邵氏基金、邵逸夫奖基金等公司董事的方逸华名下仍有其他资产。除了持有无线电视 0.26%股权，方逸华仍持有位于铜锣湾核心地段的珠城大厦，基座翡翠明珠广场影院，市场估计现市值超过 10 亿港元。

同时，邵逸夫还通过一家与方逸华同任董事的私人公司，共同持有炮台山秀明中心和北角海景台各一个单位，估值约 2200 万港元。

邵逸夫的四名子女则留在新加坡打理邵氏在当地的产业。

有媒体介绍，上世纪 80 年代起，邵逸夫与哥哥邵仁枚在新加坡创下的产业，已经开始交到邵逸夫的两个儿子邵维铭和邵维钟手中。现在，邵氏在新加坡的业务包括地产、影院、电影发行等，拥有邵氏商业大厦(Shaw Plaza)、邵氏大厦(Shaw House)、邵氏中心(Shaw Center)等 8 个商业地产项目，并持有 6 个住宅物业项目和 7 家影院。大儿子邵维铭还担任新加坡邵氏基金和邵氏公司（The Shaw Organization Private Ltd）的主席。公开资料显示，截至 2012 年底，邵维铭和邵维钟还分别持有新加坡大东方保险 0.26%和 0.22%的股份。

神秘的遗产信托

作为一名传奇人物，邵逸夫与香港其他富豪家族相比，其洒脱的家族家产处理方式被视为推崇学习的榜样——他选择了以一个信托基金同时承担家族信托和慈善信托两种功能的方式来传承财富。

通过设立遗产信托，使自己的继承人可以从中受益，而不受财富之累。但我们不难发现，无论是采取什么方式，处理的焦点都是巨额财产的所有权，而对于如何让家族产业能够有序经营下去却没有过多的关注和涉足。

从这点来看，邵逸夫、霍英东与王永庆虽然已经完成了财富向第二

代的传承与过渡，但在传承与过渡过程中，都没有很好地把自己打拼多年所积累的价值有效地传承下去。这种只有有形财产权的登记，而没有无形价值理念的传导，也是家族在财产分割过程中出现纠纷的主要原因之一。某种程度上说，家族企业要想做到基业稳固，这种文化竞争和经营理念的传承甚至比财产传承的意义更为重大。

邵逸夫采取的财富传承方式，在我国香港和台湾，特别是国外，由于法律、税务体系较为健全，遗产信托则成为遗产继承和财产传承的首选，目前一些名人也采取借鉴了这种方式。那究竟什么是遗产信托？遗产信托有什么好处？

所谓遗产信托，指遗嘱人立下遗嘱，将自己的遗产设立成专项基金，并把它委托给受托人管理，基金收益则由受益人享有的三角关系。受益人既可以是继承人，也可以是慈善机构或者任何个人或组织。此外，遗嘱人还可以根据自己的需要为基金的管理和支配设定各种条件和要求。在西方，遗产信托经常被比喻为“从坟墓里伸出来的手”。

遗产信托除了具备一般信托的优点外，还有以下特性：

科学传承家族财产。即使不在人世，仍可以按照自己的规划运用和分配财产，进行财产规划，实现计划甚至梦想，如公益事业（如诺贝尔基金会）。同时，通过遗产信托，委托人可以将财产的规划延伸到身后，使财产在受托人的保管下，不会被继承人轻易挥霍殆尽，而能代代相传。美国的卡耐基、肯尼迪、洛克菲勒家族等，历经百年始终弥新，不仅没有因为创始人的让位和辞世而分崩离析，反而日益壮大，最重要的原因就是运用了遗产信托这一有效工具。

照顾家人，避免继承纠纷。首先，订定遗产信托可以让需照顾的家人生活无忧。由于遗产由管理机构进行专业管理，不受继承人直接控制，继承人无法随意挥霍，同时信托基金所产生的收益或部分本金，可以按遗嘱规定定期支付给继承人，保障他们的生活。如香港歌星梅艳芳知道自己的母亲不善理财且喜挥霍，如果把财产一下子全给母亲，她担心母亲会很快把遗产花光，或被别有居心的人骗走，因此她将自己的遗产委托给信托公司管理。梅艳芳去世后，信托公司每月拨出 7 万港元生活费给梅妈，梅妈去世后剩余遗产将捐赠于慈善事业。另外，事先做好遗产规划，各继承人可分得财产清楚透明，可避免子女争产情形的发生。这点对于子女尚未成年或家人无能力管理巨额财产尤为重要，通过信任或法定的第三方管理，可有效避免继承人管理风险。

有效解决共有财产。对于不动产、股权等由多人共同持有的情形，传统继承方式常会增加财产处分的困难且易产生纠纷，而通过信托后众多继承人可以共享收益权，避免纷争。

风险隔离，规避委托人、受托人风险。由于信托独具的信托资产破产保护机制，即风险隔离机制，可有效避免委托人和受托人风险。如遇到委托人死亡、离异或破产，信托财产不会受其牵连，债权人或配偶都无权拿回，这就充分保护委托人和家人财产。另外信托财产独立于受托人，即使受托人发生破产、清算等经营风险，受托人的信托财产也不受波及。

有效避税赋。虽然，中国大陆目前免征遗产税，但在大部分国家，遗产需要支付遗产税或遗产继承税。如美国，遗产税采用统一的累进税率，60 万美元以上征收遗产税，最低税率为 18%，最高税率为 50%。台湾新光集团创始人吴火狮先生去世时留下数百亿元遗产，因为进行了遗产信托，继承人仅缴纳了 2 亿元遗产税，而台湾纸业大王何传先生去世时留有 20 亿元资产，由于没有规划，继承人缴纳了约 10 亿元遗产税。

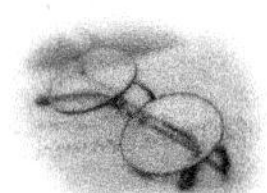

因此，为了规避巨额遗产税，国外的富裕阶层纷纷通过遗产信托进行避税。

慈善事业、慈善机构享有受益权，企业或遗产仍由专业机构管理，可以源源不断地为慈善事业服务。享誉全球的诺贝尔奖到今天已经颁发了一百多年，其正是受益于遗产信托。通过滚动增长，诺贝尔基金从当初的920万美元发展到今天的2亿多美元，每年仅奖金就达到140万美元。

尽管，遗产信托受到了国外特别是富裕阶层的欢迎，成为首选遗产继承方式。在我国香港、台湾地区也有很多人通过设立遗产信托成功实现了家族企业的平稳过渡和长期繁荣。但国内何时才能实行遗产信托，取决于三大条件：

一是法律环境的进一步完善，如完善受托主体（目前，在国内只有信托公司才能从事信托业务，而对于基金、个人都无缘参与，一定程度上限制了遗产信托的发展）、解决二次征税、明确资金信托业务定位等问题。

二是信托业务产品和经营范围以及投资能力进一步增强，目前国内信托公司产品多以信托贷款、银信理财为主，而鲜有投资资本市场产品，投资能力的偏低限制了自身的发展，也使得人们普遍对信托公司缺乏信任。

三是合理适时地推出遗产税，近30年的改革开放，使得国内第一代富裕阶层已进入财产传承时期，适时推出遗产税不但能完善社会公平体制，同时也利于在社会上形成提倡自主创业的社会风气，带动以遗产信托为代表的信托事业的发展。

目前环境下，大陆地区尚无法开展遗产信托业务，更多的是按照《继承法》规定的方式，其中以遗嘱继承最为常见。

中国式财富传承

财富，永远有诱人的魅力，财富传承更是一个严肃的命题。如何让家族基业世代长青，是创富者们最关心的问题。借鉴邵逸夫的财富传承理念和模式，我们也讨论一下国内的情况。

改革开放30余年，中国的财富阶层也成长了30余年。这30多年，伴随着汗水与泪水、羡慕与质疑，一批批民营企业成长为实力雄厚、资产规模庞大的家族控股企业，一批批富豪人家从华夏大地蔓延生长起来。中国人对财富不再避讳，对追求财富不再懈怠，对富豪不再陌生。

然而，岁月无情，随着国内第一代企业家逐渐老去，代际传承成为家族企业即将面临的重大考验，不管是家族企业的接班问题，还是家族财富的传承问题，都成为逐渐老去的“富一代”的心病。这是历史上极为罕见的、中国顶级富豪们集中向下一代传承财富的特殊时期，诸如首富级人物刘永好传给其女刘畅，碧桂园杨国强传给其女杨惠妍，广厦控股集团楼忠福传给其子楼明，合生创展朱孟依传给其女朱桔榕，娃哈哈宗庆后女儿宗馥莉正逐步上位，今后还将有更多的家族式传承。

但问题是，他们不能代表全部。正在进行代际交接的家族企业面临着严重的“代沟”问题。招商银行2013年对中国富豪私人财富调研时发现，只有约25%的企业主明确表示希望由子女接管家族企业。现实中，很多富二代似乎并没有太大的接班热情，他们有自己的人生理想，设计自己的职业生涯道路。当理想主义碰到现实主义时，人们看到更多的是无奈，人们期盼的是财富能合理转移。

据胡润“2013年百富榜”披露的富豪排行榜，中国排名前1000位

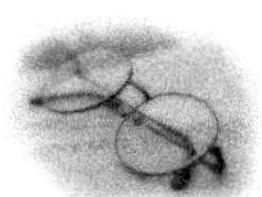

的富人们资产总计已达到6.4万亿元。胡润报告预计，未来5～10年是中国家族企业传承的高峰期。

严峻的现实是，如果在中国现有的金融制度框架下，无法实现这些财富的增值保值，如果中国金融机构无法提供中国富人财富传承所需要的相关配套服务，那么，中国富一代的资产向境外转移是必然的，而且是加速的。所以，有人说，这将是一场关乎6万亿财富的保卫战。

在这个背景下，中国式家族信托启航了。

2013年5月，国内银行业终于也出现了“家族信托”这个名词，当大部分股份制的私人银行才刚起步，招商银行已经开始效仿国外筹建家族信托工作室，它瞄准的正是当下“创一代”渐入耳顺之年后，财富继承这个市场断层。

2013年，招商银行与贝恩咨询公司联合发起的《2013中国私人财富报告》调查显示，“财富保障”已成为中国高净值人士财富管理的首要目标，而“财富传承”需求进一步显现，有约三分之一的高净值人士、约二分之一的超高净值人士开始考虑财富传承，部分高净值人士已开始进行财富传承的安排，希望借助的工具和服务包括家族信托、税务筹划、法律咨询、保险规划等。

尽管，家族信托在国内大规模推广仍然有障碍，目前国内零星推出的家族信托更多的是一种标签和符号，本质还是向高净值客户提供定制化的理财产品和服务。但事实上，已有不少金融机构开始积极探索如何在现有制度框架下，设计出中国式的家族信托产品。这些中国式家族信托不一定是完美的，中国版家族信托存在着一些障碍，只要有更多人开始关注和推动这个市场，完善法规和制度建设才会加快。我们有理由相信，家族信托在中国内地有广阔的发展空间。

富豪遗产案的启示

人生一世无外乎争名夺利。正所谓“一乱一治圣人留，争名夺利几时休”。邵逸夫“大隐隐于市”的大智慧，让曾经有形的产业帝国就这样化作现金流入邵氏慈善信托，再度以投资的方式进入市场之时，必然又焕然一新。纵使六叔“子女缘薄”，巨额资产运营收益所得也将传承子孙，守护家业长青。邵逸夫为家族财富分配可谓煞费苦心，从中透出的深谋远虑耐人寻味。

在众人眼里，富豪家大业大，他们是富裕的代名词。富豪们不仅聚财难，散财也不易。以“亿”做计量单位的家产该如何分割？这恐怕太伤脑筋。可谓富豪传家产，各自有算盘。家族企业要想做到基业稳固，文化竞争和经营理念的传承比财产传承的意义更重大。在家族遗产争夺案当中，亲情与利益之间总会存在着一种博弈。

富豪去世之后发生遗产争夺案，这样的案例在全世界都不少见，无论是苹果公司创始人乔布斯的悄悄分家产，还是股神巴菲特以及微软创始人盖茨的“捐”，富豪们分家产自是有不少看头。比起中国的“传”家产，美国更善于通过“捐”的方式给子女留后福。

近些年来，两岸三地也不断有遗产争夺案冒出，闹着沸沸扬扬。比如前面提到的被称为“世纪遗产案”的龚如心遗产争夺案，大陆的陈逸飞、侯耀文遗产争端官司，2011 年年初澳门赌王何鸿燊的争家产案。中国澳门地区首富“赌王”何鸿燊，这个拥有四房太太，17 名子女的大家族，围绕价值近 700 亿的财产纷争不断，之所以引来媒体和公众的极大关注，一方面是事件主角澳门首富的身份，另一方面也是少有的被继承

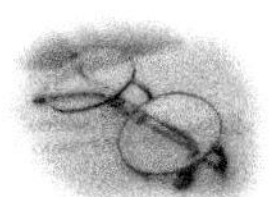

人仍健在就对财产分配的案例。可见围绕巨额财产的争夺向来都容易成为众人关注的焦点，每次都是满城风雨。

纵观港台几十年的发展历程，一直演绎着各种遗产争夺的八卦故事。每次遗产争夺官司，都如同TVB不断上演的豪门恩怨剧，从中可以窥见的是，富豪们财富传承的艰难和无奈。特别是香港的霍英东与台湾的王永庆，两位超级富豪的遗产争夺案，都曾经轰动一时。

2006年霍英东去世，当年他在福布斯富豪榜排名全球118位，身价估计为37亿美元，2008年，福布斯估计其霍氏家族财产约45亿美元，排名香港第九。怎奈，去世五年后，霍家却起豪门争产风波。

2011年12月22日，霍英东的长房三子霍震宇在香港高等法院提起诉讼，指责亲兄弟霍英东集团总裁霍震寰侵吞了14亿港币的遗产，起诉的对象包括霍震寰和霍震霆在内的16名霍氏家族成员，要求法院撤换遗产的执行人，并要求霍震寰交代遗产账目。

2011年12月23日，“经营之神”台塑集团的创办人王永庆的长子王文洋也通过法院发表声明，申请自己担任王永庆的原配妻子王月兰的监护人，负责处理王月兰的财产，起诉三房4名胞妹以及父亲生前亲信侵占近300亿元港币的遗产。这一声明也将王永庆家族遗产案推向了一个新的高潮。

分析霍英东和王永庆的遗产案不难发现，他们有一些共同的特点：

第一，两位富豪均子嗣繁多，关系繁杂。霍英东前后娶有3位妻子，生了13位子女；王元庆也前后有3位妻子，9个子女。因此，他们在家产继承方面要复杂得多。前文提到恒基集团掌门人李兆基的观点：“全香港有钱人中，只要有三个仔或以上的，肯定搞不定，两个就好点。即使是多个女儿也不怕，她们很少管行政。”而大陆80年代实行计划生育独生子女政策，不太会面临的这种家大人多关系杂乱的遗产争夺案。

第二，在争夺过程中，家族成员每一个人的心态也不完全一样。性格强势的、在事业上有更大野心的人，会借此显示对案件局势的主导欲和控制欲望，希望得到更多的遗产，掌握更多的财富。另一些人会选择在遗产分配时采取相对被动的策略，希望得到一些好处即可。所以，在家族遗产争夺案中，不同的性格以及对财富不同价值取向的家族成员会采取不一样的应对措施。

但是，霍英东与王永庆的遗产争夺案也有一个不同的地方，比如对于身后遗产的分配。霍英东很早之前就做了准备，他在 1978 年立下了遗嘱，设立了遗产分配的原则，而且还把自己所管辖的产业进行了明确的分割，根据子女不同的能力、特长有针对性地做了接班的安排。

而王永庆却直到生命的最后一刻，也没有做出明确的安排，他没有立下明确的遗嘱，只是在生前秘密地将很大一部分公司股权变成了信托基金。但基金也没有指定受益人，只是由台塑集团的 7 人决策小组负责管理。这 7 人对基金也只有共同的经营权，而没有个人拥有权。并且这个 7 人决策小组向外界表达过，将这些财产投入公益事业的想法。

两大富豪不同的遗产处置方式，多少与两个地方的遗产税制有关系。因为香港没有遗产税，所以霍英东安排遗产的时候更加开放透明，而王永庆逝世的时候，台湾还是实施 50%的旧遗产税率。因为税率的差别，王永庆在生前有意识地扩大自己的海外资产规模，并且将这些资产秘密地转成信托基金，这一差别能够体现出遗产税政策对富豪在财富传承时的观念和做法的影响。

与大多数富豪形成鲜明对比的是洛克菲勒家族。家族创始人老洛克菲勒，是标准石油的创始人。他是美国第一个财富达到 10 亿美元的富豪，

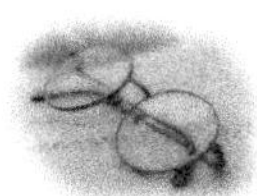

他所积累的财富至今约值2000亿美元，仍然在为家族服务，现在这一家族已经走到了第六代。令人称奇的是，如此世界级的财富，经历几代人，不但没有引发任何争产风波，更打破“富不过三代”的魔咒。原来，洛克菲勒家族组建了自己的信托公司来打理家族成员的私人财产。这种良好的家族财产传承不仅依靠道德约束，更重要的是财产传承理念与制度设计，有效避免了后代争产和滥用财产。

聚财，有道

专注研究华人家族企业的香港中文大学教授郑宏泰认为，一个大的家族通过把公司上市来解决财产继承的矛盾，是个明智之举，“分家中的矛盾往往来自财富的不透明和价值的难于计算，上市后这些问题就会很容易解决，每个人分配股份，而且引入公众的监督力量，也有了方便的退出机制——售卖股权。”

香港中文大学财务学系教授、经济研究所所长范博宏曾表示，将家族财产注入信托基金，让家族成员成为受益共同体的做法在香港富豪家族中一直相当普遍。但在研究100多个这样的信托后，他发现这样的做法实际上有很大问题，家族成员被信托绑在了一起，不和谐的家庭加上家族信托，等于企业价值的毁灭。

财富是人生成功的一个重要标志，也是社会地位和社会尊重的象征。一个正确的财富观，必定能够创造出人生的奇迹。邵逸夫在一生实践中凝练成了他朴素的财富观。

首先要努力积累财富。邵逸夫曾说，创业、聚财是一种满足。

邵逸夫为自己的理想而奋斗几乎一个世纪，在得到亿万财富的同时，他也赢得了自身及内心心灵的升华。同时，也拥有了崇高的社会地位及

社会尊重，创造出邵逸夫的人生奇迹。

从当年的美国“石油大王”洛克菲勒、“钢铁大王”卡内基，到当代的盖茨和巴菲特、李嘉诚、王永庆……许多走向财富顶端的成功人士，无不是如此地创造着属于他们的人生奇迹，创造着辉煌。

财富是思想的产物。今天我们如何解读邵逸夫的财富观，得到哪些启示呢？

爱不爱财无关紧要，用什么方法去取财，才是问题的实质。那么，邵逸夫如何创业聚才、创造财富呢？

除了年轻，邵逸夫一无经验、二无学历、三无电影制作知识和技术，为什么能成为华人娱乐圈的教父呢？

第一，是因为他有明确的目标。邵逸夫在“临危受命”奔赴南洋时的 19 岁，就立下了为家族事业，在电影业创出一片天地的奋斗目标。

第二，是因为邵逸夫“懂得捱、能吃苦”。他从底层干起，基层工作做起，后勤、打杂、放映、摄影、发行，干遍了几乎所有工种。历经摸爬滚打，艰难险境的锤炼，铸就一身敢闯敢拼敢干，敢于开拓创业的精神、本事和能力，成为敬业、勤业、精业的影业大亨。当年的创业经历，邵逸夫终生难忘，他在功成名就后回忆那段日子时，曾感慨地说：“在那样的生活中，我学到了许多东西，这些东西让我一辈子受益。如果我不经历这一段生活，不会有今天。”

第三，是因为他勤奋、努力。邵氏的当家导演张彻说过：邵逸夫的勤奋、毅力、认真非一般人可比。他工作时间长达 16 小时，数十年如一日。邵逸夫自称是世界上看电影看得最多的人。六七十岁的高龄他还保持一天看 3 部电影，而年轻的时候最高纪录是一天看了 9 部。80 岁以前，邵逸夫每年大约要看六七百部电影。

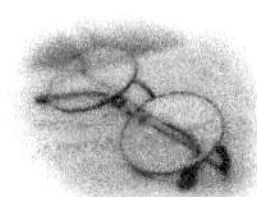

第四，是因为他有善于学习的精神。邵逸夫大胆模仿好莱坞，学习欧美同行的技术、理念，不断启发自己，寻求成功的最快捷径。邵逸夫对电影更为广泛和深远的影响，在于将工业化生产注入华语电影产业。如今已是管理常识的“福特—泰勒式”管理模式让邵逸夫率先运用到电影生产中，对员工进行细微分工，以规模效益为第一目标，进行流水线作业。

第五，是因为他善于把握机遇，邵逸夫崇尚做事不要守株待兔，要主动寻找发展机遇的理念。在他事业发展的几个关键时期，都准确把握住了难得的机遇，无论是有声电影对默片的取代，还是电视对电影的取代，都反映出邵逸夫的卓越战略眼光。他一手创立并一步步积累打拼而来的影视王国，无处不渗透着邵的思想与个性。从踏入社会做事算起，他用90年时间只做了三件事：电影、电视和慈善，每一件事都与历史巨轮一同向前推进。他确实是英雄，懂得顺应时势。

散财，有福

富人有了财富积累以后，要会把钱花在刀刃上，小到自己事业的发展，大到承担社会责任。所以，邵逸夫说，散财、捐助是一种乐趣。“一个企业家最高的境界是慈善家”，这是邵逸夫的名言。

生活中，邵逸夫十分简朴，他60岁开始练气功调养身体，饮食经常是几款青菜配点米饭。而他超过65亿港元的捐赠中，大部分投给了内地。20多年来，他向内地捐赠了40多亿港元，兴建了6000多个教育和医疗项目。

长期以来，中国人对于财富的看法逐渐改变，从彻底批判到越来越理性。一个社会认识不到创造财富的重要性，就很难有繁荣发展；同时，一个社会不能正确地看待财富，就不会有人热衷去创造财富。尊重每一个创造财富的人，尊重每一个人创造的财富，才会给人安全感，才会使每一个人有动力去创造财富。

企业家要有大财富观，财富不仅是权利，而且是义务。创造财富需要勤奋，得到财富需要机遇，积聚财富需要智慧，成功的支配财富则需要更大的胸怀和卓越的远见！有钱人一般喜欢高调炫富，盲目攀比，消费奢侈，大肆铺张，生活奢靡，注重排场。常有只注重物质财富，不注重精神财富，把财富传宗接代的观念比较深，回报社会的意识比较淡薄等缺陷思想。

这几年社会上流行的词汇“土豪”便是对这种现象的讽刺和挖苦。“土豪”一词的流行或许与社会转型期的心理失衡有关，但其戏谑、不屑的成分，更多源于人们对拜金主义、奢靡之风与贫富差距拉大现状的不满，对社会公平正义的向往。

一个国家只有拥有一大批真正成功的企业家，这个国家才能强盛，同时，国家强盛，百姓富裕，企业才有更大的发展。

在我们的日常生活中想要树立正确的财富观，就必须要有一个良好而理性的定位，摒弃那些旧的观念，使传统的落后的财富观念随着时间一起的流逝。树立明确的目标，积极的心态，准确自己的定位，根据自己实际情况去做。对于青年人而言，从底层做起，是更好的选择。干工作要踏实、专注。要想超过其他人，专注力越强，能力越好越容易成功。努力学习科学文化知识，丰富的知识储备能成就卓越判断力。抓住机会，积极而上。

107 岁的邵逸夫先生安详地走了。他的圆满人生，印证了习近平总

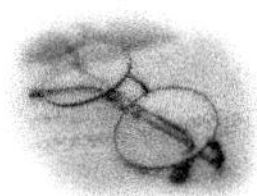

书记曾经在讲话中提到的老年人“安心、静心、舒心”才能“健康长寿、安享幸福晚年”的观点。

邵逸夫的安心，一定有着对邵氏财富传承安排的一份得意在里面。在此起彼伏的香港富豪家人内斗的喧闹声中，同样富可敌国的邵逸夫早就做好安排。在这点上，他确实足以笑傲群雄。

邵逸夫的财富传承理念和实践启迪我们，财富传承的完整意义，应该包括两大部分，对内传承和对外传承，即家族内部和面向社会。财富传承绝不能仅限于家族内部，财富传承还有真正的大道。正如邵逸夫所说：一个企业家的最高境界就是慈善家。对于富豪们而言，不论财富如何传承，在满足家族生活的前提下，不断回馈社会才是财富传承的最终方向和真正价值。

正所谓，财富的真正价值，不在于你拥有多少，而在于你用在了哪里。

第 9 章

慈善：乐善好施　福慧双全

法国启蒙思想家卢梭说过，慈善是人类之心所能领略到的最真实的幸福。为人低调、被誉为“隐士型”慈善家、拥有资产近百亿的美国超级大富豪查克·费尼，为美国教育捐出近 20 亿，还希望死前把仅有的 40 亿美金捐献给社会。当媒体问查克·费尼，为何捐得一干二净？他的回答很精彩：因为“裹尸布上没有口袋。”

美国钢铁巨头、公认的私人慈善事业奠基者之一安德鲁·卡耐基，在 1889 年说过，致富的目的应该是把多余财富回报给同胞，以便为社会带来最大、最长久的价值。

一个世纪后的今天，卡耐基的财富理念在邵逸夫的人生中得到完美的继承展现。“我的财富取之于民，应用回民众。一个企业家的最高境界就是慈善家。”这是邵逸夫语录。邵逸夫庞大产业王国的形成，有来之于民的一面，而他的公益慈善事业正是秉承了来之于民，大量地还之于民的理念。邵逸夫是传承中国传统文化中乐善好施品格的一个杰出楷模。

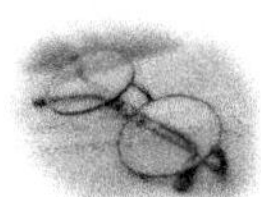

多年来，亿万富豪邵逸夫一直稳居香港超级富豪排行榜上，但他视金钱为身外之物，乐善好施，热心公益，是港岛屈指可数的大慈善家。这位以唐代大诗人白居易的“丈夫贵兼济，岂独善一身”作为人生信条的影视巨子，不仅是这样说，更是在现实中践行。媒体报道，截至2012年，105岁的邵逸夫25年共捐赠内地教育47.5亿港币（人民币近40亿），捐建项目总数6013个，受惠于他的学校遍布全国31个省、市、自治区，受其泽被的国人可谓无可胜数。

从吝啬开始解读

每个人的成长都是一个蜕变的、自我完善、自我认识的过程，也是逐步走向成熟的过程。邵逸夫的慈善大家，有一个由陌生到熟悉的成长过程。

作为一个精明的商人，邵逸夫更看重赚钱这门艺术，怎样从别人口袋里把钱赚到自己手中，是他毕生工作，也是他生活的巨大动力。生意人之所以选择做生意，必定因为赚钱是快乐的，赚钱的快乐，不在于钱本身，而在于他通过赚钱，证明了自己的能力，实现了自我的价值。在商言商，也无可厚非。邵逸夫从不否认，他所做的一切事情都是有利益要求。所以，邵逸夫对钱看得很重。他为此得来了“吝啬”的名号。

邵逸夫很“抠”，这和大多数老板一样。因为生意本来就必须精打细算，何况当了老板，你就是自己的长工，不管生意好不好，利润高不高，你都得扛着，这就是责任。一位资产几十亿的企业家说：“啥叫老板，就是磨盘旁边的动物，而且是用焊枪焊上去的，永远卸不了磨的毛驴。”一语道出了老板的辛劳与无奈。

所以，当老板的一般都习惯于算账，如何能低进高出。他们每天生活在成本和利润之间，心态会随之起伏。老板花每一笔钱时，他都不是消费，而是投资，是成败的关键，自然而然老板就要算计。创业初期的邵逸夫像许多商人一样，潜心赚钱，只看重财富价值的迅速增值，对以自身血汗换来的收益，善加守护，而对财富的使用却很谨慎，惜福有加。于是，他的吝啬、抠门在圈内便出了名，几乎到了锱铢必较的地步，让很多邵氏员工感到郁闷，甚至不满。

一次，一位副导演干完工作后，按约定应领取一千元酬劳，邵逸夫不淡定了，想讨价还价，让会计部和这位副导演商量，能否打点折扣，结果惹怒副导演，当场撕掉支票，撂下一句气话："邵老板多这一千元也富不了多少，我少这一千元也穷不到哪去！"

他手下很多导演成名之后，都希望能够获得票房分红的权利，但是在邵逸夫这里，却近乎痴人说梦，他要看紧自己的血汗钱，虽然每个老板都是苦出来的，没有谁能随随便便成功。正是由于邵逸夫不肯让手下人尝到更多的甜头，这种家族式企业对外来的资源和活力有排斥心理，导致邵氏公司人才不断流走，这也是当时的邵氏公司没落的一个原因。

俗语说：当家才知柴米贵，养儿方知父母恩。小孩子往往只看见父母的威风，不知道父母的辛劳。老板的处境也是如此，很多时候是不为部属所理解的，这只是看问题的角度不同而已。

抠门虽然令众人不满，人们私下不少怨言，但邵氏从道具、工钱甚至伙食上的节流，确实很快就令邵氏转亏为盈。

可事物总有两面性。正是这种小手笔做派，也让邵逸夫丧失了很多大手笔赚钱机会，错失许多后来大放异彩的摇钱树人才，这个名单中包括了李小龙，许冠文、许冠杰兄弟，还有导演李安。

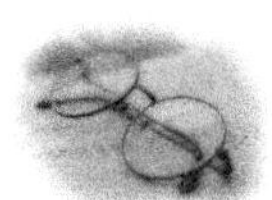

最失算的，当属错失李小龙——这位20世纪的中国最突出的传奇人物之一，后来被电影界誉为“功夫皇帝”的国际巨星。作为华人，他在世界上的知名度，仅次于毛泽东。香港人流行一句话说，第一毛泽东，第二李小龙。这是因为，就是这两个中国人，让世界从心里服气。毛泽东靠的是横扫千军的气魄和战略，李小龙靠的是打遍天下无敌手的拳脚功夫。毛泽东晚年喜欢看电影，最喜欢看李小龙主演的香港影片，而且是反复看。毛泽东看到李小龙表演的精湛的中国功夫和代表的疾恶如仇、惩恶扬善、威武不屈的形象，非常高兴，一边看还一边鼓掌：“功夫好！打得好！”

1970年，李小龙携妻带女由好莱坞返回香港找邵氏合作，开出了一部电影一万美元的片酬；拍摄时间不得超过60天；剧本一定要好的合作条件。邵逸夫认为此人太狂妄，要价太高，只愿意出每部2500美元。价格谈不拢，李小龙负气转投邵氏冤家对头嘉禾，这给了邹文怀的“嘉禾”大大的惊喜。邹文怀亲自派人赴美，片酬给到7500元美金。李小龙认为嘉禾有诚意，于是，答应拍他认为可以的剧本。结果，拍出了《唐山大兄》、《精武门》等一系列叫好又叫座的电影，特别是《唐山大兄》在香港一地上映，就赚得350万港币。也就是在《唐山大兄》一片中，李小龙第一次恢复使用了他童年的艺名“李小龙”。从此，李小龙的武打片风靡全球，掀起中国功夫热，新的天王巨星就此诞生了。后来，邵逸夫再次找到李小龙想谈合作，狡黠的李小龙则用邵逸夫的电话打给嘉禾，心领神会的嘉禾一听，立马给李小龙涨了片酬，李小龙游刃有余的周旋在他们之间。很多人认为，错过李小龙，成了邵逸夫最大的“过错”。

没有想到的是，邵逸夫后来又一次错过了一位天王巨星，这就是许冠文。许冠文完全是在邵氏走红，可是他不甘心一辈子只是做一个喜剧演员这么简单，他尝试着写剧本。当他把一个完成的剧本拿给邵逸夫看，并且要求平分票房收入时，邵逸夫的抠门思想没有变，同样再次断然拒绝了许冠文的要求。无奈之下，许冠文转投嘉禾，把这个剧本拍成电影，这就是著名的《鬼马双星》，从此以后，许冠文一发不可收拾，佳作不断，每一部作品都能引起全港轰动，成为一代喜剧天王。这对邵逸夫的打击也是致命的，因为，邵氏门下几乎没有人可以和许冠文抗衡。

这就是邵逸夫的商人性格，这时的他还把主要精力放在努力打拼、为自己聚财。还看不到、做不到有钱大家赚，但小投入当然带不来大收益，这或许是经商者初期的局限。但就是这样一个邵逸夫，却在人生下半场慷慨行善，成为一位慈善大家。

行善之初

当财富聚集到一定程度时，如何花钱就成了一个考验人的问题。商人邵逸夫并非生来就是个慈善家，早年的邵逸夫并不热衷慈善，有心聚财，无意散财。但伴随着身边不断发生的一些事情，特别是不幸事件的降临，邵逸夫的思想慢慢有了改变：有些事情可以用钱解决，而有些事情钱也解决不了。

邵逸夫人生中曾遭遇过两次刻骨铭心的恐怖劫难，两个儿子六七十年代先后在新加坡遭遇绑票，无疑影响到他的心态。他和发妻黄美珍育有两子两女。长子邵维铭，1938 年出生于新加坡，毕业于英国牛津大学，专修法律专业，学成毕业后回到新加坡，主要协助三伯父邵山客经营邵氏在南洋的电影业务。

1964 年 2 月 5 日，一个普通的日子，邵家发生了一件不普通的事情。

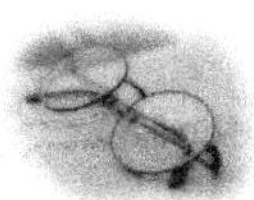

邵维铭在下班回家路上突遭一伙不明身份人的绑架。邵山客立刻致电人在香港的邵逸夫。据说当时邵逸夫正在看样片，接到电话他只是问了一句："有没有受伤？能不能用钱解决？"得到肯定的答复后，邵逸夫就挂了电话，继续看他的样片。

邵逸夫知道，邵氏在南洋树大招风，对方一定是要钱不要人。但对方开价 300 万，邵逸夫得知消息心急如焚，立刻从香港赶到新加坡亲自处理此事。在与绑匪周旋惊心动魄 12 天、最终交付 50 万赎金后，终于化险为夷，邵维铭得以释放。

不料几年后，1971 年，次子邵维钟再次遇到绑架，这次是在家门口被掳走，后来他成功从绑匪的车厢逃脱，侥幸的躲过一难，有惊无险。

人总是在遭遇生死的挑战时，才会幡然醒悟，懂得什么是最该珍惜的价值。经历这两次绑架事件，让邵逸夫隐约感到一丝不安，有钱未必是好事，财大不一定气粗，俗话说，树大招风，社会是很残酷的。钱能带来福，也能招来祸。

美国有位作家说过："人生不幸之事犹如一把刀，既可以为我们所用，也可以把我们割伤，这要看我们究竟是抓住刀刃呢，还是握住了刀柄。"一贯秉承花钱甚微的邵逸夫开始变得仗义疏财起来。慢慢开始出现了一些以他名义建立的基金会和各种慈善事业。但是在 1972 年之前，邵逸夫从事慈善事业，规模并不大而且颇具争议。

直到上世纪 80 年代以前，邵逸夫给人的印象还是一位吝啬财主，小气的大东家。他的慈善之路还有一段 500 港元的笑谈。

1980 年 8 月，香港《南北极》杂志发表一篇文章，披露了十年前发生在香港的一件事。1970 年，一家养老院的老人，每天都能看见一辆劳斯莱斯豪华车从门口经过，车的主人正是63岁电影公司总裁邵逸夫。这情形刺激了院内一位约摸同龄的贫苦老人，于是贸然写信给他，请邵逸夫行善施德，此时邵逸夫在感情上对这种事，还是冷漠的，不太关心。不久，养老院果然收到邵逸夫寄来的一张支票，但打开一看只有仅仅500港元。养老院随即把这张支票退还给了邵逸夫，邵逸夫因此事也被笑话了很久，陷入了被动的社会舆论。

小事不可小视。小事关乎形象，古人云，“天下难事，必作于易；天下大事，必作于细。”一件看似平常、很不起眼的小事，往往是社会评价的重要标准，也是树立威信的绝佳机会。邵逸夫显然失策了，他还没能真正体会到捐助的意义。当然，联想起邵逸夫经营上的一桩桩小手笔，或许我们也能理解，成熟的慈善大家也是一步步成长的。

小事没做好，大局受影响。《莎士比亚文集》中记载了“一马失社稷”的典故。说的是1485年，英国国王查理三世与里奇蒙德伯爵亨利争夺英国统治权。决战的当天早上，国王的马夫牵了战马去钉马掌，由于铁片不够用，马夫就叫铁匠凑合凑合。于是，只钉了三个掌的马载着国王，冲上了战场。结果可想而知，正在查理冲锋陷阵时，马失前蹄，跌翻在地，兵败被俘。后来人们这样总结到：少钉一只马掌，毁了一匹战马；毁了一匹战马，败了一场战役；败了一场战役，失去一个国家。这个马掌何其重要啊！

由于一时的疏忽导致了一世的遗憾，一个小小的细节毁灭了一个王朝，这个教训不可谓不大。实际上，学会把每一件平凡的事情做好就是不平凡的人。邵逸夫的第一笔捐助或许未经过深思熟虑，或许只是当时的一个偶然之举，或许正是这件事对邵逸夫的触动，开启了邵逸夫之后的乐善好施之路。

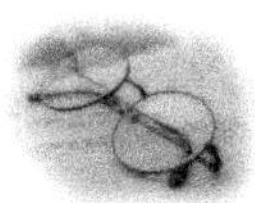

一个转折点

1972年是邵逸夫从事慈善事业的转折点。这一年，邵逸夫踏进人生“掉块肉”的第66个年头。邵逸夫生于1907年10月4日，中国人计算寿数，生下来便算一岁，到1972年10月4日，邵逸夫迈入66岁，这是中国民间所说的人生一大关口。俗话说：“人活六十六，不死也要掉块肉。”意思是人活到六十六岁，即使不死，也得生一场大病。所以在这坎儿年要倍加小心，并想办法破解以图长寿。对邵逸夫来说，还有一层含义，他在邵家兄弟姐妹中排行老六，那就是老六到了六十六。按照迷信说法，66岁是邵逸夫的劫难之年。邵逸夫对此颇为焦虑，请来好友李迪帮他消灾解难。李迪告诉他：做事业的人，争强好胜没什么不妥。商场如战场，同对手讲不得仁慈，但你在别的地方可以大讲仁慈。

这番话让邵逸夫陷入了沉思：一个人做善事，花钱不用太多，美名却得不少，人活得痛快，精神愉悦自然就会长寿。由此，邵逸夫的慈善意识与行为渐渐形成。

邵逸夫的善举首先是从香港开始的。1973年，邵逸夫以个人资产在香港成立了私人慈善基金组织——邵氏基金会，开始向香港的教育和慈善机构大量捐款资助。邵氏基金会成立后，他把50万元港币捐给了香港苏浙公学，此后，邵逸夫在1997年，捐赠600万港元兴建“香港艺术中心”。

面对亲人的相继离世、儿子被绑架、自己人生又到了坎儿年，凡此种种，都使邵逸夫隐约中对钱财的看法有了转变。也许有人会说，邵逸夫开始做善事，是为了花钱消灾，祈福长命，招财避邪事业旺。这话听

起来有些自私、狭隘，似乎很功利，但即便如此，也无可厚非。现实中舍财免灾，人之常情，虽然我们知道，舍财与免灾，是民间一种通俗说法，二者之间没有科学上的必然联系，只是虚幻的、人们心里期盼的，但是却很管用，它能在精神上化消极力量为积极力量，带给人们心理平衡和安慰。纵然，邵逸夫目的实现了，邵逸夫受益了——享年达 107 岁高寿，成为商界巨富，成为跨越世纪的老人。但客观上，邵逸夫一生的善举，最大受益者还是社会大众，邵逸夫的慈善援助到底造福了多少中国人，甚至世界各地的人，早已多得数不胜数，难以估量了。

世间人聚人散，地上花开花落，天空云卷云舒，世事变幻莫测。就在邵氏兄弟的影视帝国日渐壮大之际，邵逸夫于 1973 年和 1975 年，先后痛失二哥和大哥。亲人的相继离世，特别是三哥的病倒和离世对邵逸夫触动最大。人们认为邵逸夫的慈善与他三哥邵山客的去世颇为有关。在邵氏兄弟中，邵逸夫与邵山客关系最好，当年，邵逸夫奔赴南洋与邵山客共同打拼，弟兄俩同甘共苦 30 年，始终兄弟情深，创下了邵氏家业。但不幸还是降临了……

1983 年，邵山客中风昏迷，成了植物人，只能靠药物维持生命。此番情景，让邵逸夫百感交集。感叹人生匆匆，天命无情。钱财只是身外之物，生不带来死不带走。1985 年 3 月，邵山客病逝。人亡如灯灭，真可谓，看透的是人生，解不开的是命运。

真正的财富不是万能的金钱，而是生命。上天并没有赋予我们太多，但一次生命已是世上最为珍贵的财富，若是没有生命，那么这个世界不会有任何意义。与生命相比，财富就是 1 后面的 0，设有了 1，0 又有何用？我们只能在这宝贵的唯一中充分展示自己的才华，活出生命的精彩。

三哥去世的阴影笼罩着邵逸夫的心灵，他开始反思现实。他清楚地

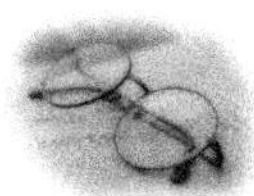

知道，虽然三哥在 1957 年成立邵氏基金会，捐钱赈灾敬老恤贫，并因此获得马来西亚最高元首赐颁的“拿督”勋衔。但三哥邵山客在新加坡的口碑一般：死抠。对员工抠门小气、吝啬，无论对内还是对外，都没有树立好名声。现在，钱财再多，用不完也带不走；留下的名声更不会人死消失。邵逸夫的内心有了变化，不想步三哥后尘，他要改变这一切，银子要用到刀刃上。

他开始逐渐由一个醉心于让自己变得更有钱的人，变成一个懂得将钱变得有意义的人。如果说，两个儿子遭到绑架，最终化险为夷，让邵逸夫感到花钱可以消灾，那么，面对三哥邵山客无可奈何地去世，金钱则毫无价值。

曾经的邵氏四兄弟打拼天下的激情岁月一幕幕浮现，如今，邵逸夫看到了财富与人生的无奈背离，人走了，却带不走世间一片砖瓦，一根针，那么，该留下什么呢？

1985 年 1 月，也就是邵山客去世前两个月，邵逸夫以邵氏基金会的名义宣布捐出 1.06 亿港元，作慈善用途。其中 730 万港元用来资助香港的大学和医院。另外 3300 万港元则捐给香港以外的六所大学，包括台湾国际艺术学院和澳门的东亚大学等。由此，邵逸夫开始了日后大规模的慈善与捐赠。这一失去至亲的打击和启示，被外界公认为推进了邵逸夫对慈善事业的认知。1980 年代中后期，邵逸夫将“善举”由新马港台扩大到内地。

“我的财富取之于民众，应用回到民众”邵逸夫不仅是这样说，更是这样做的。进入 20 世纪 90 年代，香港媒体不再对邵逸夫捐赠褒损参半，而是一致高度评价，称邵逸夫为香港富豪的“道德标杆。”

莎士比亚说过：“德行不是有了才做，而是做了才有。”从此，邵逸夫启动了人生下半场的慈善主题，更加热心公益，捐学校、捐医院、建立起庞大的慈善机构，与洛克菲勒颇有异曲同工之处。

《伊索寓言》里有一个故事，一个人变卖了他所有的家产，换回了金块，并秘密地埋在一个地方。他每天都要走去看看他的宝藏。慢慢的，有个在附近放羊的牧人知道了真情，一天，这个牧羊人趁他走后，偷偷挖出金块拿走了。这个人再来时，发现洞中的金块没有了，他便捶胸顿足、号啕大哭。路过的人问明原因后，说道："喂，朋友，别再难过了，那块金子虽是你买来的，但并不是你真正拥有的。去拿一块石头来，代替金块放在洞里，只要你心里想着那是块金子，你就会很高兴。这样与你拥有真正的金块效果没什么不同。依我之见，你拥有那金块时，也从没用过。"这故事说明，一切财物如不使用等于没有，只有花了的钱才是自己的。只有创造了价值，财富才有价值。

正如一位商人所说："生意场上来不得半点儿慈善，但企业家不能没有善心。"其实，一个人如果挣十万块，可以只靠个人勤劳，起早贪黑赚辛苦钱；如果能挣一百万，就得勤劳加智慧，靠聪明的才智，会经营的头脑；如果能挣一百个亿，那就得在勤劳加智慧的基础上，更要靠时代的机遇。

所以，致富思源，感恩时代，回馈社会。一个人认识到了这一点，就有了对民族未来的担当精神，就会让自己的人生和事业有进一步的飞跃。邵逸夫人生的精彩之处正在于他最终回馈社会的善举。

从道德走向责任

歌德说得好："只有那些理解财富的人才配发财。"慈善虽然不是富

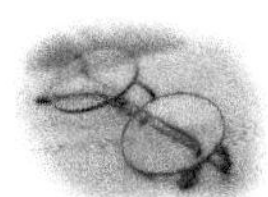

人的专利，但富人却应该义不容辞。邵逸夫丰富的商界阅历和大量财富积累，让他开始思考财富的问题，他的慈善观正在从道德走向责任。

在邵逸夫心里，潜移默化着来自信仰佛教的母亲的家庭影响。

佛教诞生于古印度，一直到西汉末年，它开始由西域传入我国。佛教东传后，受到中国传统伦理思想，特别是儒家思想的影响，融合形成了以善恶观、人生观为主要内容的中国佛教伦理思想。佛教在中国本土化之后，它的社会功能也就趋向一种劝善化俗之道，以通俗的教化劝导人们止恶从善，避恶趋善。至于行善的方法，佛家也有其特别的论述，诸如“修福田”、“布施”等。所谓福田，就是行善有如农民播种于田，必有秋收之获，多行善事于前，将会受诸报于后。“福田说”劝导世人多行善举，多积功德。这成为佛教教义中最有影响力的慈善思想内容。佛教从产生时起就非常重视布施的功德，大乘佛教认为，“以己财事分与他，名之为布；己惠人，名之为施”。积极提倡“常好布施，欢喜无悋，不望其报”的思想。佛家讲有功德则有福报，佛教慈善的根本精神是平等、无差别、无心，即完全不求任何回报的慈苦。这些思想潜移默化都成为日后邵逸夫慈善观的思想基础。

同时，邵逸夫生于上海，成长在上海，从小就有机会接触西方教育，受到一些西方财富观的影响。著名的西方财富管理观念的基础，是美国钢铁大王安德鲁·卡耐基的经典之作《财富的福音》。19 世纪末，伴随西方工业文明的兴起，一大批富豪巨商诞生。如何处置迅速积累的巨额财富？

卡耐基作为当时的富人代表，他骇世惊俗地提出，富人对社会具有不可推卸的责任。富人的责任是简朴、不事张扬地生活，避免炫耀奢华；满足家属恰如其分的合理需求。完成这一任务后，应该把其余所有的财富都当做是别人委托自己管理的信托基金，还应该把这笔钱深思熟虑、好好花在对全社会产生最佳效果的事业中。

更可贵的是，卡耐基结合自身的慈善经验指出，慈善捐赠的 7 个最佳领域是：大学、免费图书馆、疾病防治机构、公园、音乐厅、游泳池和教堂。

一百多年来，卡耐基关于财富管理的思想影响了西方无数的富翁，洛克菲勒基金会、福特基金会、盖茨基金会、巴菲特基金会等一大批基金会活跃在社会各个领域，成为一种新的社会力量，推动着社会的进步。

2001 年，美国总统布什上任后，宣布了 1.6 万亿美元的减税计划，其中包括取消联邦遗产税——美国政府计划在 2010 年前逐步取消遗产税。这对拥有美国大部分财富的最富有阶层来说当然是个利好消息。但有趣的是，竟然有 120 名富翁联名上书，反对政府取消遗产税。他们在《纽约时报》上刊登广告，呼吁政府不要取消遗产税，包括比尔·盖茨的父亲老威廉、巴菲特、索罗斯、金融巨头洛克菲勒等。老威廉在请愿书中写道：取消遗产税将使美国百万富翁、亿万富翁的孩子不劳而获，使富人永远富有，穷人永远贫穷，这将伤害穷人家庭。巴菲特也表示："取消遗产税是个大错误，是极其愚蠢的。取消遗产税会造就一个贵族阶级。"自安德鲁·卡内基之后近百年来，"在巨富中死去是一种耻辱"，正成为许多美国富豪的共识，也值得中国富豪深思。

邵逸夫之所以能登上其慈善事业的顶峰，成为慈善大家，是源于他根深蒂固的中国优秀传统文化的素养和爱国爱民的赤子之心。邵逸夫的基金会 1973 年成立，66 岁的邵逸夫第一笔郑重其事的捐赠，是以校董的身份，捐献 50 万元港币给香港的"苏浙公学"，让其兴建一所藏书 3

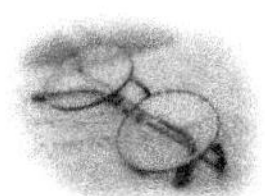

万多册的新型图书馆。

1973 年 5 月 30 日晚 7 时，邵逸夫捐款典礼隆重举行，苏浙旅港同乡会会长徐季良先生首先致词，他对邵逸夫先生的慷慨捐赠表示感激，并宣布该图书馆将命名为“邵逸夫图书馆”，这应该算是世界上第一座“逸夫楼”。

从此，邵逸夫人生开始了另一个辉煌。

随着内地改革开放不断深入，特别是邓小平发出“把全世界的宁波帮都动员起来建设宁波”的号召之后，极大地调动了海外宁波帮积极支持祖国内地建设的热情。邵逸夫与众多宁波帮人士一样，具有爱国爱乡之浓烈感情，自 1985 年起，邵逸夫开始把关注的目光和大笔的善款投向了祖国内地，邵逸夫的慈善之举跨出了香港延伸到大陆。

从 1985 年起，邵逸夫平均每年向内地捐赠 1 亿多港元，用于支持各项社会公益事业。他对于中国教育事业更是情有独钟。邵逸夫在内地的捐赠多数投向教育。中国教育部官网 2014 年 1 月 7 日的消息显示，自 1985 年以来，邵逸夫通过邵逸夫基金，连年向内地捐赠巨款建设教育教学设施，迄今赠款金额近 47.5 亿港元，建设各类项目 6013 个。此外，邵逸夫在英国、美国、新加坡及香港等地都有巨额捐赠，合计金额早已超过 30 亿元。

邵氏基金对外捐赠的两大原则即为中国内地和教育事业。正如他所说：“国家振兴靠人才，人才培养靠教育，培养人才是民族根本利益的要求。”邵逸夫视教育为立国之本，为此多年来他尽心尽责，不遗余力。邵逸夫 1985 年向浙江大学捐资 1000 万元。邵逸夫对考古一向感兴趣，1985 年，他捐赠 1000 万港元给中国保护敦煌莫高窟壁画工程，为当时的壁画安上了玻璃屏风。敦煌研究院为感谢邵逸夫这一善举，特意立碑予以纪念。甬上文化人王重光先生1996年曾前往敦煌考察，大漠深处，类似的捐赠纪念碑中，唯有邵逸夫是炎黄子孙，此番情形着实令人感慨万千。

这些赠款投向全国31个省市自治区及新疆生产建设兵团的大中小学、职业技术学校及师范学校，用于兴建教学楼、图书馆、科技楼、体育馆、艺术楼、学术交流中心、研究中心等。在过去近30年里，它是支持中国教育普及的重要民间力量之一，数以千万计的内地学生从中受益。

目前，以“逸夫”两字命名的教学楼、图书馆、科技馆及其他文化艺术、医疗设施遍布中国各地。已建成的邵氏捐资项目大多成了当地标志性的学校建筑，也成了师生理想的教学、科研场所，发挥了良好的社会效益。

汇集一生的辛劳和付出，他积累了巨额财富，身家过百亿。邵逸夫富且贵的同时又开创了他人生事业的又一春，登上了又一高峰，建立了又一丰碑：爱国爱港、热心公益、乐善好施，成为享誉华人世界的大慈善家、社会教育家。

1977年为表彰邵先生对香港社会的贡献，英国女王册封其为皇家爵士衔，邵先生成为香港娱乐界获此爵士殊荣的第一人。当年从伦敦受勋回港，他认真地对前来欢迎的人群说：人说赚钱难，但有了钱用在最适当的地方，那才是最难的事！大丈夫贵兼济，岂能独善一身，这是我的人生信条。

邵先生还曾对追问其影片《表错七日情》赚了多少利润的记者笑答道：“赚了多少不是问题，捐了多少给国家才是最重要的事情。”“中国很穷，需要很多金钱来办学校、发展教育，建造医院治理病人。我的财富

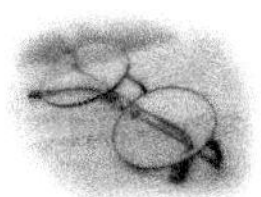

取之于民，应用回到民众。”寥寥数语凸显出慈善大家邵逸夫的胸襟和情怀。从 1973 年设立香港邵氏基金会以来，邵先生向社会公益、慈善事业捐献巨款超过百亿港币。

邵逸夫做慈善，不是做表面文章，而是有一套自己的运作程序。掏包捐钱之后，他一定亲自过问善款的用途，同时与政府合作出资，这样做更有利于把好事做好。他还对自己捐款的教育建筑工程有两点明确的要求，第一，钱一定要直接用于教育、科研，特别是用在体现教学、科研的急需和广大师生共享的项目上，如教学楼、科技楼、图书馆、体育馆、电教中心、培训中心、学术交流中心等场所，因为，这些也正是内地各类学校急需而政府又难以在近期投资兴建的项目。第二，邵逸夫要求建筑标准应高于一般的教育建筑，把好质量关。这就让受赠学校受到触动，各受赠学校都高度重视，精心设计，全力施工，认真地建好每一个项目。

在邵逸夫去世的消息在网上传开的时候，就有一位网友“大风车呀滴溜溜不转”发微博表达自己的哀思：还记得四川地震时捐的那一亿巨款给我的震撼！那是我第一次知道邵逸夫这个名字，第一次知道有人做公益可以做到这个份儿上！

根在宁波的邵逸夫对故乡也倾注了很大的爱心，可谓桑梓深情寄故里。1987 年以后，他不仅多次回乡探亲访问，还先后捐资 4000 多万港元帮助家乡发展教育、文化事业。

就资产而论，邵逸夫的财富始终在香港排在九至十多名，但他在慈善公益上的贡献，只有李嘉诚、霍英东能与他相提并论。而李嘉诚、霍英东的财产又远在邵逸夫之上。

与邵氏的家族产业相比，慈善将成为邵逸夫的巨大的有形资产——

那些矗立在中国广袤土地上的“逸夫楼”，将永远激励大地学子们：有这样一位慈善老人，在默默资助着你的成长。不要辜负他，为了美好的明天，勤奋读书吧!

逸夫楼的纪念

在近三十年里受过高等教育的大陆年轻人，几乎都接触过“邵逸夫”的名字，很多人都是通过邵逸夫资助过的教育设施，如逸夫教学楼、逸夫图书馆、逸夫科研楼、逸夫体育馆或实验室，周边有他捐建的文化、医疗设施等初识并记住他的。因为在大学校园里“逸夫楼”几乎成为许多高校的标配。邵逸夫辞世第二天，国内某门户网站做了一份关于“提起邵逸夫，你首先联想到什么？”的调查。短短两个小时就有万余人参与投票，结果显示，超过 81%的人选择了“逸夫楼”，有 8.2%的人选择了“香港无线的电视剧”，有 6.4%的人选择了“香港影视大亨”，有 2.5%选择了“武侠电影”。

这充分说明，邵逸夫在国人的记忆中，不是所谓的娱乐圈大佬，也不是因为他拍了那么多的经典影视作品，而是校园里那一座又一座逸夫楼，它是很多人青春的记忆。人们很少将打造港台经典片的娱乐大亨与慈善家联系起来，邵逸夫的慈善实践执着而低调，极低的媒体曝光率，不难看出邵逸夫并非希望得到他人感恩戴德，歌功颂德等的溢美之词，最希望看到的只是孩子们能在宽敞的教学楼里学习成长。邵逸夫独树一帜的低调慈善，在无声无息之间，犹如春风化雨，赢得了公众内心真挚的敬仰与喝彩。

低调做慈善的邵逸夫让太多的人，在他生前没来及向老人真诚地说

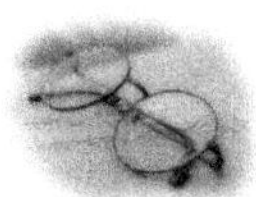

一声“谢谢”，没来及向老人当面汇报学习成绩，甚至都没有在照片上见到过他的模样。我们却都曾经受益于这位百岁老人。逸夫楼承载着长辈对晚辈的教育之责、寄望之意、扶助之心。今天，站在逸夫楼前，让我们向老人深深鞠躬致谢。缅怀他对世人深沉的顾念之情，感谢他对社会无私地奉献。

许多网友在微博上留言称：“从小学到大学都有逸夫楼，邵逸夫先生致力于教育事业的善心有目共睹，可关于他的一切，我们知之甚少。”全国各地的网友纷纷发起“随手拍逸夫楼”活动，以纪念离世的邵逸夫先生。正如爱思想网网友“爱德华兹”所说，这位商界巨子用一生打造了邵氏、无线两艘电影、电视巨舰。不过比这更宏大，也更具人格力量的，还是他那一望无垠的慈善王国。内地几代人中，很多人最初都是通过以“邵逸夫”名字命名的教学楼而得知了这位巨人的存在的。

望着那一座座“逸夫楼”，仿佛看到了那些年邵逸夫不顾耋耄之躯，多次亲临大江南北、长城内外、视察捐赠项目的忙碌身影。逸夫楼不仅成为相当多人大学时代的共同记忆，而且，邵逸夫先生的慈善捐助对于中国基础教育的发展同样功不可没。

根据一份统计，中国高等院校包括本科和专科在内，只有一千五百余所，而一所院校拥有两个以上邵逸夫先生捐赠的项目少之又少。因此，6013 个捐建项目中，至少有超过 4000 个是投入在高等教育以外的基础教育领域。尽管，它们没有像高等教育的捐赠那样风光，它只是默默散落在不够豪华大气的中小学，但是对于中国教育的推动，尤其是贫困地区教育的发展，发挥了巨大的作用。这种润物无声、大德无言的善举，才是为中国慈善树立起来的真正标杆。这份辉煌的成绩单，使他在古今中外捐资助学史上，留下当之无愧的一页。他的荣耀和人们对他的缅怀，大抵来自于此。

还有网友指出，邵逸夫先生虽然大量参与慈善和社会公益，但所捐赠的教育项目和学校，却鲜有卷入争议者。这源于其名下的邵逸夫基金会规范的运作与管理，源于基金会所建立起来的与内地办学环境相适应的捐赠机制，这种制度机制，是值得所有公益机构学习、借鉴的。知名教育学者熊丙奇表示，这是民间慈善基金会与官方合作，共同改善内地办学条件的典范。邵逸夫以宽大的慈善胸怀与视野，为我们诠释了民间慈善与政府部门完全可以形成互助互补的合力，全国各地大量的“逸夫楼”及晚年设立的“邵逸夫奖”等足以证明，这些作为提高了慈善效率，产生最大化的社会效益，终而获得最可贵的公众口碑，更为慈善界树立起一座丰碑。

中外捐资助学史上，邵逸夫当之无愧可称为第一人！

上善若水

有人说，一个人赚过大钱后才能真正看透财富。首先，赚大钱一定要有选择。在市场多样化加速、越来越细分的时代，只有做好选择才能成功。而选择的目的就是专一和专注。如沃尔玛只选择做商品零售，可口可乐只卖饮料，肯德基、麦当劳只卖汉堡，日本的松下、索尼、三洋只做电器。邵逸夫只做影视娱乐业。如果没有邵逸夫财富创造与积累，他后半生的慈善事业，可能是无源之水；而如果没有对财富清醒透彻的认识，并付诸实践，他去世后留下的，也许就只是数目可观的金钱而已。值得庆幸地是，邵先生有了他的第二人生，他不仅留下了那么多润泽万代、流芳千古的逸夫楼和逸夫医院，更是为发了财而不知道该走向何处

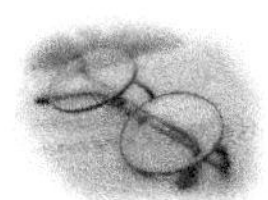

的人，指明了一条正确的路。

邵逸夫一生精于创造财富。作为祖籍浙江宁波的外来者，他在香港战胜一个个竞争对手，越过一个个难关，教会香港人如何创建一个庞大的文化产业帝国，创造出香港影视业的繁荣景象，并且营造了有华人的地方就有“邵氏出品”的盛况，这些影视作品在改革开放之后风靡大陆，给大陆年轻人带来深刻的文化影响。

更重要的是，邵逸夫赚了大钱后渐渐懂得，如何将自己积累的财富用于最有价值的事业上去。他晚年以“大丈夫贵兼济，岂独善一身”作为人生信条，这传承了中国文化中强调政治、经济上的成功者要回报社会、救助弱者的精神理想，代表中国传统对精英阶层赋予的责任感和使命感。为公益事业慷慨解囊，不论处于何种个人动机或目的，都超越了普通企业家对这个社会的贡献。

邵逸夫百岁人生成功扮演了三大角色：娱乐大亨、大富豪、慈善大家。对社会而言，最具恒久魅力的当属他付出了一生心血的慈善事业和大爱精神。慈善家这个美誉，也许没有娱乐大亨那么璀璨耀眼，没有富豪那么高贵神秘，但它有令人尊敬的社会价值，是邵逸夫留下的巨额财产中，最可珍贵的遗产。邵逸夫是个复杂的人：他身上既有文化人的情怀，亦有商人的精明，更有慈善家的大胸怀。人生的价值不在于个人拥有多少物质财富，而在于对社会所做的贡献与价值。为己养生为人行善，邵逸夫做到了。

一个人拥有的财富应该包括物质财富和精神财富两大方面，它们是财富的软硬件。物质财富是生存的基础；精神财富则是生存的目的。在佛教中，与这两个概念相对应的是“福”和“慧”。佛陀教育我们要福慧双修，不可偏废。先修福以积集福德资粮，然后修慧以积集智慧资粮，直到福慧圆满。一个人能同时拥有两者，当然是“富中之富”。

财富的根本用途是用于自身解脱，物质财富大体对应于身解脱，精神财富大体对应于心解脱。所以，二者大致可看成是身解脱和心解脱的关系。如果走极端，即使赢得了整个世界，却输掉了自己的灵魂，又有什么用呢？现代社会中，追求个人财富的同时，也在替社会创造财富，所以追求财富是值得推崇的行为。特别是在中国，社会从对权力的追求转到对财富的追求，应该是更为健康的选择。

邵逸夫的慈善精神，需要得到全社会的传承。一个成功企业家做慈善的方式，或许有许多种；选择做慈善的领域，也会因人而异。邵逸夫并非香港最有钱的人，却被舆论一致认为是屈指可数的大慈善家。主要原因大概体现在这些方面：首先是邵逸夫的慈善事业，反映出他的人生理念与思考，他将自己的财富捐赠到自己认为最能促进社会和谐发展的领域。譬如他说过，国家振兴靠人才，人才培养靠教育，培养人才是民族根本利益的要求。于是他对中国教育情有独钟，不遗余力，数十年如一日。这种慈善精神，需要全社会学习。

富豪、土豪们需要学习，有钱是好事，但一定要把好事办好。有了钱是可以做有意义的事的。

我国慈善机构需要学习，真心实意地做慈善，不是什么难事，乱花慈善事业的钱是有悖社会公德的。

全体国人需要学习，慈善不是富人的专利，做不做慈善，有时不需要理由和借口，慈善体制不健全、教育体制不完美，一样有人能够成为伟大的慈善家。

当前社会上弥漫着一种浮夸、炫富的风气，很多人因富而骄乃至恃强凌弱，加剧社会矛盾和两极对立，促进社会分化，这些做法不仅不符

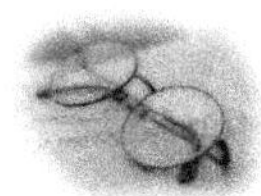

合传统意义上的道德，而且不符合现代商业伦理。

大洋彼岸的美国在“镀金年代”也曾经历过富人热衷于炫耀的日子，但后来逐渐从中走出，这代表了商业和社会心理的趋于成熟。豪奢炫富反映了社会转型时期，商人不健全甚至病态的心理，也透露出因财产缺乏保护而导致的不安与行为的短期化。

邵逸夫所展现的淡泊、利他的言行，才代表着成熟、稳定的商业社会之中受人尊重的品质。由于历史的原因，中国社会对于富人们如何获得财富、如何分配财富，还有着较为普遍的对立看法和心态，既有对物质财富的追求和崇拜，又普遍持有“为富不仁”的歧见。再加上国内一部分人的财富来自权力、腐败或不正当竞争所得，社会公众对之的看法就更为敌视。在这种复杂的环境下，中国的慈善家很难获得来自社会的普遍认同，也缺乏相应的社会地位，更无法成为富人们追求的社会价值观。不过内地的现状也在改善，越来越多的富人投身慈善事业，追求人生价值更多样化的实现。

网易的一篇文章叫做：每个人心中都有一个邵逸夫。其中的一段摘自网友的话是这样说的“中国富人百年之后，李嘉诚留下的是钱，马云留下的是嘴，陈光标留下的是阔，而邵逸夫留下的是善，以及遍布全国各地的邵逸夫学校和教学楼。邵老先生走了，全国各地逸夫楼的阶梯总和，足够您登上天堂——无论天堂有多高。”

企业家为什么要做慈善？这一直是有一个争议的话题。

有人说，企业家做慈善，可以帮助企业提高知名度，改善企业与政府和公众的关系，开拓企业市场，建立企业文化，凝聚员工等等。也就是要通过企业形象的提升，来创造一个友好的社会环境，赢得自身更大的发展，因为企业不是一个孤岛，不可能在一个衰败的社会里独善其身。

也有人说，企业家在最初的时候可能是一种贪婪，需要从生产链条中获取更多的利润。但是随着财富的积累，最后慢慢变成一种公益和慈善，这就是自我的超越。就是把企业财富分配过程中获取的财富重新转化为推动社会进步的一种财富，而这个财富可以让更多的人共享，这是企业家的社会责任。

一个人怎样做事、怎样做人是这个人最本质的东西，邵逸夫的善为自己积累起来幸运和福分，值得人们敬仰、祝福和学习。同时，关于企业家为什么要做慈善，企业家应该怎么做慈善，也许更是我们应该认真思考的社会大命题。

第 10 章

养生：与长寿结缘　跨百岁人生

古往今来，人们对于长寿的渴望从没有停止过，从秦始皇追求长生不老方到如今，人人都想要长寿。随着科技和医疗卫生条件的进步，全球平均寿命一直有增加的趋势。据《大英百科全书》公布的数据，新石器时代人类平均寿命仅为 20 岁，古典时期增加到 28 岁；英国人的平均寿命在 20 世纪早期为 30 至 45 岁，目前是 79 岁。中国 2009 年人口普查平均寿命为 71.4 岁，2009 年增加到 73.5 岁。

俗语说“山中不少千年树，世上难逢百岁人”，即便是医疗水平相当发达的今天，能活过百岁的人也是相当有限的。邵逸夫享寿 107 岁，当人们问他长寿的秘诀何在时，邵逸夫毫无保留，笑着向世人道出了长寿的三个秘诀：三要三不做。“三不做”即不赌钱、不喝酒、不正常（刺激）的事都不能做。“三要”即要勤奋工作、要笑口常开、要常坚持运动。这正是：生活有度，人生添寿。

勤奋工作

“没有一个长寿者是懒汉”。这是一句英国谚语，道出了长寿的秘诀。邵逸夫用自己悠长且精彩、传奇的人生诠释了这句话。

邵逸夫原名邵仁楞，“逸夫”是他的号。他曾解释说，“宁波人从小立志要做大事，头等大事就是经商，一生从商，终身忙碌。取这个名字是希望自己以后能闹中取静，忙里偷闲，安然度过一生。”他的英文名字，还是沿用原名仁楞的译音“Run Run”，全名就是“Run Run Shaw”，直译过来即是“邵跑跑”，虽然邵逸夫曾说 Run Run 是他的本名仁楞的音译，但是，这个英文名可以说恰恰是其早期创业的生动写真，同时，以他勤勉而努力的工作到 104 岁才正式退休来看，“跑跑”更切合他的一生。

邵逸夫说过：只有保持工作才会长寿，永不停歇地工作是他重要的养生秘诀。他的职业生涯从 19 岁一直延续到 104 岁，长达 85 年。真是生命不止，奋斗不息。青年时期南洋创业打拼，50 岁回到香港接管邵氏兄弟公司，60 岁出任 TVB 常务董事，开始人生二次创业，73 岁掌管无线电视大权，直到 90 岁前，他还坚持每天上班，100 岁时，他还出席每两周一次的无线高层会议。按他自己的话来说，就是他每天晚上只睡 5 个小时，中午小睡 1 个小时，其余时间都在工作。2011 年，年届 104 岁的邵逸夫才正式退休。他是香港乃至全球最高龄的上市公司主席。

美国《生活》杂志的一位记者，曾经采访过邵逸夫，描述了他这样的日常生活。“他每天都是 6 点起床，吃少量面条、喝茶，练一会儿气功，穿戴整齐，阅读一两个剧本，然后坐上他的坐骑——劳斯莱斯到办公室去，这种车子他有两部。司机绕着清水湾下行，从家里只要开 5 分钟。邵逸夫 8 点到达办公室。他会在 9 点 15 分之前巡视一通摄影棚，坐在 6～7 个座位的影厅开始看之前拍摄的电影样片，还有竞争对手的电影，再审阅一些剧本。然后，邵逸夫会找他的助手邹文怀协商工作事宜，他

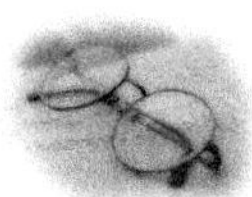

通常会在拍摄现场向编剧、导演和演员提建议。午餐邵逸夫吃得比较简单，在小屋里享用，然后午睡半小时，回到办公室一直工作到黄昏，午夜时分才回家休息。他的作息习惯就这样周而复始，除了周日。周日下午，他要选择上海风格的澡堂，舒服地泡上2个钟头。”

从中我们不难看出，邵逸夫的生活很有规律，乐在其中的工作是他保持良好生活节奏的动力，使他晚年生活得以充实、精神有了慰藉。工作对邵逸夫来说是个乐活的事情，在邵逸夫的晚年，他仍然对电视业务事事亲力亲为。邵氏的当家导演张彻在书中回忆说：“邵逸夫当年治事之勤，是我生平罕见，他坐的劳斯莱斯是名贵豪华的车，车里有酒吧，他改装成小型办公桌，连途中的时间都不浪费。”除了上班和开会，邵逸夫还有一项重要工作，那就是看电影和电视。年轻时曾有一天看9部片子、一年看700部片子的纪录。

邵逸夫自己也承认，他在工作上追求十全十美。邵逸夫称自己制片相当“严谨”，为了保证影片质量，他对影片严格把关。出现劣片，若无法补救，宁愿烧掉。据称，邵氏烧掉的影片以十部计，因为“邵氏出品，必属佳片”，无法容许粗制滥造的产品影响声誉。

生命在于运动，勤勉工作，严谨处事，比无所事事的人运动量大，只要不过分劳累，就会有益健康。人们处于工作状态时，精神上有追求，每天有事做，很充实，作息时间有规律，身体各部分运转正常。一旦停止工作，往往变得茫然若失，无所适从，有的人身体很快垮了下来。《英国医学杂志》网站的一份报告称，晚退休的人比早退休的人更长寿。研究者在对美国壳牌石油公司的退休员工进行调查后发现如下一组数据：55岁退休者平均年龄为72岁；60岁退休者平均年龄为76岁；65岁退休者平均年龄为80岁。这也是很多长寿者的经验之谈。

宋美龄活了106岁，她长寿的秘诀就是乐此不疲地工作。她在日记中写道：“工作，是半个生命，越忙越有精神。人要年轻要健康就要积极参加工作。反之，懒散是生命之敌，一懒生百病。要使生命之树常绿，只有在不断的工作中防止智力衰退，保持身心健康。

中科院生物物理研究所名誉所长，著名科学家贝时璋和邵逸夫一样，102岁时仍然精神矍铄、思维敏捷，坚持工作。他经常审阅论文，提出具体修改意见，有时一写就是五页纸，他认为工作是每天最快乐的事情。

其实人生最怕“懒和混”。有人认为，每天工作太辛苦，抱着消极的心态，看似偷巧、轻松、没压力，然而就是在不知不觉的懒和混中，懒尽了精力，懒掉了激情，混没了青春，混失了口碑，到头来落得人生黄粱美梦一场空！为工作而工作就不会有激情，于是工作之后心力交瘁、力不从心成为健康的宿敌。于是有人开始厌恶工作了，开始敷衍工作了，最后自然就不能做出一番事业。

人生每天都在奋斗，在任何一个企业工作，你都不是在为老板打工，而是在为自己的将来打工，给自己累积经验和财富。邵逸夫一生的奋斗经历告诉我们，工作是成就事业的阶石和阶梯，工作可以让你充实得不再空虚，工作可以让你感受到点滴的进步，这一切都将让你受益终身！

工作需要激情，激情是健康长寿的动力。为什么邵逸夫在工作中感受乐趣，乐此不疲呢？正是因为有激情。激情让他知道工作是一种起伏不定的事业，有高潮有低谷，无论处于哪个位置，都不能丧失激情。只要自己有信心，所有的困难、险阻、挫折都难不住，都不会意志消沉。激情让邵逸夫以更加饱满的热情去迎接一个个挑战，激情让邵逸夫生命不息奋斗不止！

工作需要创新，创新的工作是健康长寿的基础。创新需要知识的积

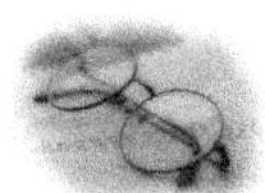

淀、技能的聚集、思想的更新。邵逸夫的创新思维，让他见证了电影到电视，无声到有声，黑白到彩色，这不断地创新，不仅是事业的生命力所在，也是人的生命力之所在！成功没有捷径，只有踏踏实实，勤勉努力，才会走向成功的彼岸。

笑口常开

意大利文艺复兴时代著名画家达·芬奇的《蒙娜丽莎的微笑》充满了永恒的魅力，使无数人为之倾倒。因为她的笑集美、智慧、永恒于一体，极致的搭配，是那样甜美，满脸洋溢着幸福、温柔、恬静，给人以无比的亲切感，让人愿意接受且过目不忘，甚至感到再无超越的可能。就这样，蒙娜丽莎带给人们无限美好的遐想。

著名作家高尔基曾经说过："只有爱笑的人，生活才能过得更美好。"笑，是生活中不可缺少的一道重要调味品。人要想健康长寿，就应该多笑一笑。笑是和煦的阳光，温柔的春风，滋润心田的细雨，是造物主赐予人类最美的表情。

有一句老话说得好："笑一笑，十年少"，笑一笑，老变少。笑的好处很多，不仅能缓解压力，驱散烦恼，而且能延年益寿。印度有笑诊疗所，法国有笑俱乐部，瑞士有笑面馆，日本有笑学校，德国有笑的比赛，美国有笑展览馆，我国有笑的刊物《幽默与笑话》，有笑的艺术——相声，……

邵逸夫说过，笑是宽容，宽容是一个人的修养和善良的结晶，是生活幸福的一剂良药，只有笑口常开才能保持身心愉悦。他很喜欢看以搞笑闻名的《憨豆先生》，演员白韵琴透露，自己曾跟邵先生去迪士尼乐园，他什么都玩，还吃雪糕。多年来他一直保持开朗的心境，可能与此不无关系。

邵逸夫的容人之量是让下属最佩服的地方。他每天上午 9 时一定到片场，开会、试片等，其他人员只要工作做得好，偶有迟到也不深究。许多人能原谅别人的过失，但不能原谅别人的故意。邵逸夫就能宽容别人的有意伤害。值得一提的是，邵氏的爱将李翰祥 1963 年在事业高峰期离开邵氏到台湾另谋发展，几乎动摇了邵氏根基。但邵逸夫爱才如命，上世纪 70 年代允诺他重返邵氏，丝毫不计前嫌。对一个几乎将自己置于死地的人，在他落难时，还能尽朋友之责。这或许只有邵逸夫能够做到。这种宽广的胸怀是值得每个人学习的，正所谓“量小非君子”。

宽容是中华民族的传统美德，也是我们当代人必备的道德品质。为人宽容能解人之难，补人之过，扬人之长，谅人之短；我们为人宽容，就能赢得友谊，获得更多的朋友。为人宽容利人利己，能使对方从中吸取教训，重新审视自己的行为。宽容能使自己远离烦恼、仇视，体验到宽容带来的心灵安宁和满足。宽容可以解决问题、化解矛盾、消除仇恨，化敌为友。这是真正的智慧，甚至不需要投入，不需要谋划，也不需要绞尽脑汁；只需要放平心态，只需要放弃仇视，只需要“容得下对手”，力量就可以倍增。

林肯是美国历史上一位受人尊重的总统，但有一次他的行为引起一位议员的不满，该议员说：“你不应该试图和他们（指林肯的政敌）交朋友，而应该消灭他们。”林肯微笑着回答：“让他们变成我的朋友，难道不正是在消灭我的敌人吗？”多么睿智的回答。宽容是一种高贵的品质，是精神的成熟和心灵的丰盈。有了这种品质，一个人就会变得豁达、变得成熟。宽容是一种仁爱的光芒、无上的福分，是对别人的释怀，也是对自己的善待。有了这种光芒、这种福分，就会远离仇恨、避免危难。

宽容是一种生存的智慧、生活的艺术，是看透了社会人生以后所获

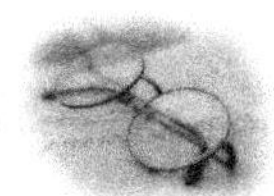

得的那份从容、自信和超然的海量。有了这种海量，面对人生就会从容不迫。

宽容是一种力量、一种自信，是一种无形的感召力和凝聚力。有了这种力量和自信，就会胸有成竹、获得成功。学会宽容，意味着不会再为他人的错误而惩罚自己，从而拥有一份潇洒的风采。

这种宽容带来的益处在古今中外的典范案例比比皆是，三国时期的蜀国，在诸葛亮去世后任用蒋琬主持朝政。他的属下有个叫杨敏的，性格孤僻，讷于言语。蒋琬与他说话，他也是只应不答。有人看不惯，在蒋琬面前嘀咕说："杨敏这人对您如此怠慢，太不像话了！"蒋琬坦然一笑，说："人嘛，都有各自的脾气秉性。让杨敏当面说赞扬我的话，那可不是他的本性；让他当着众人的面说我的不是，他会觉得我下不来台。所以，他只好不做声了。其实，这正是他为人的可贵之处。"后来，有人赞蒋琬"宰相肚里能撑船"。

宽容是一个人的处世智慧，一个人度量的大小，根本原因在于他是否志存高远。有远大抱负的人，是不会计较眼前的得失、个人的荣辱的，只有胸怀大志，才能胸襟开阔，健康长寿。

勤练气功

每天练气功是邵逸夫长寿的第三个秘诀。我国古代的健身气功，属于中国传统文化的重要组成部分，不少古代先贤都曾习练健身气功延年益寿。气功也是我们中华民族在长期的实践过程中寻找到的一种具有先进的科学性和艺术性的医疗保健方法。练气功可以治疗疾病，让人健康长寿。邵逸夫学练气功，始于1977年，那年他70岁整，年届古稀。据邵逸夫自己介绍，他有一个姓苏的朋友，是位医生，精通中西医术。他是在美国认识苏医生的，苏医生来香港，住在邵家。有一天，邵逸夫看到苏医生在打坐，便问他在干什么，苏医生回答说是练气功，并且告诉邵逸夫，练气功对身体非常有好处，能起到延年益寿、防止衰老的好处。于是，他叫邵逸夫也学。邵逸失果然乐意，苏医生就把他介绍到台湾一个姓王的气功师那里，王师傅当即收邵逸夫为徒弟。从此，每天练气功是邵逸夫必修之课。

邵逸夫说："我走路是不用拿棍子的。长寿之道在于运动，我每天早上要练45分钟气功。以前每天都打高尔夫球，噢，不是每天，是每周四次，现在不打球啰。"他每天早晨5点起床，练气功，步不乱、气不喘。除此之外，他还坚持打太极拳、游泳、散步。他说："因为我练气功，睡眠质量很好，每天睡6个小时就足以解除一天的疲劳。我的养生之道在于持久地坚持运动。"

有报道称，邵逸夫注重养生之道始于中年，起初是定时炖人参进补，后来则是每天口含一片顶级野生人参，他一年要进食人参4两。夏冬两季，每季2两。自从练了气功，就不再依赖人参了。

还有一种说法，邵逸夫习练的健身气功中，有一套叫做"养生剑指桩"的健身方法，是在90岁的时候，邵逸夫曾亲自上武当山，向武当人瑞师傅、享年118岁的李诚玉道姑学得的。健身气功中，很多动作都比较简单，即便没有健身气功基础的人也可以习练健身。比如搓双手、擦面有助于提神醒脑，升阳驱寒；比如干梳头类似于中医养生功法里面的"梳五经"，对于健脑益智、预防老年痴呆都有较好的效果；比如搓耳朵，有利于肾及双耳的保健；比如擦大椎有助于预防风寒感冒等呼吸系统疾患；比如循经拍打两臂、前后甩臂有助于预防肩周炎、鼠标手、网球肘、

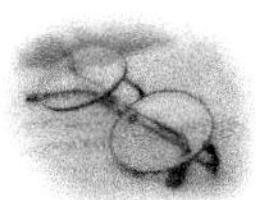

腰背肌肉酸痛等疾患。

邵逸夫曾经劝手下的导演李翰祥、张彻等人也练气功，但是他们都不能够坚持。和他同时代的人都故去了，只有邵逸夫真正长命百岁。他喜欢听刘家昌的歌，欣赏自己收藏的劳斯莱斯汽车、油画、翡翠，当然，还有最新的电影。

邵逸夫每天除了运动之外，还会读报一个小时左右。每年都会出门旅行一次。1991 年，邵逸夫与夫人辗转来到雁荡山旅游，从此，雁荡山美丽的自然风光在他脑海里留下了深刻印象。他曾告诉同行的友人，希望这里的经济能更加快速地发展，环境能够得到更有效地保护，旅游事业越来越好。

相隔 15 年后，2006 年的 9 月，99 岁高龄的邵逸夫偕同夫人方逸华女士再次来到温州，重游雁荡山。据当时的景区工作人员回忆，老先生说话已不太利索、听力也下降，但始终面带微笑、和蔼慈祥，夫妇俩不仅盛赞秋日雁荡的美丽，邵逸夫还竖起大拇指，说雁荡山自然风景保护得好。

1997 年，90 岁的邵逸夫还曾携夫人方逸华来武夷山游玩，浪漫的他对武夷山发出这样的感叹：“武夷山的空气是甜的。”

2007 年百岁的他乘专机来到张家界旅游，点名要去闻名遐迩的天门山看一看。可见身体状况很是不错。

有一次他去西藏，由于那里地势高，空气稀薄，有关部门为他准备了氧气袋，又派了两名年轻的医生看护他。谁知从西藏兜了一圈回来之后，邵逸夫安然无恙，反而是那两位年轻的医生回来之后，感到不适。

爱运动的邵逸夫足迹踏遍祖国的大江南北，旅游能助健康，一些长寿者深有同感。

106 岁的书画家颜济元面色红润，自己炒菜浇花。在 99 岁登上华山，101 岁游览云南丽江虎跳峡，103 岁登上长城写生作画。还有很多画家和摄影家老寿星一生与旅游相伴，到深山、草原、旅游名胜之地绘画、摄影，总是心胸开朗、乐观向上，现代医学对人类身体的保健促成了人类寿命的第一次飞跃；而人类寿命的第二次飞跃要靠我们的“灵魂”。这个灵魂就是我们的思维、思想、心灵、精神。一个人只要心态好，豁达乐观，知足常乐，笑口常开，精神向上，就会拥有健康幸福的晚年。寿过百岁很容易达到。

巴甫洛夫说过：“快乐是长寿的唯一秘诀”，快乐旅游与健康长寿有密切关系。

仁者长寿

中华民族有着源远流长的文化。养生学是中华民族文化的重要组成部分，其内容十分丰富。中国古代许多大思想家，都把修炼德行放在养生的首位，甚至看成是“养生之根”。养生必养德。孔子提出“德润身”、“修身以道，修道以仁”、“仁者寿”。仁，是孔夫子道德哲学的核心。仁者寿，怀有仁爱之心，胸怀宽广，有德的好人容易长寿。老子主张“少私念，去贪心”，认为“祸莫大于不知足，咎莫大于欲得”。大概的意思是一个在物质上贪心不足的人，必然会想入非非，甚至损人利己，终日神不守舍，这样心理负担过重，势必损害健康。汉代董仲舒提出“养心靠义”，即高尚的道德情操，可使人的心情常保愉悦，心理健康常存。“故仁人之寿者，外无贪而内清静，取天地之美以养其身”，所谓“善有善报，恶有恶报”。

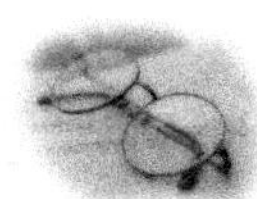

善恶报应，也不全是中国传统的道德信条，从现代社会学和现代医学的角度来看，有着充分的科学依据。西方早已通过医学研究证实了这一结论。巴西的马斯丁医生用10年的时间，对数百名犯有贪污、受贿罪的官员进行了追踪研究，并与同等数量的廉洁官员相对照，研究结果是，腐败者生病或死亡的人数比廉洁者高出几倍。马斯丁医生的结论认为：惩罚他们的是自己良心的不安，“当违反自己的伦理道德准则时，在精神上和身体上就会受到自体的攻击，引起激素分泌紊乱”，从而有损健康。

古代的养生学家也说：“大德必得其寿”。还说：“德不修则寿易损”。这就进一步强调了养生与养德的必然联系。可见，在日常生活中，坚持操守乐施好善的德行，做一个真正的德高望重的人，必然福寿延年。这种把修身养德与养生益寿联系在一起，颇富哲理。

香港有个风景秀丽的浅水湾，那里是香港最著名的住宅区之一，众多别墅豪宅遍布于海湾的坡地上，张爱玲的《倾城之恋》中所提及的浅水湾酒店现已变成了影湾园。这里住着的不是一般的富人，大多是世界级的富人，其中就有香港富商李嘉诚、包玉刚、邵逸夫等。浅水湾岸边有一座两三丈长的小桥，名字叫仁寿桥，桥身的侧面书写着三个大字：仁者寿。关于这座小桥有一个非常诱人的民俗传说：到此一游可增寿。行人怀着向善之心走过此桥，可以增寿三年。难怪每天过桥的人络绎不绝，很多人在桥上来来回回地走个不停，乐此不疲，舍不得离去。不少乞丐在桥的附近行乞，来到此处的人，没有几个不乐意施舍的。当他们把零钱放到乞丐手上的时候，脸上都有一种平静、宽容、满足的表情。把道德化融于游人心理之中，这实在是太高明了。

所以，养生必须与道德修养相协调。“仁者多寿、善者多康”。因为，仁爱之人的心和山一样平静与稳定，他们以爱待人、站得高，看得远，宽容仁厚，不役于物，也不伤于物，不忧不惧，所以能够长寿。由此可见，做慈善、为仁者具备了长寿最根本的素质。百岁老人邵逸夫的高寿，与此有着不可分割的关系。

现代医学认为：人是大脑皮层统率的完善生物体，因此，心理因素对人的健康有着极其重要的作用。道德感是人的一种社会性高级情感，自我道德感的满足缓解了情感矛盾，减少了心理冲突，并通过大脑皮层，又给生理机制带来良性影响，从而有益于人的健康，有助于延年益寿。

古人云仁者寿，确实一点不错。广施善举的邵逸夫，慈善捐赠遍布全国 31 个省，为中国教育、卫生事业的发展做出了杰出的贡献。正是这些善举让邵逸夫的大德大爱反馈给了他的长寿人生。

低调与高调

邵逸夫还坚持不做有损健康的事。他说：“我是三不做的：第一不赌钱，第二不喝酒，第三不做不正常的事。”何谓不正常的事？他说，刺激的事情对身体不好，总之，要正常生活。

俗话说“十赌九病，久赌成疾”。赌博本身是一种刺激，常常一赢一输便上了瘾。赌博时，其神经高度紧张，可以引起体内的一系列变化，如激素分泌增加、血管收缩、血压升高、呼吸加快、心跳加速，长此以往，对人的心身健康非常不利。

我们从“赌”字的结构来看吧，它的左边是个“贝”字旁，右边则是个“者”字，这很显然的说明“赌”与金钱息息相关。在《新华字典》中对“赌博”解释是“用财物作注争输赢”。曾经有一首《戒赌诗》这么

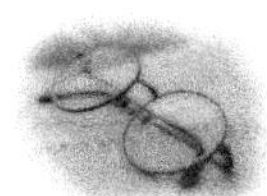

说："贝者是人不是人，全因今贝起祸根；有朝一日分贝了，到头做个贝戎人。"其中的"贝者"、"今贝"、"分贝"、"贝戎"分别是指的"赌"、"贪"、"贫"、"贼"，真实地反映了赌博的危害和后果。赌博是社会的毒瘤，更是一种社会丑恶现象。赌博与其说是赌徒用钱财争输赢，倒不如说是在拿自己的身体和生命作赌注。澳门"赌王"之称的何鸿燊，经营着多家赌场，但他自己从不参赌，也不允许家人参赌。他认为，其一是自己的家业已经够大，犯不着通过赌博来"暴富"，其二是赌场上"十赌九输"，到头来再大的家业也能败光。

邵逸夫远离赌场是其睿智的体现。生意人最爱赌，也最怕赌。赌的心态是心存侥幸、做事浮躁、急功近利。商人最怕的就是急功近利，最忌讳的是拍脑袋决策，用赌的心态干事业。特别是在经历了一次失败或遇到竞争经营低迷时，人们会"破釜沉舟"，于是躁从心头起，赌自胆边生。也许你会侥幸成功，但极有可能导致更大的失败。那么，在更大的失败面前，你是否还有信心和实力东山再起？况且，人在赌的同时，会自觉或不自觉地干些出格的事，会把道德底线一降再降，最终丧失道德底线。实际上，人的性格都有两面性——坚定与动摇、顽强与脆弱、胆识与畏缩、耐心与急躁、细心与草率、谦虚与骄傲、知足与贪婪、果断与迟疑……成功人士之所以成功，并非他们没有缺点，而是他们在实践的磨炼中努力发挥自己的长处，注意克服自己的短处，压抑自己的"赌性"。

邵逸夫的三不做，体现了他的理智，他的自律，他的坚持。这正是一个商人，特别是经营娱乐业的大亨难能可贵的成功基础保证。邵逸夫低调但厚重的智慧人生也是他宝贵的财富。

有时候，低调做人，你收获稳健；高调做事，你收获成功。在生活上简朴些、低调些，不仅有助于自身的品德修炼，而且也能赢得上下的交口称誉。

低调是什么？低调，是一种姿态。低调不是安贫乐道，也不是所谓的苦行僧式的“朴素”，更不是阿Q的“精神胜利法”，为人低调并非是妥协、退让、懦弱，而是一种智慧，一种远见，是一种对人的尊重！只有财富有了足够的积累，才有可能在物质享受上保持低调。只有在精神境界上有了足够的沉淀，才有可能在精神生活上保持低调。低调也不是一种直白的自我流露，它是一种修养、一种理念，是一种至高的精神境界。低调意味着一种满满自信，这自信就是力量，就是勇气，可以使人消除烦恼，可以使人摆脱困境。有了这种自信，生活将充满了无限光明。

生活中的邵逸夫很低调，不张扬。个人生活十分简朴，无论吃和住。邵逸夫日常并非吃的山珍海味。他饮食清淡，相信“口感清淡命长久”。经常是几款青菜配饭，毫不奢侈。他遵循的是“营养平衡”、“百无禁忌”。他认为：合理的营养是代谢的基础，膳食中既要保持充足的蛋白质，又要补充必要的维生素和微量元素。邵逸夫每餐喜欢以米饭、鲜鱼蔬菜为主，吃饭只吃七分饱，从不挑食，保持了营养上的平衡。

邵逸夫并非住的豪宅大院。邵逸夫生命中最后的居所，位于西贡嘉澍路的清水湾大厦，清水湾环境十分自然和田园，植被茂密，空气也较为清新。虽美其名曰大厦，其实外表上看就是一幢普通公寓。大厦建于1963年，由4幢4层的小高层排列而成，“大厦”未经翻新，所以整体建筑略显老旧，个别外墙甚至相当斑驳，有些已经泛白。这样低调的大楼与外界的想象有很大出入，外人很难将这座楼龄超过50年的大厦与邵逸夫的家联系起来。连出租车司机都无法想象，邵逸夫会住在如此“残旧”的

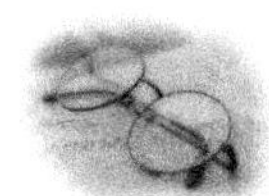

大楼内。但邵逸夫晚年一直生活在这里，其实他完全有实力搬到香港更好的别墅区，其念旧和节俭的品性可见一斑。

万贯身家的邵逸夫身后事也十分低调，一切从简。葬礼全部走平民化路线。真正的富豪大老板都是些生活简朴，情绪稳定，具有远见卓识但低调的人，很少大悲大喜。邵逸夫的一生，如此辉煌，其实也是平民的一生。因为曾经沧海，因为风雨磨难，丰富的人生创业阅历，已将胜败视为平常事。惟有专心致志走自己的路，干自己的事，以普通人的心态面对，这才是真正大老板的品性。正如泰戈尔所言：简朴并不是要人脱离世俗的快乐，而是摆脱那些仅仅是投合我们的虚荣心以及欲望。

山，不炫耀自己的高度，并不影响它的耸立云端，巍峨壮丽；海，不炫耀自己的深度，并不影响它容纳百川，万古流传；地，不炫耀自己的厚度，并不影响它作为万物根基的地位。江海之所以能容纳千川百水，是因为其地位低下。要学习江海之精神，俯下清高的身躯，低调地做人。因此，低调做人的最高境界也在于此：地低成海，人低成王。

著名企管专家谭小芳认为，低调做人既是一种姿态，也是一种风度，一种修养，一种品格，一种智慧，一种谋略，一种胸襟。一个人应该和周围的环境相适应，低调做人，更容易被人接受，从而达到适者生存。曲高者，和必寡；木秀于林，风必摧之；人浮于众，众必毁之。甚至可以说低调做人是一个人成就大事的重要前提。

金志文在《做人低调有好处》一书中讲了这样一个故事。

商容是殷商时期的一位贵族，也是当时一个很有学问的人，老子曾拜他为师。

在商容生命垂危的时候，老子来到他的床前，问道：“老师，您还有什么要教诲弟子吗？”

商容说："我的思想你已完全掌握了，现在我问你："人们经过自己的故乡时要下车步行，这是为什么？"老子回答："这大概表示，人们没有忘记故乡水土的养育之恩吧。"

商容又问道:"从高大葱翠的古树下走过时，人们总要低头恭谨而行，你知道其中的原因吗？"老子回答："也许是大家仰慕它顽强生命。"

商容张开嘴让老子看，问道："你看我的舌头还在吗？"老子大惑不解地说："当然还在。"商容又问道："我的牙齿还在吗？"老子说："已全部掉光了。"

商容目不转睛地注视着老子，说："你明白这是什么道理吗？"老子沉思了一会儿，说："刚强的容易过早衰亡，而柔弱的却能长存。"

商容满意地笑了笑，对他这个杰出的学生说："天下的道理，已全部包含其中了……"

这就是柔弱克刚强的道理，其实，做人的最高境界也在于此：今日的低调，就是为了明天更好地抬头。

低调做人，就是用平和的心态来看待世间的一切，修炼到此种境界，为人便能善始善终，进退自如。既可以让人在卑微时安贫乐道，豁达大度，也可以让人在显赫时持盈若亏，不娇不狂。邵逸夫一生的成就与他低调做人的智慧密不可分。

当然，低调只是针对为人而已，如果对人生，对事业太低调，则会失去机会，甚至平庸。做事要像船上的桅杆一样把目标竖得高高的，要像风帆一样把劲鼓得足足的，敢于面对各种各样的困难，乘风破浪，勇往直前。所以，对于事业，应该有崇高的追求和执着的创新。必要时，还需创造机会展示自己的才华，自己的智慧。邵逸夫在思想上、做事上的高调姿态，让他开创了自己辉煌的事业。

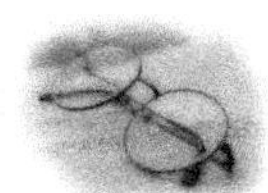

邵逸夫始终给自己一个希望——一颗充满希望的心灵，具有极大的创造力，不论遇到了多么大的挫折，哪怕是生死攸关，这种创造力都会激发人的潜能，实现人的理想。邵逸夫在每一次遇到困境时，都满怀希望，再加上坚忍不拔的决心和持之以恒的努力，这种坚持不懈的信心和毅力，鼓励着他，把他锤炼成一个做大事的人。

邵逸夫始终保持奋斗的激情——事业需要激情，需要开拓，需要从点滴做起，兢兢业业，开拓创新，扎扎实实做好哪怕是卑微的工作，在平凡的工作中积累腾飞的资本。

成功需要付出代价。从古到今，凡成事者，成大事者，莫不受尽磨难，在磨难中完成自我教育，如此也水到渠成地成就了事业。困境可以检验一个人的品质。如果一个人敢于直面困境，积极主动寻求解决问题的办法，那么他迟早都会成功。

邵逸夫始终不畏惧贫穷和困苦——闯荡南洋的那段艰辛岁月，是他人生宝贵的财富。行走于人生丛林中的每个人都应该记住，如果你正在遭受困苦，这并不全是件坏事，因为老天要把重任交给你，必先磨炼和考验你！

淡是养生的最好境界

古往今来，中国人对于“淡”，可谓是情有独钟，别有厚爱。淡者，淡泊、淡远、清淡、恬淡、平淡是也。如果追根溯源，这种以“淡”为贵，“淡”以养生的思路，可上溯到先秦道家学说。

老子就已经提出“恬淡为上”、“乐与饵，过客止。道之出口，淡乎其无味”。意思大体是，音乐和美食，可以使过往的行人为之驻足，而“道”的表达，却平平淡淡像没有味道。老子的尚“淡”观又得到了庄子的继承和发扬。在这位曾为漆园小吏的大思想家看来，“虚静恬淡，寂寞无为”既是“万物之本”，又是养生之道，而“淡然无极”既是“天地之道”，也是生存的艺术了。

老、庄的这种以“淡”为贵的思想，后来在陶潜、王维等人的创作中和司空图、苏东坡等人的理论中得以完善、发挥，积淀在我国世世代代人民的审美、艺术、饮食、养生，乃至娱乐、交友等日常生活中，对人们的生存哲学和价值取向产生了深远影响。

对于追求健康的人来说，淡泊是长寿和养生的最好境界。诸葛亮在《诫子书》中有句名言：“非淡泊无以明志，非宁静无以致远。”清末张之洞的养生名联说：无求便是安心法；当代著名作家冰心也认为“人到无求品自高”。

这说明，淡泊是一种崇高的境界和心态，是对人生追求在深层次上的定位。有了淡泊的心态，就不会在社会世俗中随波逐流，追逐名利；就不会对身外之物得而大喜，失而大悲；就不会对世事他人牢骚满腹，攀比嫉妒。淡泊明志，可使人去品味人生，领略人生，顿悟人生；宁静致远，让人心静如水，胸襟开阔，达到物我两忘的“空灵”境界。做到淡泊，则怡情养心，身心和谐；身心和谐，则气血畅通，健康就能保证。淡泊实为是一种情志养生之道。

邵逸夫一生功成名就，资产过亿，经历了人生的酸甜苦辣咸，可谓百味杂陈，但最后感悟的只有一个味觉，那就是“淡”，也许这个味觉才是生命中最深的味觉。一首老歌《再回首》中有这样一句歌词：“曾经在幽幽暗暗反反复复中追问，才知道平平淡淡从从容容才是真，”唱出了多少人心中的感受。

奋斗者可敬，进取者可钦，所向披靡者可佩，热烈拥抱生活者可亲；

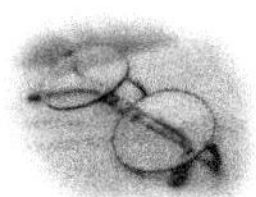

但是，从容而不趋附，自如而不窘迫，审慎而不狷躁，恬淡而不凡庸，也未必不是另一种积极。有道是“灿烂之极归于平淡”。淡是一种醒悟和超脱，坚持“有所不为，然后有所为”，特立独行而非趋炎附势，稳重坚韧而不浮华躁动，义无反顾而举重若轻。

把事业看得神圣，把名利看得很轻，宁静而致远。淡泊不经心在意，是一种坚守的心境；淡然无影无形，却是大智若愚的守诚。淡者质朴、清淡、简约，无旁逸斜出，无繁冗奢华，有的只是一如既往，艰苦奋斗；淡者宽容、谨慎、执著，从不忘乎所以。淡是底色，蕴就华章。心灵淡然若水，人生便如行云流水，轻盈飘逸。大家大成莫不如此。

歌曲《送别》堪称传世之作，“长亭外，古道边，芳草碧连天……”它的词作者就是弘一大师——李叔同。这是一位艺术奇才，他一生从事各种艺术活动，涉猎文学、音乐、美术、戏剧、金石、书法等各个领域，以其无上的智慧和卓越的才华取得了辉煌的艺术成就。当他阅尽人间的繁华和沧桑后，义无反顾地遁入空门。一天早上在一老友处用饭，只要了一碟萝卜，一杯白开水，一碗大米饭。老友于心不忍，想给其添菜，便笑着问：“你不嫌腌萝卜咸，白开水淡？”他笑着说：“这咸有咸滋味，淡有淡味道。”画坛大师丰子恺听说此事后感慨地评价说：“人生本如此，咸淡两由之。”所谓，大味必淡。

莎士比亚曾经说过，旷达的人长寿。淡，不是平淡无味，而是有取有舍，有收有放，有失有得。人们应该抱有这样的人生态度，在社会上尽可能地积极进取，只是内心深处要为自己保留一份超脱，一份淡然。

正如邵逸夫所说的，宽容和做善事是一把健康钥匙，是生活幸福的良药。或许这就是邵逸夫长寿的幸福密码。看淡世间钱财物，换取一生平淡奇。

第 11 章

荣耀：邵氏功名　举世景仰

德音流千里，功名重泰山。这是《后汉书》里的一句话，意思是好的德行和声誉远扬千里，功业和声名比泰山还要重。邵逸夫用一生的精彩留下的功名，是人们心中那份厚重的敬仰和缅怀。

从 1926 年中学毕业下南洋从事电影业到 2011 年正式退休，在这跌宕起伏的 85 年职业生涯中，邵逸夫打造出绚烂的光影世界，有声有色地演绎出一幕幕动人心魄的人生故事，留下了许多经典之作。邵逸夫所展现出来的勤勉、精明、魄力和大爱，演绎了一个跨越世纪的传奇人生。《香港商报》曾这样评论邵逸夫，“他的一生，斡旋在财富、权谋与美人之间，他的故事是一个标准的港式传奇。”

2010 年 1 月 1 日，邵逸夫正式宣布卸任 TVB 行政主席，由当时的副主席兼董事总经理、其妻方逸华正式执掌大旗。2011 年 11 月 19 日，TVB 第 44 周年台庆如期举行，这一天也是邵逸夫的 104 岁生日，但邵逸夫第一次没有亮相，首次缺席 TVB 台庆。那年 3 月，邵逸夫将所持股权转让予陈国强和王雪红组成的联合财团，TVB 自此告别了“邵逸夫时代”。

1981 年 12 月 4 日，邵逸夫在接受媒体采访时曾这样说：“要问我什

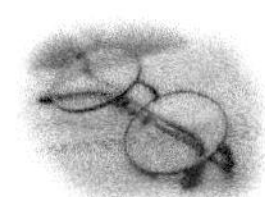

么时候退休，我告诉你，我永不退休。”这一天，他刚刚获得香港大学授予的荣誉博士学位，主持仪式的，是港督麦理浩。这一年，邵逸夫 74 岁。

“永不退休”的邵逸夫，在 2011 年岁末最后一天退休了，2012 年的第一天，TVB 正式宣布邵逸夫退休。104 岁的世纪老人，终于卸下所有职务，成为名副其实的“逸夫”。

离开了打拼一生的娱乐大舞台，邵逸夫留下的功名，既能“了却君王天下事”，还因此赢得“生前身后名”。这正是“人生富贵驹过隙，唯有荣名寿金石”。

有一部描写晋商的话剧《立秋》，曾经入选 2005～2006 年度的国家舞台精品工程剧目，获得第 9 届中国戏剧节的优秀剧目奖、导演奖，第 16 届上海白玉兰戏剧奖。贯穿于全剧的一句经典台词“天地生人，有一人应有一人之业；人生在世，生一日当尽一日之勤。”似乎也是对邵逸夫一生的写照。

一生钟情于通过娱乐传播中华文化的商人邵逸夫，人生大业主要在三大领域：成功的事业、超百亿的个人身家和慈善捐赠。他的身上集娱乐大亨、大富豪、慈善大家三大角色于一体，并出色地完成了每一个角色赋予的使命，实现了美好人生的阶梯升华。

有人说，按照全球致富的规律，富人的进化需要一个过程，先从穷到富，再从富到贵，最后由贵到雅，即完成从富到贵再到雅的艰难跨越。富与贵是人之所欲，富起来主要是对于物的占有，而贵起来则主要是人自身的提升，获得高贵的身份和地位，并由此具有尊严。儒雅不需要富贵，是骨子里面透出来的东西，是装扮不出来的。从富到贵再到雅这一过程，有时不是一代人可以完成的，需要几代人的艰辛跋涉，但邵逸夫一生却完美走过——先有钱，进而肩负社会责任，最后上升到拥有超越物质至上的信仰，可谓功德圆满。

但凡成功之人必有传奇之处，邵逸夫所经历过的百年，远比他所拍摄的任何一部影视作品都要精彩动人，让我们把目光再度回溯这个穿越两个世纪的老人的一生，静静品味那些属于邵逸夫的精彩故事。

中国最精通电影的企业家

邵逸夫虽然自谦：自己只是一个生意人。但他不是一般的生意人，他不仅是一位精明睿智的商人，更称得上是中国最精通电影业务的企业家，他与时俱进，眼光独到，实现了产品和市场的成功链接。

他经历了电影的一步步演变：由默片到有声，由黑白到彩色，由时装到古装，由大型古装到黄梅调，由黄梅调到武侠片，见证了电影的辉煌时代；也经历了电影遭受电视冲击的严峻考验，从电影到电视的及时转移；从上海到南洋，从南洋到香港，从香港到台湾，邵氏企业版图覆盖亚洲甚至世界华人世界，为一代又一代的华人观众创造了无数经典的星光幻梦，有人说：全世界但凡有华人的地方，就有邵氏电影和TVB电视剧。事实上，经典的影视形象不但是华人的集体回忆，而且对于传播中华文化功不可没，邵逸夫也因此成为世界级的文化名人。用时下流行语来说，邵逸夫是第一位把香港影视文化产业“做大做强”的文化企业家。

阿里巴巴的领军人物马云在接受专访时曾说：“我不是商人，我是企业家！”马云曾经对做企业划分了三重境界，分别为生意人、商人和企业家。追逐财富是商人的天性，追逐利润也是企业的天性。他们的区别不在于企业经济规模的大小，财富数字的多少，而在于是否具备社会责任和公共使命。

所谓生意人，是完全的利益驱动者，是不拘原则甚至唯利是图，有

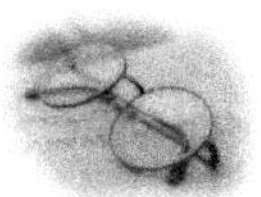

钱就赚的人；所谓商人，是重利不恋家，有所为、有所不为的人；而企业家，则是需要肩负社会责任，是带着使命感要完成某种社会价值和完善社会的人。

中国自古不缺商人，战国时期的吕不韦，一生最得意的一笔大生意，就是结识秦流亡公子嬴异人并资助其回国即位，可谓商人中的极致。近代的胡雪岩，更是被誉为红顶商人的楷模，受到世人的膜拜。

但是，中国是一个缺少企业家的国家。在当今世界，犹太人被公认为是最会做生意的民族，但是全球犹太人的财富总和，却远不及全球华人拥有的财富总和。然而，犹太人中却出现了众多巨型企业和企业家。与此相反的是，世人但知中国有商人，如浙江商人，广东商人，福建商人等，却很少提到中国有企业家。

在一些发达成熟的商业国家，曾经产生了很多自觉的企业家，当他们决定经商的时候，就已经决定做一个企业家，比如当初的比尔·盖茨，他一开始创业，似乎就已经把让千万人都用得到电脑软件作为目标，再如山姆·沃尔顿，他发誓要建立一种既便利又廉价的商业形态，沃尔玛成为他这一理想的道具。

在中国，多数企业家似乎都走过了一条从生意人到商人的道路。他们早期创业时，内心都负担着通过致富而改变自身和家庭命运的家族使命，特别是对于那些出身于社会底层的人来说更是如此。只有那些看透而不看破财富的人，才有了更大的追求，开始考虑自身以外的意义，于是，便有了新的追求，成为自发的企业家。所以，在中国可以看到很多老板，很多商人，但是，却少见到企业家。

邵逸夫是中国最懂电影的企业家。他的成长经历是中国式的渐进化演变。

少年入行，甘愿从最卑微的职位做起，一步步学习电影各种业务技能，剪辑、摄影、化妆、剧本、导演等，最终，电影制作的每一个方面和环节他几乎样样内行，而在影片推广、发行、剧院管理方面他更是行家里手。

青春年少他放弃了考大学，与三哥一起远赴南洋打拼30余年，积累起不菲的身家，掘就了邵氏第一桶金。在天命之年毅然选择赴港开始独自创业，在事业已处于巅峰之时，已年逾古稀的邵逸夫眼光独到，毅然淡出打拼了近50年的电影业，转而进军新兴的电视行业，这样的魄力、胆识与毅力无人能比。

邵逸夫一生致力发展娱乐事业，是全球最长寿、任期时间最长的上市公司CEO，他是享誉世界的香港影视界大亨，开创了香港影视的霸业。他一生最重要的贡献，是铸造起以香港为基地的影视帝国。

他建造了亚洲最大的电影拍摄基地，他创立的邵氏兄弟电影公司，拍摄了中国第一部有声电影。他见证了中国电影从默片到有声，从黑白到彩色的全部历史，成为中国电影界的传奇。他拍摄过逾千部华语电影，超过了华人世界所有的公立和私营制片企业。他推出了一大批脍炙人口、影响巨大的作品，他的古装电影让中华传统文化在香港乃至海外华人世界扎根，他的邵氏电影曾经几乎垄断了香港的电影工业。香港特区政府商务及经济发展局局长苏锦梁曾说：邵逸夫的电影王国影响力遍及全球华人社区，对推动华语电影业的发展，贡献良多。

“我生产电影，就是为了满足观众的需要和愿望。核心观众就是中国人。这些观众都喜欢看耳熟能详的民间故事、爱情故事……他们怀念祖国大陆，也怀念自己的文化传统。”这是邵逸夫1964年接受《南国电影》采访时说的一段话。20世纪20年代上海草创，30至40年代在新加坡发展，50至70年代在香港扩张并达致全盛，邵氏电影以巨大的片场

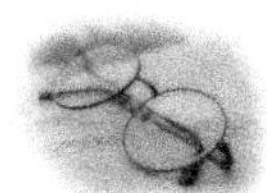

规模和发行量，被人称为“东方好莱坞”，成为全球华人共同的记忆。

邵逸夫主导着香港的电视行业，掌握着全球最大的中文电视节目制作公司。他旗下的 TVB 则垄断香港人 40 年来夜生活，他的 TVB 迄今仍是屹立香江不倒的电视巨无霸，它制作节目行销全球 40 个国家和地区。

邵逸夫的影视王国（邵氏电影和香港无线电视）见证了香港电影电视的黄金时代。影视作品不仅深刻影响香港本地文化，而且冠绝亚洲，培育出了华人演艺界的无数巨星，纵观香港娱乐圈影帝影后，大都出自 TVB。有人评价说，“只要有邵逸夫的地方，一定众星拱照，星光熠熠。”其中包括周润发、刘德华、周星驰、梁朝伟、黎明这样的天王巨星。

同时，邵逸夫开始了人生最精彩的一幕，以他名字命名的建筑“逸夫楼”遍布内地各个城市。“逸夫楼”让邵逸夫与无数青年学子的青春、奋斗、梦想紧紧地联系在一起。邵逸夫去世后，一张民间自制的，密密麻麻标注着三万座“逸夫楼”的红色中国地图，在网络上疯狂流传，仿佛是一座座无声的功德碑，人们通过它看到了一个企业家的伟大。这些由“逸夫楼”组成的中国地图，比任何文字都有力量，这是青年们对邵逸夫最崇高的集体致敬。

在创业的初期，邵逸夫可以说是个商人，但他最终从商人衍变进化到企业家，追求一种社会价值的体现。对于企业家邵逸夫来说，财富超过一定的规模，已经不需要起到表明身份和证明成功的作用。为什么邵逸夫、巴菲特、比尔·盖茨、乔布斯这样的企业家很伟大？因为他们真的不是为了自己而赚钱，他们更多的是在创造价值回馈社会。

亿万富豪的荣誉勋章

稳居超级富豪榜的邵逸夫，是华人电影工业的奠基者，他的人生穿越并记录了中国充满苦难、动荡和戏剧性变化的一个多世纪。他一生都是时代的弄潮儿，在仅仅有700余万人口的弹丸之地香港，一手创立并一步步积累，打造了一个影视王国。他缔造了东方好莱坞、创造了TVB的电视神话，他用渗透着邵氏思想与个性的电影和电视，影响了整整半个世纪的华人。

他不仅是一位亿万富翁、成功的企业家，也是闻名于世的大慈善家，这位宁波籍巨子用85年时间打造了邵氏、无线两艘电影、电视娱乐航母，不过比这更为宏大，也更具人格魅力的，是他行善天下慈爱的心，是他打造的那一望无垠、惠及大众的慈善王国。他的懿德茂行深得世人推崇，获得了大陆、香港、亚洲甚至世界华人的广泛赞誉。美国为其表彰，英国为其封爵，中国为其冠名颁奖。

邵逸夫创造的财富包括物质和精神两大领域。金钱不等于财富，只是财富的一部分，有钱也不等于成功，只是成功的一个方面；每个人的存在都有他自身价值，其价值在于自己的体现方式。金钱不能体现价值，人生的价值也不是金钱所能够体现出来的。邵逸夫不是香港最有钱的人，不是财富上最富足的人，但他却是精神上最富有的人，是真正的大富翁。邵逸夫是华人世界里很难超越的传奇人物。让我们回数邵逸夫获得的赞誉，这些沉甸甸、灿烂的奖杯殊荣是他无价的财富。

1974年，邵逸夫荣获英国女王颁发CBE勋衔，即不列颠帝国司令勋章，以表扬他在娱乐事业的成就，港督麦理浩爵士主持授勋。这是一种至高的荣誉。

1977年，也就是邵逸夫70周岁的时候，被英国女王伊丽莎白二世，赐予爵士头衔，邵逸夫由此成为香港娱乐业获得“爵士”衔头的第一人。爵士是一种荣誉的象征，用于奖励为国家做出杰出贡献的人。邵逸夫爵

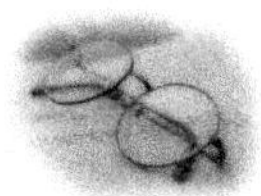

士，代表了人们的尊敬之情。

1980 年和 1981 年，邵逸夫先后获得香港大学和香港中文大学颁发的法学博士及社会学博士称号。

1990 年 3 月 11 日，国际小行星中心和国际小行星命名委员会根据中国科学院紫金山天文台的申报，正式批准将中国于 1964 年 10 月 8 日发现的、国际永久编号第 2899 号的小行星命名为“邵逸夫星”。据了解，这也是中科院紫金山天文台首次以当代知名人士的名字命名小行星。由时任新华社香港分社社长周南向邵逸夫颁发“命名证书”。

中科院紫金山天文台研究员杨捷兴就是这颗行星的发现、命名者之一。杨捷兴说，这颗小行星真正的名字是“Run Run Shaw 星”，这个名字是邵逸夫本人定的。杨捷兴说：“run，是‘跑’的意思，而‘逸夫’是慢慢跑，Shaw 是邵的国际读法。”当时，邵逸夫笑说，就是“邵，慢慢跑”。

杨捷兴说，这颗绕着太阳跑的小行星，直径为 10 千米左右。小行星距离太阳的平均距离是 3.39 亿公里。它绕着太阳跑一圈需要 3.4 年。今天，尽管邵逸夫辞世了，但天上有一颗“Run Run Shaw 星”，依然绕着太阳奔跑着，似乎在默默注视着“逸夫楼”里的灯火，祝福着世上他大爱的人们。斯人已去，星河永存。

1991 年，为表彰邵逸夫对旧金山社会福利作出的贡献，美国旧金山市将每年的 9 月 8 日定为“邵逸夫日”。邵逸夫的善举，得到了国内外的认可。他的电影也影响了好莱坞。曾荣获金棕榈奖的鬼才导演昆汀·塔伦蒂诺深受邵氏电影的影响。他曾说：“有一年，我每天都要观看最少一部邵氏电影，有时候是三部。”

1997 年，邵逸夫获国家文化部颁发的首批“文化交流贡献奖”。文化交流贡献奖由中国文化部设立于 1996 年，是中国在文化方面的政府最高奖项，旨在褒奖对中国文化事业和中外文化交流做出贡献的外国及中国香港、澳门特别行政区及台湾地区的友好人士和团体。

邵逸夫积极参与香港回归事务，先后出任港事顾问和特区筹委会成员。1998年，香港特区政府为邵逸夫颁发GBM勋衔，以表彰他长期以来积极参与公益事业，为香港社会所作出的重大贡献。

GBM是大紫荆勋章(Grand Bauhinia Medal)的英文缩写。大紫荆勋章是香港特别行政区授勋及嘉奖制度下的最高荣誉，表扬毕生为香港作出重大贡献的人士。大紫荆勋章自1997年7月以来，每年均颁授一次，但是在2003年和2004年因无人获颁授而出现空缺。直至曾荫权上台后的2005年再次恢复颁授这一最高荣誉勋章。

2007年，邵逸夫荣获第26届香港电影金像奖颁发的“世纪影坛成就大奖”。这一年邵逸夫刚满100岁。

香港电影金像奖(Hong Kong Film Awards，HKFA)是香港及大中华电影界最重要的奖项之一，创立于1982年，每年由香港电影金像奖协会组织与颁发，旨在鼓励优秀香港电影的创作与发展，是香港电影业界年度最重要的活动，与台湾电影金马奖和中国电影金鸡奖并称为华语电影最高成就的三大奖。

邵逸夫的百岁人生俨然就是一部华语电影电视成长史，由他获得金像奖“终身成就奖”荣誉，实乃名副其实、众望所归。

2008年，邵逸夫荣获中华人民共和国民政部授予的2007年度“中华慈善奖终身荣誉奖”，以赞扬他长期致力于慈善事业的精神。

“中华慈善奖”是2005年设立的，由国家民政部颁发的我国政府最高规格的慈善奖项，是中国慈善领域最权威、最有影响力、参与力度最高的奖项。

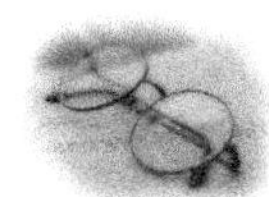

邵逸夫过去 30 年来累计向内地捐款捐物达数十亿港元，获得“中华慈善终身荣誉奖”，是中国政府对他在慈善事业上的贡献的高度肯定。

我们历数了所能见到的邵逸夫获得的荣誉，或许，我们无法细数老人这一生获得的褒奖有多少，但我们坚信，邵逸夫是功名与财富双赢的智者，君子虽殒，善名不灭。

21 世纪东方的诺贝尔奖

中外富豪做慈善的人不少，但像邵逸夫这样高瞻远瞩拥有战略眼光的慈善家不多。一生在娱乐业打拼的邵逸夫讲了一句很有学者、很有领袖范儿的话：“我相信人类的伟大在于追求、研究、传授学问，造福人类”。他的慈善关注点是教育这个普通领域，但他慈善的切入点很妙，从基础教育和高端科研，上下两大方面入手，既有惠及普通大众的教学设施建设“逸夫楼”，又有激励高端人才的科技大奖“邵逸夫奖”。似乎让人们懂得，在逸夫楼里的潜心苦读，会造就无数个奇迹。

国际上，每年有一个著名的、代表了世界科技界的最高成就和荣誉的科技大奖，那就是诺贝尔奖。它是瑞典化学家诺贝尔（1833—1896）临终前立下遗嘱用他的遗产所设立的奖项，首颁于 1901 年，影响了整个 20 世纪，对世界基础科学研究的促进功不可没。诺贝尔科学奖的授奖仪式于每年的诺贝尔逝世纪念日——12 月 10 日下午 4 点半在瑞典的斯德哥尔摩举行，吸引了全世界的目光。有人认为，诺贝尔奖是西方的，因而获奖者欧美人士居多，其实，上世纪总体来说欧美比东方更重视科学技术，科技发展迅速，诺贝尔科学奖的得主也多为西方科学家。新世纪不同了，东方人也在与时俱进，在科技上追赶世界先进。中国作家莫言获得诺贝尔文学奖后，不少中国人觉得，自己与这个世界著名奖项之间的关系更近了。

在中国，每年也有一个国际性奖项吸引着众多科学家的目光，那就是“邵逸夫奖”。2002 年 11 月 15 日，时年 95 岁的邵逸夫捐资创立“邵逸夫奖”，用以表彰全球造福人类的杰出科学家。其宗旨是表彰在学术及科学研究或应用上获得突破成果和该成果对人类生活产生深远影响的科学家，原则是不论得奖人的种族、国籍和宗教信仰。这是一个国际性奖项，得奖者应仍从事于有关的学术领域，在学术或科学的研究或应用上有杰出贡献，或在近期获得突破性的成果，或在其他领域有卓越之成就。评选的原则主要考虑候选人之专业贡献能推动社会进步，提高人类生活素质，丰富人类精神文明。

“邵逸夫奖”共设有三个奖项，分别为天文学奖、生命科学与医学奖和数学科学奖，每年颁奖一次。提名及评审程序于每年 9 月开始，翌年夏季宣布得奖人名单并于同年秋季举行颁奖典礼，首届的颁奖礼在 2004 年 9 月 7 日在香港举行。

“邵逸夫奖”筹备委员会主席、香港中文大学杨汝万教授曾在接受电话采访时表示：“邵逸夫奖”每个奖项的奖金为 100 万美元。据香港媒体的推测，邵逸夫将拿出 7 亿港元作基金。可是，据杨汝万教授透露，基金将远不止此数。其实，按诺贝尔奖 4 项奖基金共需约 32 亿港元计算，将来每年颁发 6 个奖项的“邵逸夫奖”，基金总数估计高达 50 亿港元。

当代知名物理学家、香港邵逸夫奖评审会主席杨振宁教授曾回忆称，他和邵逸夫爵士自上世纪 80 年代起便相识。大概在 1988 年，邵逸夫问他，为何诺贝尔奖办了那么多年还那么成功？杨振宁在给邵逸夫的回信中指出，第一，是诺贝尔奖得奖人的评选非常公正和严谨；第二，奖金

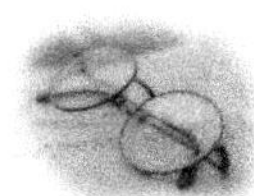

金额高。尤其是 20 世纪初诺贝尔奖的金额，以购买力来讲，比后来要高了很多；第三个，是长久。这种国际的大奖其实已经有过很多个了，可是都没有能够长久，而诺贝尔奖，因为它处理得法，所以一直办了下去，到现在已经一百多年了。

他表示，当时邵逸夫并没有回信，不过到了 2002 年，邵逸夫再次与他接触，说愿意设立一个邵逸夫奖。

由于“邵逸夫奖”每项 100 万美元的巨额奖金足以媲美被视为国际最高自然科学奖项的诺贝尔奖，因而邵逸夫奖也被称为“21 世纪东方的诺贝尔奖”。

“邵逸夫奖”与“诺贝尔奖”同为世界科技大奖，它们并驾齐驱、相得益彰。“邵逸夫奖”目前设立数学科学、天文学、生命科学与医学三个奖项，与“诺贝尔奖”所设立的三个科学奖项并不重复。数学与天文学都是基础科学，诺贝尔奖没有此两项奖，显然是有缺陷的。数学是一切自然科学和现代技术的基础语言，社会科学、经济活动以及人们日常生活都离不开它，21 世纪数学的地位更重要。天文学既是最古老的，又是极年轻的学科，21 世纪将是探索宇宙的黄金时代。“邵逸夫奖”的生命科学与医学奖比诺贝尔生理学或医学奖的范畴更广阔，要为新世纪的人类带来更好的健康和更高的生活素质。“邵逸夫奖”弥补“诺贝尔奖”的不足，是时代的进步。今后“邵逸夫奖”还可能增加一些奖项，涉及社会、人文科学等领域。

“邵逸夫奖”的魅力在于：它体现了对世界著名科技大师所作贡献的肯定、尊敬和崇尚；营造了一种尊重知识、尊重人才、尊重劳动、尊重创新和创造的良好社会氛围。

“邵逸夫奖”不仅是香港或亚洲的，而是全世界的，迄今获奖者来自中国、美国、英国、加拿大、瑞士等12个国家，对推动全世界科研进步具有重大意义。走进新世纪，东方人也在与时俱进，在科技上追赶世界先进。“科技是第一生产力”在中国早已深入人心，巨龙要腾飞，中华民族要为人类的文明进步再作贡献。

2014年5月27日，邵逸夫奖基金会在香港举行新闻发布会，公布2014年度“邵逸夫奖”获奖名单，来自美英日等国的六位科学家获颁奖项。这是第十一届“邵逸夫奖”，也是邵逸夫去世后第一次颁奖。颁奖典礼定于9月24日举行。

在新闻发布会上，邵逸夫奖评审会主席、北京清华大学教授杨振宁说，邵逸夫先生设立“邵逸夫奖”，旨在促进全球科学研究，增进人类福祉，并扩宽人类心智视野。得奖者的成就彰显了21世纪前沿科学的高速发展，也展现了邵逸夫先生的远见与慷慨。

“邵逸夫奖”功在万代。正如达·芬奇曾说：“人的美德的荣誉比他的财富的荣誉不知大多少倍。古今有多少帝王公侯，没有在我们记忆中留下一丝痕迹，就因为他们只想靠庄园和金钱留名后世。”

邵氏公益

有人说，邵逸夫在香港的影响力主要源自于他打造的影视王国，港媒曾评选娱乐圈中最具影响力的人物，邵逸夫位居榜首。可以说，邵逸夫缔造了香港影视的黄金时代。他创造的逸夫之最，人们津津乐道——他是全球最长寿、任期时间最长的上市公司CEO；他拍摄了中国最早的有声粤语电影《白金龙》；他拍摄的影片最多，达1000余部，为中国所有电影制片厂之冠；他拥有的影院最多，最高时期达200多家，为中国

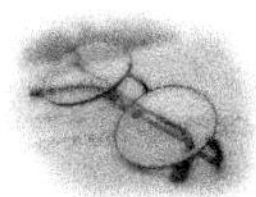

私人拥有量之首；他建造了亚洲最大的电影拍摄基地，被誉为东方好莱坞。在香港的文化史上，他是一个无法逾越的标杆性人物。

但他生命中最辉煌、最耀眼的部分却不是这些之最的荣耀、炫目的光环，他的影响更大程度上是源于他的慈善捐赠。某种程度上，邵逸夫不仅因为会赚钱而受到追捧，更因为献身慈善事业而受到热捧。

多年来，邵逸夫一直稳居香港超级富豪排行榜上。他乐善好施，热心公益，是港岛屈指可数的大慈善家。早在 1973 年他就设立了邵氏基金会，致力于各项社会公益事业。

从 1985 年起，邵逸夫开始将关注的目光投向中国内地。从那一年起，邵逸夫平均每年都拿出 1 亿多港元用于支持内地的各项社会公益事业。他对中国教育事业更是情有独钟，如今以“逸夫”两字命名的教学楼、图书馆、科技馆及其他文化艺术、医疗设施遍布中国各地。自 1985 年以来，邵逸夫通过与教育部合作，向内地教育事业捐款近 47.5 亿港币，建设各类项目 6013 个，受惠学校千余所，遍布全国 31 个省、市、自治区，为我国教育事业的发展作出了宝贵贡献。这些设施都惠及普罗大众，助力平民子弟。

发生天灾的时候，邵逸夫也会捐助受影响的地区。1999 年，邵逸夫捐出 2500 万港元救助“921”大地震灾民；2005 年，他向南亚海啸受灾地区捐出 1000 万港元；2008 年 5 月 12 日四川汶川遭遇大地震，邵逸夫当即捐款 1 亿港元，用于地震救灾与灾后重建；2009 年，台湾“88”台风水灾，他向灾区捐款 1 亿元新台币。2013 年 4 月 22 日，邵逸夫夫妇又向四川雅安地震灾区捐款 1 亿元港元。

桑梓深情寄故里，邵逸夫对故乡宁波也倾注了极大的爱心。他在家乡捐建的公益项目达 20 多个，捐赠金额折合人民币超过 4000 万元。

1986年，为复兴母校，建造中兴中学捐资47万元；

1987年，捐款165万元助建邵氏康乐园；

1988年，捐资375万元在宁波师院兴建邵逸夫图书馆；

1990年，再次向宁波师院捐赠170万元，建造了“邵逸夫教学楼”；

1992年，捐资510万元助建宁波师院职教中心；

1995年，捐资800万元助建宁波市职教中心，捐资400万元助建宁波市邵逸夫艺术幼儿师范学校；

1996年，为宁波逸夫剧院改建捐资428万元；

2013年，捐资320万元助建宁波大学邵逸夫楼；

同时，方逸华奖学金的设立、宁海人民医院分院门诊楼、奉化奉港中学、逸夫职业高级学校、逸夫小学等等项目都是邵逸夫为家乡人民办的好事。为表彰他为家乡发展作出的重要贡献，1993年邵逸夫被授予宁波市“荣誉市民”称号、1994年被浙江省人民政府授予“爱乡楷模”荣誉称号。

邵逸夫的慈善之举，在地域上、领域上突破了传统华人乡土慈善的烙印。既有倾向于捐助家乡建设、扶持同乡的对乡梓的回馈，更将关注的重点撒向自己生活的香港和祖籍宁波之外，不仅遍及中国，更是走向世界。邵逸夫设立了奖学金计划，资助亚洲学生攻读欧美大学，例如美国的哈佛大学、英国的剑桥大学等；既有对教育、医疗基础公共设施建设的重视、对兴教助学的资助，更有惠及考古、文物保护、科技奖励、救灾等多个文化科技的领域，在旧金山还开办了以他首任妻子命名的老人中心。但仅就其在内地的捐赠而言，教育在其中占绝对比例。根据教育部统计，邵逸夫基金教育赠款项目是当前海内外爱国人士通过教育部捐款持续时间最长、赠款金额最大、建设项目最多的赠款项目。

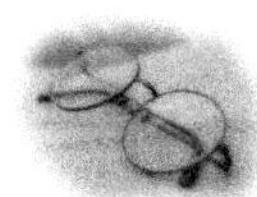

邵逸夫的慈善之举，在管理上有自己的特色。例如，根据《香港邵逸夫基金向内地教育事业赠款管理办法》，对资助对象、条件、每个项目的赠款力度、要求的配套资金、申请程序和审批规则、项目建设与管理、资金拨付等都作出了细致而明确的标准化规定，操作性极强。赠款由各学校向教育部申请，由教育部根据各地发展实际，以及前一批邵氏赠款项目的实施情况来统一安排，两个因素所占权重四六开，既能够照顾到相对欠发达地区的需求，又兼顾平衡。在数千个教育项目中一以贯之，而不是随意地这个领域投一点、那个领域捐一点，保证了真正把慈善做成事业。

邵逸夫的慈善之举，更高明的地方在于与政府间形成良性互动，获得政府支持。教育部承担了邵氏教育赠款项目的申报和专家评审工作，邵氏基金在教育部推荐的基础上决定最终的捐赠方案，保证了钱花在最需要的地方，不走形式，不搭花架子，从而达到捐赠效果的最大化。双方的合作至今已近 30 年，这一模式足以证明其中的互信与优势互补。

邵逸夫的慈善之举，新颖的地方是撬动地方政府和其他途径资源。《香港邵逸夫基金向内地教育事业赠款管理办法》明确规定，邵氏慈善所捐赠的基础教育项目，其所在省级教育行政部门必须能够提供不低于 1∶1 比例的配套资金，而高等教育项目，项目单位要确保能够提供不低于 1∶3 比例的配套资金。邵逸夫以一种企业家特有的精明和务实，发挥了赠款的杠杆效应，为内地教育事业带来了更多的投入。例如，据陕西省教育厅数据，2000 年以来，邵逸夫分 13 批次在陕西 169 所中小学建设校园项目，建筑面积 33.4 万平方米，项目总投资 3.4 亿元，其中邵逸夫捐赠资金为 7095 万元人民币。7000 余万元的捐赠资金，带动了中央、省、市、县各级地方政府三四个亿的教育项目投入。此外，邵逸夫还在陕西18所高校建设校园建筑，加上中小学项目的七千余万元，累计捐赠资金超过一亿元。

邵逸夫的善行堪称功德无量，邵氏公益的魅力堪称永恒。

俄国大文豪托尔斯泰在谈到人的价值评价时，把人比作一个分数。他说："一个人就好像一个分数，他的实际才能好比分子，而他对自己的估价好比分母。分母越大，则分数的值就越小。"

中国古代哲学家老子在《道德经》中有这样一句话："为而不恃，功成而弗居。夫唯弗居，是以不去。"意思是说，尽了力而不自以为了不起，做成了而不以为有功劳。正是由于不居功，他的功绩也就不会失去。

美国石油大王洛克菲勒说过：对金钱有正确态度，才会真正体味到生之乐趣。掉到钱眼里，能看到多大的世界？满身铜臭，又何以让自己的生活充满芬芳气息，何以为别人带去一缕玫瑰心香？

今天面对"有了钱怎样去用"这个时代之问，我们该如何作答。是对"银行卡里八位数、五道口有三套房"的物质憧憬，还是对"有钱没文化"的不屑一顾，人们开始意识到，财富绝不只是钱的问题，它包含审美、品位、道德等诸多因素。如果说未经反思的生活不值得过，那么没有精神底蕴的财富也终将是镜花水月，过眼云烟。

晚年的邵逸夫曾表示，不再接受任何媒体访问，功过留给后人评说。这是邵逸夫留给后人一份神秘的答卷，让历史去填写自己的功过是非。他知道，一个人身后的荣誉是他自己生前挣来的。

两千多年前，《左传》中就有这样的警世之语："富而不骄者鲜。"今天，当物质潮流席卷而来的时候，如何守护精神家园的独立与纯粹，毋让心为物役；如何使财富成为个人发展和社会进步的"催化剂"，做到富而思源、富而思进，确乎是迫切的现实考题。大地巍然屹立的那一座座

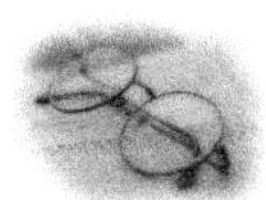

逸夫楼，就是一个个启迪心灵的财富标志，启示我们追求有品质的发展，创造有品格的幸福，实现有境界的梦想。

功名是什么？

古往今来，功名是一个说不尽的话题，也是无数英雄豪杰难以割舍的共同追求。在《三国演义》中，东吴大都督周瑜在群英会上即兴高歌道："大丈夫处世兮立功名，立功名兮慰平生"，歌词直抒胸臆和平生抱负，所谓大丈夫就要立功名，只有立下功名才能慰藉平生，道出了无数风流人物的宏大志向。

《史记》中记载了这样一段故事：秦始皇统一了中国，可谓功盖千秋。在一次出巡时，他的队伍气势磅礴，浩浩荡荡，只见挂旗招展、鼓乐喧天，威武壮观，真称得上盛况空前、无比荣耀。当队伍行经楚地时，有个青年人被如此的盛况强烈地震撼了，他内心充满羡慕，忍不住说了一句：我可以取而代之。这个青年就是后来真的干了一番大事业的西楚霸王项羽。所以，功名，对每一个有理想、有抱负的人来说，其吸引力实在是太大了。

著名诗人臧克家在纪念鲁迅先生逝世 13 周年的一首政治抒情诗《有的人》中这样写道：有的人活着他已经死了；有的人死了他还活着……以高度凝炼的艺术手法，阐述了人的肉体生命与精神生命的真谛。宗教也宣传通过建立美好的彼岸世界，让人相信生命的永存。注重现实的人们，则更相信功名能使人在肉体死亡之后依然延续个体的生命，因为功名可以通过文字和口碑得以流传，将会与山河同在、与日月同辉，谁能说这不是生命在一定意义上的不朽呢？

古人把立德、立功、立言视为“人生三不朽”境界。其源于《左传·襄公二十七年》的史册。公元前549年，鲁国穆叔，即叔孙豹到晋国去，前来迎接的范子宣向穆叔问道：“古人有言，死而不朽，何谓也？”豹闻之曰：“大上有立德，其次有立功，其次有立言。虽久不废，此之谓不朽。”

于是，“三不朽”之说自此开始传播，流传后世。立德是指提高道德修养，树立道德楷模；立功是指建功立业，从事有利于国家、人民的事业；立言是指以救世之心著书立说。此三者是虽久不废，流芳百世的。因此，某种程度上，可以说，建立功名是对死亡的超越。

人追求功名在多数情况下对个人、对社会是有积极意义的。当一个人把自己的功名目标与人民的利益和文明的进步紧密联系在一起的时候，他的作为在客观上必定会促进社会的发展，这比庸庸碌碌、虚掷生命要强得多，而且，这种功名的目标可以极大地激发生命的活力和潜能，带来社会正能量。问题只是在于，做成的每一件事，不仅要利在当代，更要功在千秋，这个“功”方才立得起来。功从字面上是成绩、成就、功德之义。立功就是为国家为人类建立功劳、作出贡献，就是为众生谋幸福；最大的立功就是拯救众生陷溺的心灵，使众生离恶获福、离苦得乐。

冯友兰先生在《哲学的精神》的（《论命运》一文）中说：“人生所能有的成就有三：学问、事功、道德，即古人所谓立言、立功、立德。而所以成功的要素亦有三：才、命、力，即天资、命运、努力。学问的成就需要才的成分大，事功的成就需要命运的成份大，道德的成就需要努力的成份大。”

当然，凡事都有两面性，功名在带来对人的激励同时，也会让人陷入其中，而没了方向。《清代皇帝秘史》记述乾隆皇帝下江南时，来到江苏镇

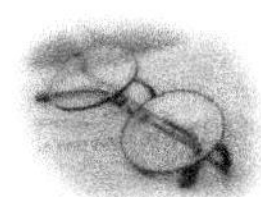

江的金山寺，看到山脚下大江东去，百舸争流，不禁兴致大发，随口问一个老和尚：“你在这里住了几十年，可知道每天来来往往多少船？”老和尚回答说：“我只看到两只船。一只为名，一只为利。”真是一语道破天机。

司马迁在《史记》中曾经说道：“天下熙熙，皆为利来，天下攘攘，皆为利往。”对名利的不同认识和选择，是衡量一个人人生观价值观先进与落后的重要尺度。功利观，实质上是人生观价值观的综合反映。正当地追求功利，没有错，在遵守法律的前提下获取名利，还应进行鼓励。但凡事过犹不及，一旦天天想着争名夺利，甚至不择手段，名利就变成了名缰利锁，不仅会使人道德沦丧，还可能把人拖向罪恶的深渊。所以，我们要正确认识建功立业，做到虽在追求功名，却不要固执于功成名就这一具体目标，不要把名当成终极目标，被功名思想所束缚，而是要以超然的态度对待功名，把追求功名作为随缘、认识人生和生命意义及发挥自己自然本性的一种方式，而不在乎追求的结果究竟是成功还是失败。历览古今中外无数英雄人物的精神境界，不难发现，只有视事业重如山，才能做到看名利淡如水。只要你能立足于本职工作，将自己的本职工作做好，就是最好的立功。

大丈夫行走于天地间岂能计较名分功过。只有放开名与利的依赖方可成就千秋伟业。一时的声名鹊起只是依靠个人的“力”，千秋的胜负却在一个人的“理”。也许多年后，那颗翱翔在浩瀚宇宙的邵逸夫星能听懂逸夫楼的心声，接受大地的回报——功名耀千秋。

邵逸夫，用百年的人生持续付出和对社会的惊人回报，演绎了传统中国最地道意义的“功德圆满”。也印证了“小财靠勤，中财靠智，大财靠德”的道理。逸夫功名，后世景仰，这才是人生的大智慧。

第12章

怀念：致敬——邵逸夫先生

生命如水，岁月如歌。人生是一曲流传千古的绝唱，幻实幻虚，瞬间即逝。从青丝到白发，也只不过是短短一瞬。但瞬间中却饱含荡气回肠的精彩，足以在人们的心头留存，浓缩生命的精华。

生命的代谢，物是而人非，这是所有人都无法逆转的自然规律。天地的变换，日月的轮转片刻不曾停息。生命像一本书，翻得不经意会错过，留下遗憾。读得太认真会流泪，难以割舍。这是生命的质量。

人的一生，即使有上百年的时光，谁也不会说漫长，也不会说沧桑，潮起潮落，花开花谢。人活着就是一种过程，也是一种感觉。在成长的过程中，时空像电影的胶片，把我们定格在一段一段的岁月里，记忆在我们的脑海里，串成生命的回忆。

人生如四季。人是自然之子，如同自然界的春夏秋冬，成就了地球上风花雪月的万千风景；人生的四季，构成了人世间悲喜交集的生命旅程。自然界的四季是一年，在浩瀚无垠的宇宙时空中周而复始；而人生的四季则是一生，如白驹过隙、万劫不复，不可回头。所以，人在世间

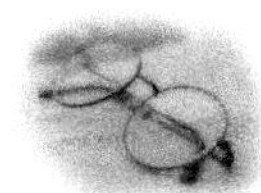

只是一场过往，是一次经历四季的单程旅行，人最终还是会老去，这是生命的无奈。

每个人的生命都如同一个四季的轮回，最终落叶归根；每个人的生命都是一个绚丽的舞台，总有最后谢幕的时刻。娱乐大亨邵逸夫是幸运的，他的传奇人生，在经历了百年的娱乐慈善事业积淀中，走完了精彩的“春有百花秋有月，夏有凉风冬有雪”的人生四季。邵逸夫的传奇人生已经完美谢幕。

斯人已逝

香港西贡嘉澍路清水湾大厦，一座修建于 1963 年、楼龄超过半个世纪的普通大楼，就是 20 世纪中国电影工业的开拓者之一、一生留下无数传奇、一个响亮的名字——邵逸夫爵士居住的地方。

人们叹息无法逾越的生命科学，人们更无法想象：一位在 107 年的漫长人生中，用 85 年职业生涯为世界打造了无数光影奇梦、璀璨世界的影视大亨、一位身家过亿的大富豪、一位开明的大慈善家，慷慨捐出百亿资金于教育、科技等诸多领域的中国最大的“楼主”邵逸夫，最后生活的住所竟如此大众普通，甚至有些“残破”。

2014 年 1 月 7 日早晨 6 时 55 分，香港电视广播有限公司荣誉主席邵逸夫爵士，被发现昏迷在西贡嘉澍路清水湾大厦住所内，经抢救无效去世。

香港电视广播有限公司（TVB）7 日上午发布讣告，宣布邵逸夫离世并深表哀悼：公司荣誉主席、香港知名电影制作人、娱乐业大亨、慈善家邵逸夫早上 6 点 55 分在家人陪伴下于香港家中安详离世，享年 107 岁。虽然知道终会有这一日，但仍无减他们的伤痛和失落，无线电视所有人员都会怀念邵爵士，并向邵爵士夫人方逸华女士和家人致以深切慰问。

噩耗一经传出，震惊了香港、内地，乃至整个华人世界，各界高度关注。

邵逸夫与家人早有计划，属意在家中安度最后岁月。据广州日报记者廖靖文、杨洋报道，邵逸夫生前加入了医院的临终关怀计划，免去在家中离世后遗体需解剖之既定程序。因为，按照香港现行程序，任何人若非在医院离世，须向警方报备。香港联合医院表示，邵逸夫离世的当天早上，邵逸夫是经其私人主诊医生、香港大学微生物学系教授袁国勇报警，召救护车送抵该院急诊室的。而在此前，邵逸夫已通过袁国勇医生联络并参加了该医院的“家居晚晴”计划，该计划主要是服务末期器官衰竭或癌症病人，病人经该院怀安科医生评估后，可按照自己及家人意愿，选择合适的家居环境安享临终前的最后一段日子。

香港联合医院发言人表示，参加该计划的病人会获医生预先签发文件，当病人在家过世时，家属可根据文件上的医生指示，安排送往指定急症室，再由医生进行确认死亡的程序及签发死亡证。

邵逸夫生前简朴节约，死后亦是如此。他生前安排好了自己身后事的一切，决定以低调、平民化的方式向这个世界告别。

1 月 9 日上午，一辆绿色灵车载着邵逸夫遗体，从香港联合医院驶往香港殡仪馆。绿色，是自然界常见的一种颜色，也是很特别的颜色，它既不是冷色，也不是暖色，属于居中的颜色。绿色代表清新，希望、安全、平静。绿色是邵逸夫生前最喜欢的颜色，喜欢绿色的人乐意去帮助每一个人，他们希望每个人都能过上合谐的生活。或许是邵逸夫家人特意安排，或许是邵逸夫生前的心愿，绿色护送邵逸夫最后一程。灵车窗户被白布覆盖，整个车身没有像其他灵车那样，用白色鲜花装饰，车身也没有任何邵氏标识，只在车头绑上花球。

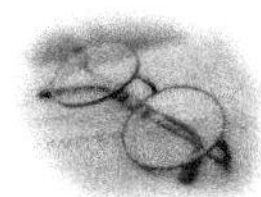

10 点半左右，灵车抵达北角香港殡仪馆。邵逸夫的灵堂设在殡仪馆一楼基恩堂。与其他灵堂门口有逝者名字不同，邵逸夫所在的灵堂没有写他的名字，而且搭配非常简单，以白色为主，一切很符合邵逸夫的低调作风。不过装载邵逸夫遗体的棺木，是来自美国的高级木材，价值 40 多万港币，上面放置了花圈。丧礼以私人形式进行，只供邵家人出席。设灵一晚后，邵逸夫遗体于 10 日早上将运往火葬场火化。其骨灰将由亲友带离香港，与其兄一起安葬于新加坡。

1 月 10 日上午 11 时许，邵氏家人陆续离开灵堂登车准备前往火葬场。一个花牌被搬到家人乘坐的中巴上，选用的花卉都是普通的白色菊花和百合，没有选用兰花等较名贵花卉。

11 时 16 分，一辆普通绿色灵车载着邵逸夫灵柩离开殡仪馆，运往歌连臣角火葬场火化。灵车布置简洁，没有悬挂任何字样，只在车头放置 3 小束鲜花。邵逸夫的遗照由工作人员护送放在后座。遗照上的邵逸夫身穿宝蓝色唐装，笑容满脸，十分亲切。

灵车抵达歌连臣角火葬场后，灵柩由工作人员移入一号礼堂，棺木上面仅放置一束黄白色鲜花。邵逸夫家人随后在礼堂内与他作最后道别，整个仪式不到 10 分钟就结束了。

一代影视巨人邵逸夫的丧礼简单、低调、平实：1 月 7 日离世，遗体 10 日出殡并火化，只有短短 4 天完成后事，即便与普通人家相比，名望和财富超凡的邵逸夫后事都是极为低调简单的。没有繁复仪式和祭品，没有多余的装饰，灵车选用与普通人家一样，车上的装饰还要更简单一些。所有一切都彰显出这位大慈善家朴实不凡的人生，不由使人深深鞠躬致敬。

据媒体综合报道，2014 年 1 月 17 日上午 10 点，“邵逸夫先生追思会”在将军澳邵氏影城举行，邵逸夫遗孀方逸华及两名儿子等家属出席。追思礼堂设置在录像主厂，以米黄主色布置，中间挂有邵逸夫巨幅彩色遗像，前来吊唁人士会向遗像三鞠躬致敬。追思会吸引了香港政商学医演等各界名人，到场致敬。香港特区政府行政长官梁振英伉俪到场，向邵逸夫遗像鞠躬致意，并与邵逸夫家属握手致意。政务司司长林郑月娥，中联办主任张晓明、外交部驻港特派员公署副特派员胡建中、前新华社香港分社副社长张浚生、香港中文大学校长沈祖尧、香港大学微生物学系讲座教授袁国勇、香港中电主席米高·嘉道里等，邵逸夫生前好友、社会知名人士、媒体、演艺界代表3000多人到场，缅怀这位香港影视大亨和大慈善家。无线没有停厂及停拍外景，只是将一号影厂作为主礼堂，并开放2、3、4号厂房供前来悼念的人使用。

此前媒体曾猜测追思会将是一场规模盛大的纪念活动，但当日追思会依然贯彻邵逸夫一生朴素的传统，没有花圈、没有花篮，甚至现场也没有任何仪式，仅有邵逸夫先生遗像高挂墙上，庄严朴素。

香港电视广播有限公司表示，邵逸夫先生一生简朴节约，不重繁文缛节，出席追思会人士，毋须以哀悼的心情前来，亦毋须穿着素服或结黑领带。由于会场所限，将不会接受任何花圈或花篮。

另外，香港电视广播有限公司全体同仁在报章刊登公开信，指台前幕后人员均尊称邵逸夫先生为阿SIR，阿SIR如今离开，全体同事深感痛惜。阿SIR领导无线电视47年，他为人谦恭和蔼、平易近人，对扶掖后进不遗余力，栽培无数台前幕后精英，并将无线电视节目推广遍及全世界。而邵逸夫先生在教育、医疗及赈灾方面都慷慨资助，他无私奉献、乐善好施的善心，将永远留在大家心中。

是的，邵逸夫默默地走了，他的葬礼、他的追思会等身后事虽然低

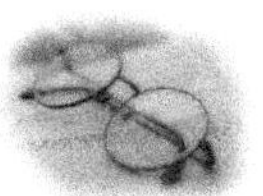

调进行，没有大肆渲染，但华人世界对邵逸夫的评价却高调进行……

2014 年 1 月 9 日，国家主席习近平、全国人大常委会委员长张德江等中央领导人发来唁电，对邵逸夫先生的逝世表示哀悼，对其亲属致以慰问。

习近平在唁电中表示，邵逸夫先生一生热爱国家，关心民祉，慷慨捐赠，惠及多方。其爱国之情，其为国之志，人们将铭记在心。

张德江在唁电中表示，邵先生毕生秉持爱国情怀，投身报国事业，维护香港繁荣稳定，热心公益，泽被后世，风范永存。

朱镕基、温家宝、李岚清、李长春、廖晖等 9 日也向邵逸夫先生的亲属发来唁电或表示慰问。

国务院港澳办主任王光亚、国家新闻出版广电总局局长蔡赴朝、中共广西壮族自治区党委书记彭清华、澳门中联办主任李刚及国务院港澳办原主任鲁平、原副主任陈佐洱、陈滋英等也发来唁电或表示慰问。

香港中联办主任张晓明 9 日下午到香港殡仪馆邵逸夫先生的灵堂，向邵逸夫先生的夫人方逸华和邵维铭等亲属转交了习近平、张德江致送的唁电，并转达了其他中央领导人对邵逸夫先生逝世的哀悼和对亲属的慰问。

邵逸夫逝世后，国务院副总理刘延东致唁电，唁电说：惊悉邵逸夫先生溘然辞世，谨致沉痛哀悼，并望邵方逸华女士及家人节哀珍重！我与邵先生认识多年，他一生爱国爱港，艰苦创业，慈善济世，令人敬佩。他曾担任港事顾问，为香港顺利回归和繁荣稳定发挥了积极作用。作为一位卓越的实业家，他在创造商业奇迹的同时，为香港乃至中国影视事业的繁荣、走向世界作出了贡献。作为一位著名的慈善家，他多年来致力于支持教育等社会公益事业，为促进祖国内地的教育和科学事业发展做出了重要贡献。邵逸夫先生心怀祖国、泽被后世的精神值得人们铭记和怀念！

民政部部长李立国致唁电说，先生一生，恒怀慈心，广行善举，籍个人之成就，倾力于祖国之教育、医疗、扶贫、救灾等事业，所作贡献难以详述，惠济民众不可胜数。先生之慈心善举，广受社会各界敬仰，并曾于2008年荣膺中华人民共和国民政部“中华慈善奖终身成就奖”，令名播于天下，风范激励世人。先生仁慈博爱之品格，包容豁达之胸襟，乐善好施之热忱，必将泽被后世，永驻人间。

文化部部长蔡武在唁电中说，邵逸夫先生勤勉一生，致力于中国文化的传播事业，对香港影视业的繁荣发展作出巨大贡献；慷慨捐助内地文化艺术事业的繁荣，大力资助内地影视、教育、科技、医疗等多领域的发展，热心于公益慈善事业。愿先生的事业繁荣依旧，爱国精神永存。

全国人大常委会原副委员长路甬祥说：“先生一生勤奋敬业、乐善好施、爱国爱港，他的敬业精神、奋斗精神、卓著业绩和仁爱之心永远值得怀念。”

中央人民政府驻香港特区联络办公室主任张晓明，7 日向邵逸夫亲属发出唁电。唁电说，邵老一生富有传奇，始终秉持爱国报国情怀和不懈奋斗精神。尤其关心国家发展，慷慨捐助内地教育、科技、医疗、影视、赈灾等诸多方面，贡献卓著，备受尊敬。其创建的事业长在，其垂立的风范长存。

香港特区行政长官梁振英，7 日对邵逸夫离世表示哀悼，赞扬邵逸夫长期大力推动演艺发展，又在香港及内地做公益事业，十分值得尊重。

香港无线电视行政主席梁乃鹏表示，邵逸夫是无线创办人之一，于1965年出任公司董事局行政委员会主席，1980年转任行政主席，两年前转任荣誉主席。邵逸夫多年来对无线有很大贡献。

邵逸夫祖籍地浙江宁波镇海区政府发唁电致哀，赞扬邵逸夫为家乡

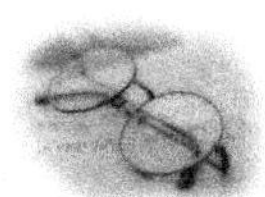

赢得巨大荣誉，是镇海人民永远的骄傲，并称邵逸夫始终情系家乡，充分体现报效桑梓的情怀。

知名香港导演吴思远评价，邵逸夫为香港电影业做出很大贡献，培养很多专业人才，为香港电影打好基础，对电影业的贡献无人能及。娱乐圈中不少红星都对邵逸夫逝世感到可惜。

香港大学校长徐立之、香港中文大学校长沈祖尧、香港科技大学校长陈繁昌、浸会大学校长陈新滋等香港高教界人士，均对邵逸夫的离世表示哀悼，并向他的家人致以慰问。

知名艺人汪明荃则表示，对邵逸夫突然离世感到难过。她形容邵逸夫是一位对人亲切的慈祥长者，一生对香港电视、电影业作出贡献，在业界影响巨大，令香港成为“东方好莱坞”。

香港浸会大学电影学院总监卓伯棠表示，邵逸夫成立的邵氏电影公司，曾经每年出产数十部电影，对行业的贡献很大。如果没有邵逸夫，香港的电影及电视业都会失色不少。

所有哀悼邵逸夫先生的这些唁电，无不折射出各界对他一生的高度评价。

邵逸夫去世的消息传回祖国大陆，2014 年 1 月 7 日，内地网友纷纷在微博上点烛悼念，大家感叹从小学到大学，上过的学校“几乎都有一座逸夫楼”，不曾有过的崇敬油然而生。新浪微博上还发起了名为“随手拍校内逸夫楼”的活动，牵出无数网友对邵逸夫先生的追思。不到半天的时间，各地网友纷纷晒出自己学校的逸夫楼照片三万多张，那一幅网络上广为人知的，标着密密麻麻的“逸夫楼地图” 被网友成为“感动中国”的图片，代表了亿万民众的心声，散发着人性的光辉。除了上过大学的、在校大学生之外，众多中小学生也参与其中。此刻，亿万民众为邵逸夫送行。

邵逸夫去世当天上午，远在西北的西安电子科技大学“逸夫图书馆”的电子屏上，打出了“沉痛悼念邵逸夫先生去世，向中国伟大的慈善家致敬”的悼念文字。过往同学神情肃穆，不时驻足凝视。

当邵逸夫辞世的消息传到四川达州市达川区逸夫小学时，学校电子屏立即打出“沉痛悼念邵逸夫先生逝世！”几个黑体大字，并不断滚动播放着逸夫先生简历及生平事迹。

下面是摘录的几个来自平民视角的网民的心声：

——若干年后，或许我们已不记得邵逸夫这个人，但我们还会记得在这些逸夫楼里学习、听课的日子。谢谢您，一路走好！

——我虽然没有在逸夫楼里面读过书，但是每次看到逸夫楼都很肯定他的贡献，希望越来越多企业家能像他这样有良心，百年以后还可以值得人们怀念尊重，老人家一路走好！

——我就读的初中是这位先生捐建的，90 年代学习电脑，也是这位先生给买的。我不懂先生的那些产业，我只知道先生对我们实实在在的有过恩惠。我长大了，将继续沿着先生的脚步，将先生的爱心继续传递下去。

——你可以不认识他，但是你的人生里肯定有一座叫邵逸夫的楼，在你对青春年少的回忆里，在你午夜梦回的校园里。

或许，这广大民众的心声，才是对邵逸夫一生最深情的怀念。

永远的怀念

“人固有一死，或重于泰山，或轻于鸿毛”这是司马迁的传世名言。人的生命与草木、动物无异，死亡是无时无处不在的。这个世界每天每

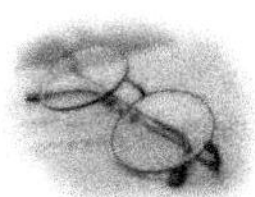

秒，都会不见很多人，或早或晚，预料之中的人生告别，终究会来。死亡是静悄悄的，死亡是每个人共同的终点，从来没有人能够逃脱它。当每一个死亡来临时，都带给与他相关的亲人难以言状的悲哀。因为，那些逝去的生命，将和他的活着的亲人永别人世，而其他人有时或许体会不到这刻骨的生死离别。但邵逸夫离世还是震动了太多人的内心情感，那一刻，曾经积蓄的情感，如熔岩般喷涌倾泻，一样炙热、一样强烈。

我们绝大多数人未必都与邵逸夫有过生命的交集，未必熟悉邵逸夫的精彩一生，未必明晰他的事业与荣耀，未必洞悉他一生追求的人生价值，但这位“最熟悉的陌生老人”恩泽广布人间，善举深入人心，深深地影响着人们的生活，几乎从“30 后”、“40 后”一直到“80”后、“90”后的五六代人，即使隔着难以计算的代沟，他们依然留有邵逸夫时代的痕迹，无论是那些经典的电影电视，还是那些遍地矗立的逸夫楼，成为了几代人的共同记忆，铸造了绝无仅有的邵氏传奇。

2014 年 3 月 3 日，在邵逸夫去世后不到两个月，在美国洛杉矶，好莱坞杜比剧院举行的第 86 届奥斯卡颁奖典礼上有一个庄严的环节：向过去一年内逝世的电影人致敬，表扬他们对电影业的贡献。大屏幕上出现了华语电影人邵逸夫，但屏幕上打出的是邵逸夫的英文名是 Run Run Shaw，同时，还有秀兰·邓波尔（Shirley Temple）、菲利普·西墨·霍夫曼（Philip Seymour Hoffman）、保罗·沃克（Paul Walker）等已故的电影人。此时，全场起立鼓掌致敬。这应该是邵逸夫一生获得的最后的大奖，他赢得了全球电影人最高的嘉奖。

一副清瘦的面容，沉静却睿智，一脸淡定的神情，平和却坚毅。他的身上释放着一种真，更是一种善；一种美，更是一种崇高的意境。作为商人，邵逸夫精明儒雅仁爱却没有烟火气，更没有浮躁相。邵逸夫有一副与其悠长的一生十分匹配的从容之貌，这是他修为的结果。人常说，相由心生，改变内在，才能改变面容。一颗阴暗的心托不起一张阳光的脸。有爱心必有和气；有和气必有愉色；有愉色必有婉容。

低调做人，高调做事的邵逸夫骤然离开了这个世界，让我们用崇敬的目光再度回溯这位世纪老人的一生，送上我们深深的缅怀，也让世人更加清晰地看到一个经典的传奇……

邵逸夫是最好的编剧，他用充满激情的百年人生，撰写了一部厚重的自传体剧本，为我们描写了一个人、一个家族的成长经历，跌宕起伏，比他投资和拍摄的任何一部影视作品都富于真实性、传奇性，引人入胜。

邵逸夫是最真实的演员，成功出演了真实版的自我：既有生意人的精明，也有商人的眼光，更有慈善家的大胸怀。作为一个人，他这一生既有令人尊敬的大手笔、大事迹，也有令人莞尔一笑的小插曲、小故事，综合起来全面地看，或许这才是一个完整意义上的邵逸夫，真正的邵逸夫。

邵逸夫是一个富二代。1907 年出生于浙江宁波镇海染料世家，继承了父亲血液里的生意基因，脚踏实地，聪颖勤勉。早年对电影产生浓厚兴趣，自学摄影编剧，18 岁时，他就去哥哥的电影公司帮忙。中学毕业后下南洋与兄长一道开拓新加坡、马来西亚电影市场。1957 年到香港创业，成立邵氏兄弟影业，于 20 世纪六七十年代生产出 1000 多部电影。

《中国企业家》杂志在中国富豪最常阅读的期刊中排名第一，最受欢迎。在邵逸夫去世后，这家杂志以邵氏六部经典影片巧妙串成了一副挽联送给邵逸夫先生——“大醉侠（1966）春江花月夜（1966）英雄无泪（1980），老夫子（1976）烽火万里情（1966）城市之光（1984）”。

邵逸夫为华语电影发掘了林黛、王羽、郑佩佩、何莉莉、姜戴维、狄龙等众多耀眼璀璨的明星，实为电影业之教父。

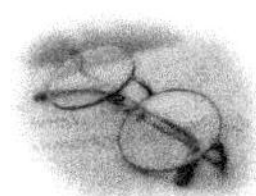

1967 年，转战电视业。邵逸夫和利孝和、祁德尊等人成立 TVB（电视广播有限公司，又称香港无线电视），1980 年邵逸夫入主无线电视，执掌 TVB 达 40 年之久，从此，垄断了绝大多数香港人几乎 40 年的夜晚生活。内地的无数电视观众基本是从《上海滩》、《万水千山总是情》、《射雕英雄传》、《鉴证实录》、《大时代》、《霍元甲》一路看到《金枝欲孽》、《义不容情》。这些电视剧作品风靡大江南北，被香港人称为集体回忆，更是在全球华人观众中被奉为心中的经典。他开设著名的“无线艺员训练班”，周润发、周星驰、梁朝伟、刘德华、刘嘉玲、郭富城……几乎所有影迷歌迷能想到的香港艺人，都与邵逸夫有剪不断的关系。而 TVB 长盛不衰的一年一度“香港小姐”选美盛事，亦捧红了赵雅芝、张曼玉、李嘉欣、袁咏仪等一代“女神”。

邵氏、无线两个影视王国，多年来培育了数不胜数的演艺人才，在香港乃至全亚洲都具有巨大影响力，他们活跃在银幕上、荧屏上，创造了一个个经典与辉煌。2011 年，邵逸夫以 86 亿元卖掉他创立的 TVB，完成了他人生最后一笔生意，104 岁的邵逸夫传奇谢幕。2012 年，方逸华正式辞任 TVB 副主席及董事总经理职务，TVB 最终彻底告别了邵逸夫时代。

纵览邵逸夫百年的传奇历程，无论是伴随“邵氏电影”长大的，还是在 TVB 剧中陶醉的，还是安静地在“逸夫楼”里成长的，我们都该对邵逸夫先生致以最诚挚、最深情的礼敬，我们感念这位长者的大爱有情。世界因有情而美好。虽然，没有常圆的明月，没有不谢的花朵，没有人能长生不老，每一个人的生命都会转瞬流逝，但是，邵逸夫高尚的精神永驻人间。

任何一个时代，一个领域的代表人物离世，都会让人们不禁回忆起他那个时代。作为一个世纪中国影视的见证者，以及推动中国影视发展的领军人物，邵逸夫的去世，代表邵氏时代的正式终结。但它的影响却将永驻人间。

据媒体报道，邵逸夫离世，各大国外媒体也从各方角度第一时间发文，悼念这位亚洲传媒业的大亨、电影业的先驱者、功夫电影的缔造者，虽然有些不一定准确。

《BBC》——香港电影先驱邵逸夫去世。邵逸夫和他的兄弟们在香港和东亚创建了一个媒体帝国。他旗下制作了几百部香港电影和好几部美国电影，他重金资助了中国的基础教育。

《路透社》——香港媒体大亨邵逸夫去世享年 106 岁。香港媒体大亨，亚洲电影电视帝国的缔造者邵逸夫于当地时间周二去世，享年 106 岁。邵逸夫是香港电影业的代表性人物，将中国功夫电影带到西方，将香港这个曾经的英国殖民地打造成“东方好莱坞”。邵氏影业出品的影片超过 1000 部，包括音乐剧、历史剧以及功夫影片。邵氏出品的经典功夫片，如《独臂刀》，赋予这一电影题材新的定义，也让香港、亚洲乃至西方的后辈电影人受益匪浅。

《好莱坞报道者》——传奇制片人邵逸夫去世。传奇娱乐大亨邵逸夫去世，享年 106 岁。这位颇有影响力的娱乐大亨是整个香港娱乐产业的奠基人之一。1967 年，邵逸夫投资建立了香港第一个无线商业电视台 TVB。在上世纪 70 年代，邵氏影业每年要推出 40 部电影，每天都有超过 25 万名观众前往 143 家邵氏旗下的电影院观影。英国电影和电视艺术学会（BAFTA）授予邵逸夫特别贡献奖。

《综艺》——《银翼杀手》制片人邵逸夫去世享年 106 岁。上世纪中国电影产业先驱者之一的邵逸夫爵士去世，享年 106 岁。他个人投资

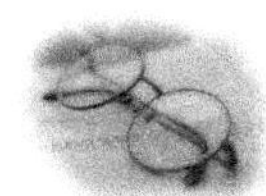

拍摄的影片超过 360 部，其中有不少经典动作片，还包括雷德利·斯科特的科幻巨作《银翼杀手》。邵逸夫 1977 年被英国政府授予骑士称号，1998 年被香港特区政府授予最高荣誉大紫荆勋章。

CNBC——电影大亨邵逸夫去世。拥有传奇一生的香港娱乐大亨邵逸夫去世，他的名字几乎可以和低成本的中国动作和恐怖电影，特别是功夫片划上等号。曾有记者提问邵逸夫最喜欢的电影，后者回答："我特别喜欢那些赚钱的电影。"

《每日电讯报》——功夫电影先驱者邵逸夫去世。在邵氏影业的黄金时代，每周都有超过 200 万观众在邵氏旗下的电影院观看该公司拍摄的动作电影。好莱坞知名导演昆汀·塔伦蒂诺就深受邵氏电影的影响："有一年，我每天都要观看最少一部邵氏的电影，有时候是三部。"

《美联社》——香港电影大亨邵逸夫去世。邵逸夫打造的电影和电视帝国培养出了周润发和吴宇森这样的优秀电影人，也鼓舞了昆汀·.塔伦蒂诺等西方电影人。邵氏影业帮助功夫电影传遍世界各地，但他也错失了一个绝佳的机会，没有签下一位日后的功夫巨星：李小龙。

《金融时报》——电影人邵逸夫去世。功夫电影的缔造者、香港第一家电视台 TVB 的创始人邵逸夫爵士于周二去世，享年 107 岁。

以上种种足以说明邵逸夫利用电影电视，在国际上宣传了中国文化，赢得了国际赞誉。

媒体评论说，香港无线电视的讣告给了邵逸夫一生最精准的送别语："他以无比的精力和视野，带领无线电视成为香港最大电视台和全球中文电视业最具影响力的电视台之一。"

邵逸夫的去世，是一个娱乐时代背影的远离。今天，一个新的娱乐时代已经降临，不知道又有谁能成为这个时代的领军人物，我们在期待着！

邵逸夫留下的思考

邵逸夫生于1907年11月19日，逝于2014年1月7日，终年107岁，跨越两个世纪的人生。在中国电影历史的长河中，邵逸夫是一个世纪的见证者，更是百年风云的记录者，他的荧幕上流淌着世纪中国交织的悲苦、喜悦，为我们留下了岁月的沧桑与辉煌。他用成功的事业与慈善情怀，成就了邵逸夫生前身后如此的精彩绝伦。他所展现出来的勤业、敬业、精明、魄力和慈善之心，成为后来者的一面镜子，映照出人生儒雅、仁爱、宽厚的生命品质，如同闪耀在无穷天际的星辰，照亮后来人。

当离去的背影，渐行渐远的时候，我们不仅要缅怀故人，寄托哀思，更重要的是思考现实，体味生命；思考该如何继承他们的未竟事业，告慰他们的英灵。所以，一个伟人，就是一面镜子。悼念一个伟人的离世，最大的价值在于映射了现实社会的空缺，唤起全社会的思考。

2009年，钱学森去世的时候，全社会讨论的是钱学森之问“为什么我们的学校总是培养不出创造性的杰出人才”？这是钱学森生前的疑问，也是钱老的临终遗言，非常沉重，却不容我们回避。钱学森之问成为中国教育界有识之士关注的焦点，是关于中国教育事业发展的一道艰深命题，需要整个教育界乃至社会各界共同关注、共同破解。我们期待，中国教育能走出创新人才培养的新模式。

2011年，苹果（Apple）首席执行官兼联合创始人史蒂夫·乔布斯因病去世，举世追悼。奥巴马说：“他改变我们的生活、重新定义整个工业并达成人类史上最罕见的成就之一：他改变我们每个人看世界的方式”。“乔布斯是美国最伟大的创新者之一，思考敢于不同，大胆得足以

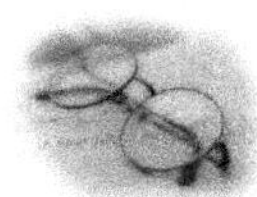

相信自己可以改变世界，而且聪明得可以做到这一点。”中国舆论大量反思的是“中国为什么没有乔布斯”？

2014 年，娱乐大亨、慈善大家邵逸夫辞世，我们又该反思什么呢？

邵逸夫走了，留下的一座座逸夫楼，依然矗立在大江南北，惠及无数的学子最美的青春岁月；留下的无数影视经典剧作，依然是中华影视宝库中璀璨的明珠；邵逸夫留给我们更大的财富，那就是兼具企业家精神和慈善意识的逸夫精神，这是今天最宝贵的财富，是我们时代的榜样。

他启示我们：

——提倡在财富的创造与使用上做到“取之有道、用之有道”；

——塑造自我的心灵世界，以更多的人文关怀和一颗感恩的心去回馈社会；

——积极提升自我公共品格，特别是受益于改革开放先富起来的阶层，更自觉地关心自己家族财富以外的经济和社会问题，在更大的范围内承担起更多的责任。

或许，还有更多……

致敬，邵逸夫——学习他对事业的执着追求。

为了梦想，努力地工作，从点滴做起，用拼搏奋斗去创造美好的未来。“富二代”阶层在任何社会都是存在的，邵逸夫应该是他那个时代的“富二代”，但他没有一些“富二代”的不思进取、生活奢侈、骄纵妄为的做派。而是选择人生不止，奋斗不止，用自己的汗水实现他自己的梦想。一个人用自己的勤恳、努力、积极的心态去工作，赢得财富，值得骄傲。

致敬，邵逸夫——继承发扬他的“大爱精神”。

邵逸夫是娱乐大亨，是亿万富翁，但财富不仅是金钱，它还代表着一种信仰和品格。财富失去了信仰和品格，富豪必然会“缩水”，甚至不值得追捧。

富人邵逸夫身上充满了浓郁的平民情结，融生命与大爱之中，他说过："我的财富取之于民众，应用回到民众"，他以"大丈夫贵兼济，岂独善一身"为信条，"赚钱难，把钱用在最适当的地方更难"是他的心声。它体现的是一次次大爱与奉献的精神洗礼，体味的是人性的光辉和高尚的气息。

人往高处走，是人生追求；人往低处走，是追求人生。低调，是自然、平和、不争；低调，不是不作为，闲散无聊，只是不显摆、不声张，干实事。越是经历了风雨磨炼的人，越懂得低调；越是不谙世事的人，越爱浮夸，张牙舞爪。邵逸夫高调施展他的大爱，低调追求自己的生活，这就是邵逸夫的品格。

英国文艺复兴时期作家、哲学家培根说过，对一个人的评价，不可视其财富出身，更不可视其学问的高下，而是要看他的真实的品格。

邵逸夫身上的大爱精神反映的公共关怀品格，值得我们特别是巨富们深思与学习。"富豪反哺社会"，依然还有很长的路要走，更多富人积极从事慈善事业，依然是社会的期望。目前，中国不少富豪缺少"慈善观"和社会责任感，他们信仰缺失，已成为一个不争的事实。在富豪榜上名列前茅的企业家在慈善榜上的排名却很靠后，有的甚至榜上无名。业内人士评价："这一现象从侧面说明，中国企业家某种程度上对社会公益意识的缺位。"邵逸夫说；"一个企业家的最高境界是慈善家"，我们期盼中国更多的企业家实现人生升华。

当然，对大多数人来说，我们不一定如邵逸夫一般有钱有成就。作为普通人，没有金钱、没有财产、没有学问、没有权势，但是，我们只要拥有人类最为宝贵的精神财富——诚实正直、尽职尽责，同样可以拥

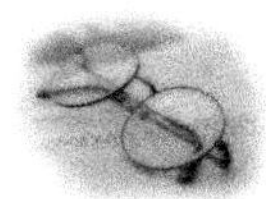

有高尚的品格。

品格就是财富，是人最宝贵、最有价值的财富，致力于投资品格的人们，虽然不能在世俗的物质方面变得富有，但是，他们可以从赢得别人的尊敬和赞誉中得到回报。

因此，在现实生活中，我们一定要尊重和养成勤劳、奉献和善行这些高尚的品格，只有具备了这些品格的人，才有可能成为这个社会的顶梁柱。因此，无论是谁，只要他忠于职守，就是在锻造自己优秀的品格。能力有大小，责任有高低，富有爱心的人，可能并不富有，但只要我们尽到自己的那份公共责任，不怕个人力量微薄，很多微薄的力量聚集起来的凡人善举，那就是能撼动天地的力量，是新时代大爱精神的体现。

致敬，邵逸夫——学习他赤子之心、爱国之情。

一首老歌，让多少华人泪流满面，心潮澎湃："河山只在我梦萦，祖国已多年未亲近，可是不管怎样也改变不了，我的中国心。洋装虽然穿在身，我心依然是中国心，我的祖先早已把我的一切，烙上中国印。"1984 年中央电视台春节联欢晚会上，张明敏演唱的这首《我的中国心》，几十年过去了，依然传唱于中华大地，成为永恒的经典。因为它唱出了中华儿女的心声，唱出了无数海外游子对祖国深情的眷恋，唱出了我们对祖国母亲真挚的爱。

邵逸夫身在海外，但时刻关注着祖国的发展，以慈善的方式在教育科技医疗等众多基础领域，竭尽全力回报祖国。在香港回归祖国的过渡期间，邵逸夫积极参与回归事务，先后出任港事顾问，又当上特区筹委会成员。2008 年，邵逸夫以"更偏向于传递到中国人手里"的原则，有意以 100 亿现金出售持有的 TVB 股份，他开列的三个条件中，第一个就是“要符合爱国的基本价值观”，于是碧桂园董事会主席、女首富杨惠妍的父亲杨国强，击败了凯雷、贝恩资本和百仕通等国际私募巨头，成为最后的赢家。杨国强成功的一大关键因素，就是邵逸夫在TVB的出售条件中，强调了买家要爱国。多么炽热的情怀，这是邵逸夫内心中最真实与纯净的情感写照，他要把自己一生的事业留在中国。

邵逸夫，一个吃得苦从卑微底层做起，用大半个世纪的奋斗历程，成长为影视界教父、亿万大富豪、慈善大家的世纪老人，终其一生，情系祖国。

在岁月的长河中，有些人，有些事，总如星辰般闪耀在历史的天空，存在于人们鲜活的记忆中，让人久久不能忘却。那深沉的穹苍，在时间的旷野里，凝聚了人间太多美好的事与人。

许多年以后，邵逸夫这个温暖的名字，一个跨世纪老人，代表一个民族影视发展历程的重要标志，已经化作这个时代的崇高的精神符号，宛若天空那颗熠熠闪光的“邵逸夫星”，伴随我们，教会我们如何活着，如何做一个有意义的人！

作家刘墉说：“生命就像一篇文章，在文章结尾有些人用的是句号，有些人用的是惊叹号，更有些人以问号来结束。”

2014年1月7日6时55分，自然规律在邵逸夫107岁的生命旅程上，画上了一个无情的句号。但是，与此同时，全世界却给邵逸夫先生画上了一个深情的惊叹号！他的辉煌人生确实无愧于大大的惊叹号！

如今，斯人已逝，但苍穹之中那颗闪亮的“邵逸夫星”铭刻的遗风余泽将永留人间，伴随着华夏儿女梦想的翅膀，飞向美好的明天。

一曲挽歌送君行，何日君再来……

后　　记

2014年1月7日，元旦刚过的这天上午，突然传来邵逸夫不幸逝世的消息，正是这条资讯搅动了人们的内心世界。邵逸夫是谁？人们似乎并不是很熟悉他，特别是年轻人。随着互联网上不断出现的追忆文章，人们这才知道一些点滴：校园里那一座座“逸夫楼”原来是邵逸夫捐资修建的；《上海滩》、《射雕英雄传》、《鹿鼎记》等几代人心中难以忘却的经典作品，原来是邵逸夫 TVB 的杰作；邵逸夫还是成功的“富二代”、影视大亨、亿万富翁、慈善大家。原来是一位身边“熟悉的陌生人”，他传奇的人生引起了人们的关注和思考，包括我自己……

恰在此时，接到了出版社的任务：从给青年人启迪的角度，写一本关于邵逸夫的书。我没有想到，自己会写一本关于邵逸夫的书，因为我不是职业作家。这对我来说，压力很大，时间和精力都将面临一次前所未有的挑战。在本书即将付梓的时候，作为作者，与其说感到欣慰，不如说更多地感到忐忑不安。

在仰望星空的岁月里，我们仍然深怀梦想。我知道，转型期的中国社会，浮躁之风弥漫于社会各个层面，也渗入到成长中的青年人心中。越是在这种时候，越需要更多像邵逸夫这样脚踏实地的奋斗者、实干家、慈善家。他不仅用人间大爱感动着我们，更用自己不平凡的创业人生激励着我们。邵逸夫值得社会给予他最由衷、最崇高的敬意！

埋头写作实在是一件又苦又累的事情，它不分白昼，没有节假，一点一点地熬成。写作的过程虽一波三折，但基本顺利，可是结果并不满意。因为，时间太短，因为，自己才疏学浅，面对邵逸夫跨越两个世纪的人生，容不得马虎和敷衍。也许我的文字不足以完整表述邵逸夫辉煌的生命，但我想这本书可以抒发对邵逸夫的深切缅怀之情。

由于掌握的资料有限，或许有不确之处，不当亦在所难免。祈请广大读者批评指正。

此外，在本书编写过程中，我的家人给予了我莫大的支持和鼓励，这本书里凝结着他们的劳动和汗水，我感谢亲人的陪伴和无私奉献，珍惜这份温暖的亲情。写作还得到季庆阳博士的有益建议和高维岳编辑的热忱支持，在此表示衷心的感谢。本书还参阅了相关著作、网络资料，在此一并表示最真诚的谢意，愿跟从各位“善”的脚步，共同讴歌这位华人楷模！

任　芳

2014 年 9 月 18 日于西安

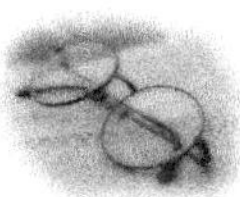

参 考 文 献

[1] 詹幼鹏. 邵逸夫全传. 天津：天津人民出版社，2009 年.

[2] 耿晓星，韩梦泽. 邵逸夫大传. 武汉：华中科技大学出版社，2011 年.

[3] 窦应泰. 娱乐大亨邵逸夫. 北京：中国水利水电出版社，2014 年.

[4] 何南. 传奇邵逸夫. 北京：中国言实出版社，2012 年.

[5] 秦伟. 邵逸夫家族信托化繁为简　家庭慈善二合一. 21 世纪经济报道，2014 年 1 月 11 日

[6] 百度百科

图书在版编目(CIP)数据

品人生：邵逸夫——中华首善的百年传奇／任芳编著.
—西安：西安电子科技大学出版社，2015.1

ISBN 978-7-5606-3595-8

Ⅰ. ①品…　Ⅱ. ①任…　Ⅲ. ①邵逸夫(1907～2014)—生平事迹　Ⅳ. ①K825.38

中国版本图书馆 CIP 数据核字(2015)第 005164 号

责任编辑　高维岳　杜希民
出版发行　西安电子科技大学出版社(西安市太白南路 2 号)
电　　话　(029)88242885　88201467　　邮　　编　710071
网　　址　www.xduph.com　　电子邮箱　xdupfxb001@163.com
经　　销　新华书店
印刷单位　北京京华虎彩印刷有限公司
版　　次　2015 年 1 月第 1 版　2015 年 2 月第 2 次印刷
开　　本　710 毫米×1000 毫米　1/16　印　张　16.5
字　　数　270 千字
定　　价　37.00 元
ISBN 978-7-5606-3595-8/K

XDUP 3887001-2

如有印装问题可调换